Mehr Geld für Eltern

Mehr Geld für Eltern

Ute Brandt
Hans W. Fröhlich

Die Deutsche Nationalbibliothek verzeichnet diese Publikation in der Deutschen Nationalbibliografie; detaillierte bibliografische Daten sind im Internet über http://dnb.d-nb.de abrufbar.

ISBN: 978-3-86851-301-1

Liebe Leserinnen und Leser,

Eltern und Kinder brauchen mehr finanzielle Unterstützung. Das hat auch die Politik erkannt und in letzter Zeit „Mehr Geld für Eltern“ locker gemacht. Das Elterngeld, höheres Kindergeld und Steuerentlastung bei den Kinderbetreuungskosten sind nur einige Stichworte. Das Bundesfamilienministerium listet insgesamt etwa 150 Fördermaßnahmen für Eltern und Kinder auf, die unter dem Strich an die 250 Milliarden Euro im Jahr ausmachen sollen.

Es geht also um sehr viel Geld. Einiges davon kommt aber gar nicht erst an, weil Eltern mit der wachsenden Unübersichtlichkeit des Fördersystems kaum noch zurande kommen.

An dieser Stelle setzt der Ratgeber an. Er will Eltern die wichtigsten Förderinstrumente vorstellen, damit sie mehr Geld für ihre Kinder bekommen. Der Aufbau nach Altersgruppen, eine entsprechende Zuordnung der Förderbereiche, Beispiele, nachvollziehbare Rechnungen, Ausfüllhilfen, Tipps und der Verzicht auf Juristendeutsch sollen dabei helfen.

Übersicht im Förderdschungel zahlt sich besonders aus, wenn Entscheidungs- und Gestaltungsmöglichkeiten bestehen, etwa bei der Einhaltung von Einkommensgrenzen, bei der Wahl von Steuerklassen oder bei der Übertragung von Freibeträgen. Mehr Wissen entscheidet dann manchmal zwischen Förderungsverlust, Kleingeld und dem vollen Ausschöpfen aller Möglichkeiten.

9 Starthilfe für die Jüngsten: Von 0 bis 6

59 Schwerpunkt Schule: Von 7 bis 18

Starthilfe für die Jüngsten: Von 0 bis 6

Kleinkinder

Eltern von Klein- und Vorschulkindern fällt die Orientierung im Gestrüpp der verschiedenen Förderungen oft besonders schwer. Das gilt vor allem beim ersten Kind und verwundert kaum, denn die Unterstützung für die Jüngsten ist besonders vielfältig und noch dazu in ständiger Bewegung.

Elterngeld

So hat sich beim Elterngeld schon wieder manches geändert, obwohl Eltern und Verwaltung noch dabei sind, mit der erst 2007 eingeführten Förderung klarzukommen (→ Seite 12). Eltern haben hier mehrere Stellschrauben, die sie nutzen können, um die finanzielle Unterstützung voll auszuschöpfen und die Förderzeit optimal der eigenen Lebensplanung anzupassen. Der Antrag auf Elterngeld ist ein Beispiel für ziemlich heftige Bürokratie, aber mit etwas Ausfüllhilfe zu meistern.

Elternzeit

Die richtige Planung und ein geschickter Umgang mit der Elternzeit können den Stress für Eltern senken und außerdem den Kündigungsschutz verbessern. Für die Elternzeit gelten seit 2009 ein paar verbesserte Bedingungen, so können Großeltern jetzt mehr für ihre Enkel da sein (→ Seite 29).

Mutterschaftsgeld

Auf die Höhe von Mutterschaftsgeld können Eltern manchmal Einfluss nehmen, verheiratete Arbeitnehmerinnen etwa durch die Wahl ihrer Lohnsteuerklassen, freiwillig Versicherte durch die Tarifwahl in der gesetzlichen Krankenversicherung (→ Seite 34).

Betreuungshilfen

Von den unterschiedlichen Betreuungshilfen können erwerbstätige Eltern besonders profitieren. Auch die Bedingungen für die Betreuung von Kindern im eigenen Haushalt wurden ab 2009 wesentlich verbessert. Vor allem die Eltern von Kindern bis zum sechsten Geburtstag können Betreuungshilfen kombinieren, etwa die Förderung von Kita-Kosten und die steuerbegünstigte Anstellung einer Haushaltshilfe. Auch Arbeitgeber, Krankenkassen und Jugendamt leisten Unterstützung (→ Seite 39).

Förderung vor Ort

Länder, Kommunen und Wohlfahrtsverbände unterstützen Eltern von Kindern dieser Altersgruppe ganz gezielt mit Programmen vor Ort. Die Hilfen sind unterschiedlich und die Bedingungen unübersichtlich. Lokale Unterstützung erreicht nur Eltern, die wissen, wie und wo sie sie abrufen können (→ Seite 53).

Weitere Hilfen

Die bis hierher genannten Förderungen werden im ersten Kapitel ausführlich behandelt, denn sie betreffen Eltern von Kindern im Vorschulalter ausschließlich oder in besonderer Weise. Es gibt darüber hinaus weitere Hilfen, die für die Eltern der Jüngsten wichtig sind, zum Beispiel das **Kindergeld**, das ab Januar 2009 erhöht und mit einer Einmalzahlung von 100 Euro aufgestockt worden ist (→ Seite 62).

Freibeträge bieten Eltern und Kindern gute Möglichkeiten und besondere Vorteile, um Steuern zu sparen. Das gilt für die Einkommensteuer ebenso wie für die ab 2009 reformierte Erbschaft- und Schenkungsteuer (→ Seite 74).

Auch **Hilfe bei Krankheit** kann im Vorschulalter erfahrungsgemäß ein Thema sein, für das sich Eltern besonders interessieren müssen (→ Seite 112).

In Sachen **Unterhalt** hilft der Staat Alleinerziehenden mit Kindern bis zwölf per Vorschuss zumindest zeitweilig (→ Seite 127).

Menschen, die gerade Eltern geworden sind, sehen ihre **Rentenvorteile** oft in weiter Ferne. Wer sich aber bei Waisen- oder Erziehungsrente besser auskennt, kann davon lange vorher profitieren. Auch hilft Wissen um Kindererziehungszeiten manchmal bei der aktuellen Familienplanung (→ Seite 118).

Bestimmte **Zulagen** und **Zuschläge** sind für Eltern bares Geld wert, etwa bei der Riester-Förderung oder der Eigenheimzulage, wo es jeweils Kinderboni gibt. Kinder können auch den Zugang zu Fördermaßnahmen erleichtern, weil sie Einkommenshürden drücken, etwa bei der Arbeitnehmersparzulage (→ ab Seite 97).

Elterngeld

Diese Starthilfe gibt es für Kinder, die ab 2007 geboren wurden. Sie löste das Erziehungsgeld ab, funktioniert aber ganz anders. Grundprinzip: Der Elternteil, der für die Betreuung des Nachwuchses im Job kürzer tritt, erhält Elterngeld. Die Höhe des Elterngeldes richtet sich nach dem Nettoeinkommen vor der Geburt. Eltern ohne Job steht der Mindestbetrag von 300 Euro zu, die Obergrenze für Erwerbstätige liegt bei 1800 Euro. Das Prinzip klingt einfach, seine praktische Umsetzung ist es nicht immer.

Voraussetzungen und Dauer der Förderung

Für den Anspruch auf Elterngeld müssen Eltern in Deutschland leben und wohnen. Amtlich heißt das, hier „einen Wohnsitz oder ihren gewöhnlichen Aufenthalt" zuhaben. Was darunter zu verstehen ist, steht ausführlicher ab Seite 62. Für Deutsche, für EU-Staatsbürger und Schweizer ist das in der Regel keine Hürde. Andere Ausländer sowie Deutsche, die im Ausland arbeiten, sollten sich bei den Elterngeldstellen erkundigen, ob und unter welchen Bedingungen ihnen Elterngeld zusteht.

Weitere Voraussetzungen: Das Kind muss nach der Geburt in der Regel im Haushalt der Eltern leben, von ihnen betreut und erzogen werden und der beantragende Elternteil arbeitet nicht länger als 30 Stunden in der Woche. Wie lange der andere Elternteil arbeitet und wie viel er verdient, spielt keine Rolle.

Wichtig! Anspruch auf Elterngeld besteht nicht nur für leibliche, sondern auch für adoptierte Kinder (ab Zeitpunkt der Adoption) und für Kinder des Ehegatten oder des eingetragenen Lebenspartners, die in den eigenen Haushalt aufgenommen wurden.

Grundsätzlich spendiert der Staat das Elterngeld für die ersten 12 Lebensmonate eines Kindes. Zwei zusätzliche Monate (insgesamt also 14) gibt es, wenn beide Elternteile für die Kinderbetreuung eine Auszeit nehmen, beziehungsweise im Job kürzer treten. Wie sie die Babypause untereinander aufteilen, bleibt allein ihnen überlassen. Ob die Eltern verheiratet sind oder nicht, spielt für die Aufteilung keine Rolle.

Zum Beispiel das Ehepaar Anne und Andreas A. *Die kleine Tochter Amalie wurde am 20. Dezember 2008 geboren. Mutter Anne beantragt für 12 Monate Elterngeld, vom 20. Dezember 2008 bis zum 19. Dezember 2009. Vater Andreas nimmt zwei „Vätermonate" vom 20. Dezember 2009 bis zum 19. Februar 2010.*

Den Zeitraum für Elterngeld können Eltern nicht nur unter sich aufteilen, sondern in bestimmten Grenzen auch strecken und kürzen. Wenn beispielsweise beide Partner ihr Kind zusammen betreuen wollen, können sie in den ersten sieben Monaten gemeinsam zu Hause bleiben. Danach wäre der Anspruch auf Elterngeld komplett aufgebraucht. Es ist auch möglich, die Elternzeit auf 24 oder 28 Monate zu verlängern. Monatlich wird dann nur die Hälfte des normalen Elterngeldes überwiesen. So bekommt zum Beispiel ein Elternteil, dem zwölf Monate lang 800 Euro Elterngeld zustehen würden, 24 Monate lang jeweils 400 Euro. Übrigens können Mütter oder Väter, die sich für eine verlängerte Zahlung entscheiden, ab dem 13. Lebensmonat nach der Geburt ihres Kindes wieder Vollzeit arbeiten und trotzdem für die nächsten zwölf Lebensmonate des Kindes weiter (das halbe) Elterngeld kassieren (→ ab Seite 25).

Tipp

In besonderen Fällen, zum Beispiel bei schwerer Krankheit der Eltern, kann das Elterngeld auch anderen Verwandten zustehen, etwa Großeltern oder Tanten.

Wichtig! Studenten-Elternpaare können die zusätzlichen zwei „Vätermonate" nur beantragen, wenn sie Einkommen aus einer Erwerbstätigkeit vor der Geburt nachweisen, monatlich mindestens 310 Euro.

Auch alleinerziehende erwerbstätige Mütter können bis zu 14 Monate Elterngeld erhalten. Die beiden zusätzlichen Monate werden ihnen aber nur genehmigt, wenn das Kind in ihrem Haushalt lebt, sie das alleinige Sorgerecht oder alleinige Aufenthaltsbestimmungsrecht haben und der Vater des Kindes nicht in der gleichen Wohnung wohnt. Wohnt er nämlich dort, gilt die Mutter nicht als Alleinerziehende. Lebt sie aber mit einem neuen Partner zusammen, hat sie Anspruch auf 14 Monate, weil „der Neue" keine Vaterrechte hat.

Tipp

Auszubildende, Umschüler, Volontäre und Praktikanten gelten als Erwerbstätige, wenn sie mit ihrer Tätigkeit Erwerbseinkommen erzielen.

Tipp

Eltern sollten immer für die ersten 12 Lebensmonate des Kindes Elterngeld beantragen, egal wann der Mutterschutz endet. Sonst geht in den meisten Fällen anteiliges Elterngeld verloren.

Alleinerziehende, die im Jahr vor der Geburt kein Einkommen aus bezahlter Beschäftigung hatten, beispielsweise Studentinnen ohne Nebenjob oder arbeitslose Mütter, erhalten nur 12 Monate Elterngeld.

Eltern steht 12 oder 14 Monate lang Elterngeld zu, die allermeisten bekommen trotzdem rund zwei Monate weniger. Das liegt am Mutterschaftsgeld, das in den ersten acht Wochen nach der Geburt fließt (→ Seite 34). Während dieser Zeit steht Müttern beides zu, aber es wird nur die höhere Leistung gezahlt und das ist in der Regel das Mutterschaftsgeld (zusammen mit dem Arbeitgeberzuschuss zum Mutterschaftsgeld). Auch wenn der Vater das Elterngeld für die beiden Monate nach der Geburt als „Vätermonate" für sich beantragt, ist nichts zu retten. Das Geld bekommt er zwar, aber die Monate sind für das Elterngeld verloren. Das ist nicht logisch, aber Verwaltungspraxis. Trotzdem ist es sinnvoll, Elterngeld auch für die Zeit zu beantragen, in der es Mutterschaftsgeld gibt. In der Regel fällt das Ende der Mutterschaftsgeldzahlung nämlich nicht auf das Ende eines Lebensmonats des Kindes. Für die Tage dazwischen gibt es Elterngeld, aber nur wenn es beantragt wurde.

Zum Beispiel Bettina B. *Tochter Britta wurde am 12. Februar 2009 geboren. Als alleinerziehende Mutter beantragte Bettina nach der Geburt für 14 Monate Elterngeld. Der Bescheid bewilligte ihr allerdings nur 12 Monate. Im ersten und zweiten Lebensmonat des Kindes bekam sie ja Mutterschaftsgeld. Da ihre achtwöchige Mutterschutzfrist am 9. April endete, steht ihr ab 10. April anteiliges Elterngeld zu, und zwar noch für zwei Tage im zweiten Lebensmonat des Kindes, also für den 10. und 11. April. Bettina B. bekommt vom 12. April 2009 bis zum 11. März 2010 für elf weitere Lebensmonate des Kindes Elterngeld*

Berechnung des Elterngeldes

Elterngeld wird auf der Grundlage des Einkommens berechnet, das Eltern während der zwölf Monate vor der Geburt des Kindes aus Erwerbstätigkeit erzielt haben. Dazu gehört vor allem das Einkommen als Arbeitnehmer (Lohn) und als Unternehmer beziehungsweise Landwirt (Gewinn). Mieten, Renten, Zinsen oder andere Kapitalerträge bleiben unberücksichtigt. Praktisch liegt das Elterngeld zwischen einem Mindestbetrag von 300 Euro für Menschen ohne Erwerbstätigkeit, zum Beispiel Studenten, Arbeitslose oder Hausfrauen, und maximal 1800 Euro für Erwerbstätige, die vor der Geburt ihres Kindes ordentlich verdient haben.

Für Arbeitnehmer

Ausgangspunkt ist das vom Arbeitgeber gezahlte Monatsgehalt. Zusatzposten, wie zum Beispiel Weihnachtsgeld, bleiben unberücksichtigt.

Zum Beispiel das Ehepaar Marie und Max M. *Beide sind Angestellte. Marie verdiente vor der Geburt ihres ersten Kindes 2500 Euro brutto. Mit dem Weihnachts- und Urlaubsgeld kommt sie auf 2708 Euro monatlich. Ihr Nettoeinkommen beträgt nach Abzug von Steuern (Klassen IV) und Sozialversicherung (20 Prozent) 1439 Euro. Nach der Geburt erhält Marie 964 Euro Elterngeld (67 Prozent von 1439; alle Angaben beziehen sich auf das Jahr 2008).*

Monatliches Bruttoeinkommen	**2 708**
minus Sonderzahlungen (Weihnachts- und Urlaubsgeld)	– 208
minus Lohnsteuer (anteilig auf 2 500, Klasse IV)	– 423
minus Kirchensteuer	– 38
minus Solidaritätszuschlag	– 23
minus Sozialabgaben (20 % von 2 500)	– 500
minus Arbeitnehmerpauschbetrag (920 durch 12)	– 77
Nettoerwerbseinkommen	1 439
Elterngeld (67% von 1 439, alle Angaben in Euro)	**964**

Die Elterngeldstelle zieht vom Bruttoeinkommen alle Einmal- und Sonderzahlungen ab, zum Beispiel Prämien, Weihnachts- und Urlaubsgeld. Gleiches gilt für steuerfreie Einnahmen wie Trinkgelder, Zuschläge für Sonntags-, Feiertags- oder Nachtarbeit. Auch Lohnsteuer, Sozialabgaben sowie der Arbeitnehmerpauschbetrag werden abgezogen. Unter dem Strich steht das sogenannte „bereinigte durchschnittliche Nettoerwerbseinkommen", und davon kommen 67 Prozent als Elterngeld bei den Eltern an.

Arbeitnehmer können die Höhe ihres Nettoerwerbseinkommens manchmal beeinflussen. Beispielsweise erhöhen bezahlte Überstunden in den 12 Monaten vor der Geburt das Elterngeld. Auch regelmäßig gezahlte und versteuerte Provisionen zählen zum Nettoeinkommen, ebenso Einkommen aus einem Nebenjob, der zusätzlich zur Haupttätigkeit ausgeübt wird. Die Elterngeldstelle darf übrigens Beiträge, die Eltern in eine betriebliche Altersvorsorge, zum Beispiel in eine Direktversicherung oder Pensionskasse eingezahlt haben, nicht vom Gehalt abziehen, wenn sie pauschal versteuert worden sind. Negativ wirken sich Zeiten ohne Arbeit aus. Hat beispielsweise eine Mutter vor dem Mutterschutz nur 10 statt 12 Monate Erwerbseinkommen bezogen, wird das Einkommen trotzdem durch 12 Monate geteilt, was unter dem Strich weniger Elterngeld bedeutet.

Eine Erhöhung des Elterngeldes können verheiratete Arbeitnehmer mit dem Wechsel ihrer Lohnsteuerklasse bewirken. Wie viel das ausmachen kann, zeigt die Tabelle auf Seite 174. Für Ehepaare ist ein Wechsel der Steuerklassen in der Regel einmal im Jahr erlaubt. Den deutlichsten Zuwachs an Elterngeld bringt ein Wechsel aus der Steuerklasse V in die Steuerklasse III. Einen solchen Wechsel hat das Familienministerium bislang aber als „Missbrauch" abgelehnt, wenn er durch die Einkommensverhältnisse nicht gerechtfertigt war und erkennbar der Erhöhung des Elterngeldes diente. Das Bundessozialgericht (BSG) hat im Juni 2009 in zwei Urteilen der Verwaltungsauffassung widersprochen (Az. B 10 EG 3/08 und B 10 EG 4/08). Die Richter bewerteten einen Steuerklassenwechsel aus der Klasse V in die Klasse III beziehungsweise aus der Kombination IV/IV in die Kombination III/V als legale steuerrechtliche Gestaltungsmöglichkeit. Ein Wechsel könne den Eltern nicht als missbräuchlich vorgeworfen werden, entschieden die Richter. Das Familienministerium hat die BSG-Entscheidung als „Grundsatzentscheidung" begrüßt, „... die von den Elterngeldstellen zu beachten ist". Neue gesetzliche Bestimmungen und Verwaltungsanweisungen zur praktischen Umsetzung des BSG-Urteils lagen bei Drucklegung dieses Buches zwar noch nicht vor, aber der Anerkennung eines Steuerklassenwechsels durch die Elterngeldstellen sollte unter Hinweise auf das BSG-Urteil nun nichts mehr im Wege stehen.

Tipp

Lassen Sie sich Überstunden auszahlen, das ergibt zusätzlichen Arbeitslohn, der in die Berechnung des Elterngeldes fließt.

Wichtig! Eltern sollten sich vor einem Steuerklassenwechsel überlegen, ob sie das finanziell durchstehen. Die laufenden Lohnabzüge beim besser verdienenden Elternteil erhöhen sich nämlich sofort deutlich, zu viel gezahlte Lohnsteuer wird aber erst mit der nächsten Einkommensteuererklärung ausgeglichen. Das kann zwischenzeitlich zu Ebbe in der Haushaltskasse führen.

Freibeträge auf der Lohnsteuerkarte verringern die laufende Steuerbelastung, erhöhen damit den Nettolohn und führen so zu mehr Elterngeld (→ Seite 74). Lässt sich beispielsweise eine Mutter für Fahrtkosten zur Arbeit, für Kinderbetreuungskosten oder für haushaltsnahe Dienstleistungen einen Freibetrag auf ihrer Lohnsteuerkarte eintragen, zahlt sie weniger Lohnsteuer, dadurch steigt das für die Berechnung des Elterngeldes entscheidende Nettoerwerbseinkommen und es gibt mehr Elterngeld. Wer sich in diesem Zusammenhang Freibeträge auf die Lohnsteuerkarte eintragen lässt, muss allerdings eine Steuererklärung abgeben.

Für Selbstständige

Selbstständige müssen etwas anders kalkulieren als Arbeitnehmer. Ihr Elterngeld soll den wegfallenden Gewinn zu 67 Prozent ersetzen. Wurde vor der Geburt des Kindes durchgehend selbstständig gearbeitet, ist der Steuerbescheid des Wirtschaftsjahres vor der Geburt die Berechnungsgrundlage für das durchschnittliche Monatseinkommen. Das Wirtschaftsjahr ist in der Regel das Kalenderjahr, außer der Selbstständige hat einen abweichenden Zeitraum festgelegt. Für ein beispielsweise im Dezember 2009 geborenes Kind wird das Elterngeld nach dem Einkommensteuerbescheid für das Jahr 2008 berechnet, wenn das Wirtschaftsjahr dem Kalenderj ahr entspricht.

Liegt der aktuelle Steuerbescheid noch nicht vor, gilt ein früherer Bescheid. Das Elterngeld wird dann zunächst vorläufig gezahlt und die Abrechnung auf Euro und Cent gibt es erst am Ende der Jobpause. Wer keinen früheren Bescheid hat, kann den Gewinn durch eine Einnahmenüberschussrechnung oder andere Unterlagen nachweisen. Auch hier „bereinigt" die Elterngeldstelle zunächst den Gewinn. Von den Einnahmen des Wirtschaftsjahres werden die geleisteten Steuervorauszahlungen, Kirchensteuer und Solidaritätszuschlag sowie Beiträge zur gesetzlichen Sozialversicherung abgezogen. Beiträge an private Versicherungen bleiben unberücksichtigt.

Zum Beispiel Petra P. *Die alleinerziehende Unternehmerin hatte im Wirtschaftsjahr vor der Geburt ihres ersten Kindes Patrick 72 000 Euro Gewinn, pro Monat also 6 000 Euro (72 000 geteilt durch 12). Davon zieht die Elterngeldstelle die monatlichen Steuervorauszahlungen von 1500 Euro ab. Da sie privat krankenversichert ist, gibt es keine weiteren Abzüge. Für die Elterngeldberechnung kann Petra von einem monatlichen Nettoerwerbseinkommen von 4500 Euro ausgehen. Davon 67 Prozent ergeben 3 015 Euro. Sie bekommt aber nur 1 800 Euro, denn das ist der Höchstbetrag. Als Nettoerwerbseinkommen vor der Geburt werden maximal also nur rund 2 700 Euro berücksichtigt, auch wenn Mutter oder Vater mehr verdient haben.*

Tipp

Wenn Betriebseinnahmen erst nach der Zeit des Elterngeldbezugs eingehen, können sie das Elterngeld nicht verringern.

Ausstehende Einnahmen können Selbstständige sogar doppelt benachteiligen. Hat beispielsweise eine Grafikerin noch vor der Geburt des Kindes einen Auftrag erledigt, erhält das Honorar dafür aber erst nach der Geburt, geht diese Zahlung nicht in die Berechnung des Nettoerwerbseinkommens ein. Das fällt entsprechend niedriger aus. Nach der Geburt, wenn es bereits Elterngeld gibt, wird das in diesem Zeitraum eintreffende Honorar auf das Elterngeld angerechnet. Es gibt also weniger Elterngeld wegen der geringeren Berechnungsgrundlage vor der Geburt und wegen des höheren Einkommens während der Zeit des Elterngeldbezugs (→ auch Seite 15).

Wichtig! Selbstständige Eltern sollten dafür sorgen, dass im Wirtschaftsjahr vor der Geburt möglichst viel Geld in die Kasse kommt: Rechnungen früh stellen, Außenstände konsequent eintreiben, Vorschüsse aushandeln.

Für Eltern ohne Job

Auszubildende und Studenten, Empfänger von Sozialleistungen, Rentner, Hausfrauen und Hausmänner bekommen ebenfalls Elterngeld. Niedrigverdiener und Menschen ohne Erwerbseinkommen sind allerdings beim Elterngeld die klaren Verlierer. Für sie gibt es jetzt nur noch 12 Monate lang 300 Euro Elterngeld. Bis 2007 stand fast allen von ihnen Erziehungsgeld in gleicher Höhe zu, allerdings für die doppelte Dauer von 24 Monaten.

Zum Beispiel Jutta J. und Michael M. *Die beiden sind nicht verheiratet. Sie bezogen vor der Geburt ihrer Tochter Juliane ALG II. Jeder Partner erhält 323 Euro für den gemeinsamen Lebensunterhalt und für das Baby 215 Euro. Miete und Nebenkosten werden übernommen. Zusätzlich bekommt die Familie 12 Monate lang 300 Euro Elterngeld.*

Zuschläge und Abschläge

Das Nettoerwerbseinkommen ist zwar die weitaus wichtigste Größe für die Berechnung des Elterngeldes. Es gibt aber noch weitere Einflussfaktoren, zum Beispiel Zuschläge für gering verdienende Eltern und für Geschwisterkinder. Wenn sich Eltern während des Bezugs von Elterngeld etwas hinzuverdienen, müssen sie andererseits mit Abschlägen vom Elterngeld rechnen.

Bonus für Geringverdiener

Eltern mit geringem Einkommen können mehr als 67 Prozent ihres Nettoerwerbseinkommens als Elterngeld erhalten, wenn das vor der Geburt unter 1 000 Euro gelegen hat. Dann gibt es nämlich für jede 20 Euro unter der 1 000-Euro-Grenze ein Prozent Elterngeld extra. Das klingt zunächst komplizierter als es ist.

Zum Beispiel Jessica J. *Die Alleinerziehende arbeitet als Friseurin und kommt auf ein monatliches Nettoerwerbseinkommen von 700 Euro. Ihr Sohn Jonas wurde am 30. Juni 2009 geboren. Jessica fehlen 300 Euro an 1 000 Euro. Diese 300 Euro geteilt durch 20 ergibt 15. Also erhöht sich das Elterngeld um 15 Prozent, es steigt somit von 67 auf 82 Prozent. Unter dem Strich erhält Jessica 574 Euro Elterngeld (82 Prozent von 700) und nicht nur 469 Euro (67 Prozent von 700).*

Mit einer relativ einfachen Formel kann jeder die zusätzlichen Prozentpunkte für sich ausrechnen: 1 000 Euro minus eigenes Nettoer-

Elterngeldzuschlag

Nettoerwerbseinkommen in Euro	Prozentsatz vom Nettoerwerbseinkommen	Elterngeld in Euro
1 000	67	670
950	69,5	660
900	72	648
850	74,5	633
800	77	616
750	79,5	596
700	82	574
650	84,5	549
600	87	522
550	89,5	492
500	92	460
450	94,5	425
400	97	388
340	100	340

werbseinkommen geteilt durch 20 ergibt die Anzahl der zusätzlichen Prozentpunkte. Die Tabelle auf Seite 19 zeigt, wie das Elterngeld aufgestockt wird.

Bei einem bereinigten Nettoerwerbseinkommen von weniger als 1000 Euro im Monat erhalten Eltern mehr als 67 Prozent Elterngeld. Beispielsweise bekommen Menschen mit Minijob und einem monatlichen Arbeitslohn von 400 Euro (linke Spalte) 97 Prozent Elterngeld (mittlere Spalte), das sind 388 Euro (rechte Spalte).

Geschwisterzuschlag

Bei Zwillingen gibt es nur für das erste Kind Elterngeld nach der bisher erläuterten Berechnungsmethode. Für das zweite Kind werden pauschal 300 Euro gezahlt. Entsprechendes gilt für Drillinge und andere „Mehrlinge": Das Elterngeld für Kind Nummer eins wird einkommensabhängig berechnet, für jedes weitere gibt es pauschal 300 Euro.

Wer mehrere Kinder kurz hintereinander bekommt, ist in Sachen Elterngeld im Vorteil. Beim zweiten Kind erhalten Eltern einen Geschwisterbonus in Höhe von 10 Prozent des Elterngeldes für das Neugeborene, mindestens 75 Euro. Den Bonus gibt es für Eltern, die nach der Geburt eines Kindes innerhalb von drei Jahren ein weiteres bekommen. Er wird bis zum 3. Geburtstag des älteren Kindes gezahlt. Bei drei und mehr Geschwistern im Haushalt bekommen Eltern nach der Geburt denselben Bonus, wenn zwei der älteren Kinder ihren sechsten Geburtstag noch nicht gefeiert haben. Liegen die Geburten weiter auseinander, fällt der Geschwisterbonus weg.

Tipp

Eltern, die kurz hintereinander für Nachwuchs sorgen, können bis zu 10 Prozent „Geschwindigkeitsprämie" erhalten.

Zum Beispiel Caroline C. *Sie hat bei der Geburt ihres Sohnes Christian bereits die zweieinhalbjährige Tochter Clarissa. Da sie in den letzten zwölf Monaten vor der Geburt nicht berufstätig war, bekommt sie bis zum dritten Geburtstag ihres Sohnes 375 Euro Elterngeld (300 Euro Mindestbetrag plus 75 Euro Mindestgeschwisterzuschlag).*

Abschlag für Erwerbstätige

Das volle Elterngeld erhalten nur Eltern, die für die Betreuung des Nachwuchses ganz auf Erwerbstätigkeit verzichten. Wird während der Zeit des Elterngeldbezugs gearbeitet, senkt das Erwerbseinkommen das Elterngeld. Das Elterngeld errechnet sich in diesem Fall aus der Differenz zwischen dem Einkommen aus der Zeit vor der Geburt und dem Einkommen während der Zeit des Elterngeldbezugs.

Zum Beispiel Katja K. *Sie verdiente vor der Geburt ihres Sohnes Kevin 1900 Euro (Nettoerwerbseinkommen). Nach seiner Geburt und dem Ende des Mutterschutzes arbeitet sie Teilzeit. Sie verdient dabei 700 Euro netto im Monat. Für die Elterngeldberechnung zählt die Differenz zwischen dem Nettoerwerbseinkommen vor der Geburt von 1900 Euro und den 700 Euro danach. Das sind 1200 Euro. Davon stehen Katja 67 Prozent zu, das ergibt 804 Euro Elterngeld. Unter dem Strich kommt Katja insgesamt auf 1504 Euro: 700 Euro bringt ihr der Teilzeitjob, plus 804 Euro erhält sie Elterngeld.*

Ob es sich für Katja lohnt, arbeiten zu gehen, ist allerdings nicht nur eine Frage des Geldes. Weitere wichtige Faktoren sind die berufliche Perspektive, an der sie auch in Teilzeit weiter erfolgreich „basteln" kann. Auch der soziale Kontakt zu den Kollegen oder die gesundheitliche Situation von Mutter und Kind sind wichtige Entscheidungsfaktoren. Ist das Erwerbseinkommen während des Elterngeldbezugs höher als das errechnete Elterngeld, geht Katja trotzdem nicht leer aus. Sie erhält auf jeden Fall den Mindestbetrag von 300 Euro.

Wichtig! Wer in der Jobpause eine Existenzgründung vorbereitet, darf auch dafür 30 Stunden pro Woche arbeiten. Existenzgründer in spe haben sogar einen Anspruch auf einen Gründungszuschuss. Die Auszahlung sollte aber möglichst später erfolgen, weil der Zuschuss als Einkommen zählt und dadurch das Elterngeld kürzen kann.

Wenn Eltern während des Elterngeldbezugs Freibeträge auf ihrer Lohnsteuerkarte löschen lassen, erhöhen sie die Differenz zwischen dem Nettoeinkommen vor und nach der Geburt. Dadurch erhöht sich ihr Elterngeld. Die Verwaltung achtet genau darauf, ob der Wegfall der Freibeträge den tatsächlichen Verhältnissen entspricht oder ob er vorrangig darauf gerichtet ist, das Elterngeld zu erhöhen. In letzterem Fall ignoriert die Verwaltung die Löschung und kalkuliert weiter mit den Freibeträgen (→ Seite 74).

Elterngeld und die Folgen

Während Eltern die Förderung nutzen, sollten sie deren Auswirkungen auf andere finanzielle Bereiche im Auge behalten.

Unterhalt

Der unterhaltsverpflichtete Vater darf seine monatlichen Unterhaltszahlungen nicht einfach kürzen oder einstellen, weil die Mutter 300 Euro Elterngeld erhält. Bei höherem Elterngeld wird nur der Teil des Elterngeldes in der Unterhaltsberechnung berücksichtigt, der über 300 Euro liegt.

Zum Beispiel das Ehepaar Martina und Martin M. *Die beiden leben getrennt. Martina bekommt nach der Geburt ihrer gemeinsamen Tochter zunächst acht Wochen Mutterschaftsgeld und anschließend zehn Monate lang 1340 Euro Elterngeld. Gleichzeitig beantragt sie für die Babypause Betreuungsunterhalt für sich und das Neugeborene. Als Ehefrau werden ihr dafür 1040 Euro (1340 Euro Elterngeld minus 300 Euro) als eigenes Einkommen angerechnet.*

Wichtig! Nach dem neuen Unterhaltsrecht bekommen Frauen für sich in der Regel nur noch so lange Betreuungsunterhalt, bis ihr Kind drei Jahre alt ist. Dabei ist es egal, ob sie vorher mit dem Expartner verheiratet waren oder nicht.

Versicherung

Arbeitnehmer sind in der Regel Pflichtmitglieder der gesetzlichen Krankenversicherung. Sie müssen für die gesamte Elternzeit keine Beiträge zahlen, wenn sie neben dem Elterngeld keine beitragspflichtigen Einnahmen haben. Auch für familienversicherte Ehepartner ändert sich nichts. Das Elterngeld wird nicht in das Gesamteinkommen einbezogen. Eltern mit einem Teilzeitjob in der Elternzeit zahlen erst Sozialversicherungsbeiträge, wenn sie monatlich über 400 Euro verdienen. Auch ein Minijob bis 400 Euro bleibt versicherungsfrei, abgesehen vom Pauschalabzug für Steuer und Versicherung, den der Arbeitgeber leistet.

Eine Beitragspflicht in der Babypause besteht dagegen für pflichtversicherte Studentinnen und Studenten, wenn sie immatrikuliert bleiben. Das gilt auch für familienversicherte Studenten, die ihren 25. Geburtstag schon gefeiert haben.

Selbstständige, die freiwillig gesetzlich krankenversichert sind, müssen während der Zeit des Elterngeldbezugs weiter Kassenbeiträge zahlen. Die berechnen sich nach der Mindestbemessungsgrundlage von derzeit 840 Euro. Dafür wäre ein Mindestbeitrag von rund 125 Euro monatlich fällig. Privat versicherte Mütter müssen in der Mutterschutzfrist und in der Elternzeit ihre Beiträge weiter selbst bezahlen.

Tipp

Selbstständige, deren Ehepartner gesetzlich versichert sind, sollten prüfen, ob sie zeitweilig die kostenlose Familienmitversicherung nutzen können.

Steuer

Das Elterngeld selbst ist steuerfrei. Doch es wirkt sich auf die Steuer aus, denn es erhöht den persönlichen Steuersatz für das übrige Einkommen. Das Finanzamt fragt das Elterngeld deshalb auch in der Steuererklärung ab (Hauptbogen des Jahres 2008, Zeile 41 und Anlage N, Zeile 27, siehe Seite 190). Vor allem verheirateten Müttern und Vätern kann das Steuernachzahlungen bringen.

Zum Beispiel Antonia und Albrecht A. *Das Ehepaar hatte ein zu versteuerndes Einkommen von 35 000 Euro. Für die im Dezember 2008 geborene Annamaria bekamen sie 2009 Elterngeld in Höhe von 12 000 Euro. Obwohl Elterngeld steuerfrei ist, erhöht es ihre Einkommensteuer um 1374Euro.*

Zu versteuerndes Einkommen 2009	**35 000 Euro**	**35 000 Euro**
Plus Elterngeld	–	12 000 Euro
zusammen	35 000 Euro	47 000 Euro
Steuersatz	11,97 %	15,90 %
Einkommensteuer	4 190 Euro	5 564 Euro
Mehr Steuern durch Elterngeld (5 565–4 190)	–	**1 375 Euro**

Die Einbeziehung des vollen Elterngeldes in die Berechnung des Steuersatzes war lange umstritten. Der Bundesfinanzhof (BFH) hat am 21. 09. 2009 beschlossen, dass der Sockelbetrag von 300 Euro ebenso in die Berechnung eingeht, wie das Elterngeld, das 300 Euro übersteigt (Az. VI B 31/09). Ob sich das Bundesverfassungsgericht mit dem Streit beschäftigen wird, stand zu Redaktionsschluss noch nicht fest.

Sozialleistungen
Bei der Berechnung von Arbeitslosengeld I, ALG II, Sozialgeld, Renten, Stipendien, BAföG, Kinder-, Wohngeld und anderen Sozialleistungen wird Elterngeld nur oberhalb des Mindestbetrags von 300 Euro als Einkommen berücksichtigt. Bis 300 Euro bleibt es anrechnungsfrei.

Der Antrag

Sobald das Kind auf der Welt ist, können Eltern einen Antrag auf Elterngeld stellen. Der Antrag ist auch später noch möglich. Eltern sollten sich mit ihrem Antrag dennoch nicht zu lange Zeit lassen, denn gezahlt wird höchstens drei Monate rückwirkend. Die Vordrucke gibt es bei den Elterngeldstellen, bei Krankenkassen, in Krankenhäusern und auch bei vielen Gemeindeverwaltungen. Das Bundesfamilienministerium listet im Internet unter www.bmfsfj.de die zuständigen Behörden auf. Länder und viele größere Kommunen haben jeweils eigene Antragsformulare. Sie können online herunter geladen werden. Unter www.elterngeld.net/elterngeldantrag.html bieten alle Bundesländer diese Möglichkeit an.

Tipp

In mehreren Bundesländern, zum Beispiel in Bayern, Baden-Württemberg und Nordrhein-Westfalen, können Mütter und Väter den Antrag auf Elterngeld online stellen.

So sehr sich die Anträge regional unterscheiden, bürokratische Monster sind sie alle. Die nachfolgenden Erläuterungen und Tipps dienen als Ausfüllhilfe. Sie konzentrieren sich auf die kniffligen Stellen der Formulare, sperrige Begriffe und die häufigsten Fehler beim Ausfüllen (→ ausgefüllter Antrag auf Seite 185).

Persönliche Angaben
Das Antragsformular bezeichnet in der Regel die Mutter als „Elternteil 1“ und den Vater als „Elternteil 2“. Es steht Eltern frei, die Bezeichnung auch umgekehrt zu wählen. In manchen Bundes-ländern wird an dieser Stelle nach dem Familienstand gefragt. Die Elterngeldstelle nimmt grundsätzlich eine „eheähnliche Gemeinschaft“ an, wenn ledige Eltern in einer gemeinsamen Wohnung mit ihrem Kind leben. Im Unterschied dazu versteht die Elterngeldstelle „unter eingetragenen Lebenspartnerschaften“ eheähnliche Partnerschaften zwischen zwei Personen gleichen Geschlechts, die beim Notar oder einer Behörde offiziell geschlossen wurden.

Wichtig! Für das Elterngeld sind die persönlichen Angaben beider Elternteile erforderlich, auch wenn nur ein Elternteil Elterngeld beantragt. Eine Ausnahme gilt für Mütter oder Väter mit alleinigem Sorgerecht, die geben ausschließlich ihre eigenen Angaben an.

Bezugszeitraum

Der Bezugszeitraum ist die Zeitspanne, während der das Elterngeld gezahlt werden soll. Wie beide Elternteile die Babypause aufteilen, will die Elterngeldstelle bei der Beantragung verbindlich wissen. Unter „Bezugsmonaten" versteht die Behörde die Lebensmonate des Kindes, für die Elterngeld beantragt werden soll, und nicht nicht etwa Kalendermonate. Das wird oft durcheinandergebracht. Der Lebensmonat beginnt mit dem Tag der Geburt. Ein Elternteil kann maximal für 12 oder 14 Lebensmonate des Kindes Elterngeld beantragen. Wer die Aufteilung später ändern möchte, darf das ab 2009 einmal im Jahr ohne Begründung. Das kann beispielsweise für Väter günstig sein, die kurz vor dem Ende der mütterlichen Babypause arbeitslos werden. Ihnen würde dann Elterngeld aus dem höheren Erwerbseinkommen zustehen und ihre Arbeitslosenzeit verschiebt sich.

Auch an anderen Stellen im Antrag geht es um den Bezugszeitraum (→ Seite 185). Unter „Erwerbstätig im Bezugszeitraum" erklären beide Eltern verbindlich, ob sie während der Elterngeldzahlung arbeiten wollen und wie viele Stunden pro Woche das sein werden. Es sind höchstens 30 Stunden pro Woche beziehungsweise 120 Stunden im Lebensmonat erlaubt. Unter „Urlaub im Bezugszeitraum" gehört eventueller Resturlaub nach der Mutterschutzzeit. Hier wird auch nach den wöchentlichen Arbeitsstunden gefragt. Hintergrund: Die Elterngeldstelle rechnet das Einkommen in der Urlaubszeit an und das mindert das Elterngeld. Die Frage nach einer „Ausbildung im Bezugszeitraum" bezieht sich auf Eltern, die ihre Berufsausbildung nicht unterbrechen wollen. Die Ausbildung zählt in der Regel nicht als Erwerbstätigkeit. „Sonstige Leistungen im Bezugszeitraum" sind zum Beispiel Arbeitslosengeld, Krankengeld, Renten, Kurzarbeitergeld, Zuschuss für Existenzgründer, Insolvenzgeld, Winterausfallgeld und private Versicherungsleistungen, die zum Teil auf das Elterngeld angerechnet werden.

Tipp

Eine Neuaufteilung der Elterngeldmonate zwischen den Eltern ist für drei Monate rückwirkend möglich.

Antragstellung

Unter diesem Begriff tragen beide Eltern ein, ob sie den Mindestbeitrag von 300 Euro oder mehr Elterngeld beantragen. Haben Eltern vor der Geburt des Kindes gearbeitet, kreuzen sie „Elterngeld aus Erwerbseinkommen" im Antrag an. Dazu gehören auch Minijobs oder Teilzeitarbeit.

Wichtig! Wenn Studenten nebenbei einen (Mini-)Job ausgeübt haben, bekommen sie mehr als 300 Euro Elterngeld, wenn sie über 300 Euro im Monat verdient haben. Sie kreuzen dann das Kästchen „Elterngeld aus Erwerbseinkommen" an.

Kindschaftsverhältnis

Hinter diesem Wortungetüm versteckt sich eigentlich nur die einfache Frage nach dem verwandtschaftlichen Verhältnis des Kindes zu seinen Eltern. Es geht zunächst darum, ob es sich um leibliche, Adoptiv- oder Stiefkinder handelt. Die Frage nach „Sonstigen Kindschaftsverhältnissen" kann beispielsweise gleichgeschlechtliche Eltern betreffen , die in einer eingetragenen Lebenspartnerschaft zusammenleben.

Mutterschaftsgeld

Wer nach der Geburt Mutterschaftsgeld plus Arbeitgeberzuschuss bezieht, kreuzt die laufende Zahlung von der gesetzlichen Krankenkasse und vom Arbeitgeber an. Beide Zahlungen müssen bescheinigt werden.

Den Begriff „einmalige Leistung" kreuzen Mütter an, die privat-, familien- oder überhaupt nicht krankenversichert sind. Sie bekommen nach der Geburt vom Bundesversicherungsamt einmalig 210 Euro Mutterschaftsgeld. Beamte und Beamtenanwärter kreuzen ihre Bezüge und Zuschüsse an, die sie ebenfalls belegen müssen (→ Seite 34).

Bemessungszeitraum

Das Wort bezeichnet die 12 Monate vor der Geburt des Kindes. Beide Eltern sollen mit „ja" oder „nein" bestätigen, ob sie in dieser Zeit Einkommen aus Erwerbstätigkeit erzielt haben, oder ob sie andere Leistungen wie zum Beispiel Arbeitslosengeld, Krankengeld oder eine Rente erhalten haben. Ausführlichere Angaben zum Einkommen vor und nach der Geburt des Kindes werden in der Anlage „Einkommenserklärung" verlangt (→ Seite 27).

Unterschrift

Den Antrag müssen beide Eltern unterschreiben, auch wenn nur ein Elternteil den Antrag auf Elterngeld gestellt hat. Einzige Ausnahme: Bei Müttern oder Vätern mit alleinigem Sorgerecht, die nicht mit dem anderen Elternteil in einem Haushalt leben, reicht deren alleinige Unterschrift.

Wichtig! Um Ärger zu vermeiden, sollten Eltern familiäre Änderungen zügig der Elterngeldstelle melden. Meldepflichtig ist zum Beispiel, wenn Mütter oder Väter in der Elterngeldzeit einen nicht geplanten Job (auch einen geringfügigen) aufnehmen oder sich das Einkommen aus der Erwerbstätigkeit ändert. Wenn das Finanzamt die Besteuerung des Einkommens nach der Antragstellung des Elterngeldes neu festgesetzt hat, sollte das ebenfalls gemeldet werden. Gleiches gilt, wenn Elterngeldempfänger Renten, Insolvenz- oder Kurzarbeitergeld beantragt haben. Auch über einen Wohnortwechsel und eine geänderte Kontoverbindung müssen Eltern informieren.

Anlagen zum Antrag

Neben dem eigentlichen Antrag verlangt die Elterngeldstelle eine Erklärung der Eltern zum Einkommen vor der Geburt und in der Babypause sowie Verdienstbescheinigungen vom Arbeitgeber. Die Vordrucke gibt es dort jeweils im Doppelpack – einen für den Vater, den anderen für die Mutter. In manchen Bundesländern gibt es noch eine dritte Anlage zum Antrag auf Elterngeld. Auf dieser bescheinigen Arbeitgeber beiden Arbeitnehmer-Eltern ein mögliches Beschäftigungsverhältnis und die Arbeitszeit nach der Geburt des Kindes beziehungsweise nach dem Mutterschutz.

Die Einkommenserklärung zum Antrag auf Elterngeld ist in zwei Abschnitte unterteilt. Im ersten Teil will die Elterngeldstelle genau wissen, wie Eltern ihren Lebensunterhalt vor der Geburt bestritten haben. Der zweite betrifft das Einkommen der Eltern nach der Geburt (→ ausgefüllte Anlage Seite 185).

Den Teil „Vor der Geburt" füllen nur Väter und Mütter aus, die in dieser Zeit Einkommen aus Erwerbstätigkeit, also Lohn oder Gewinn, erzielt haben. Wenn Mütter in den sechs Wochen vor der Entbindung Mutterschaftsgeld bezogen haben, zählen zur Berechnung des Elterngeldes die zwölf Monate vor dem Beginn des Mutterschutzes. Wer zum Beispiel am 2. Februar 2009 entbunden hat und sechs Wochen davor im Mutterschutz war, lässt das Arbeitseinkommen von Dezember 2007 bis einschließlich Dezember 2008 vom Arbeitgeber eintragen.

Wenn Eltern die 12 Monate vor der Geburt des Kindes nicht am Stück gearbeitet haben, etwa weil sie Mutterschaftsgeld erhalten haben oder eine schwangerschaftsbedingte Erkrankung Einkommensverluste verursachte, sollten sie unbedingt die Rückdatierung des Zwölfmonatszeitraums extra ankreuzen und ein ärztliches Attest beifügen. Die Elterngeldstelle ersetzt dann die Krankheitsmonate durch frühere Monate mit in der Regel besser bezahlter Erwerbstätigkeit.

Wichtig! Beide Eltern müssen erklären, ob sie nach der Geburt neben dem Elterngeld auch Einkünfte aus nichtselbstständiger oder selbstständiger Erwerbstätigkeit erzielen wollen. Der Besuch einer Schule oder Hochschule oder eine Berufsausbildung gelten nicht als Erwerbstätigkeit.

„Andere Leistungen" kreuzen Mütter und Väter an, die nach der Geburt neben dem Elterngeld Arbeitslosengeld, Krankengeld, Rente oder sonstige Leistungen erhalten haben (etwa Kurzarbeitergeld, Insolvenzgeld, Winterausfallgeld, private Versicherungsleistungen).

Falls Arbeitnehmer keine Gehaltsabrechnungen vorlegen können, brauchen sie eine Verdienstbescheinigung des Arbeitgebers. In dieser Anlage zum Antrag auf Elterngeld bescheinigt der Arbeitgeber das monatliche Bruttoeinkommen und die gezahlten Abzüge. Eltern sollten darauf achten, dass der Arbeitgeber auch den Zuschuss zum Mutterschaftsgeld in die vorgesehene Spalte einträgt. Der wird häufig vergessen.

Elternzeit

Nach der Geburt ihres Kindes steht Arbeitnehmern „Elternzeit" zu. Das ist, vereinfacht gesagt, das Recht auf unbezahlte Freistellung von der Arbeit, verbunden mit einem besonderen Kündigungsschutz. Vater und Mutter können insgesamt bis zu drei Jahre lang mehr oder weniger vom Beruf pausieren, um sich ihrem Kind besser widmen zu können. Anspruch auf Elternzeit haben alle Arbeitnehmer, auch Teilzeitbeschäftigte und Menschen mit Minijob, Beamte, Soldaten oder Zivildienstleistende, Umschüler und Azubis. Voraussetzung ist, dass sie ihr Kind im eigenen Haushalt selbst betreuen und erziehen. Das gilt für leibliche Eltern, Pflege- und Adoptiveltern. Auch Großeltern oder andere nahe Verwandte können in bestimmten Notlagen, zum Beispiel bei schwerer Krankheit der Eltern, Anspruch auf Elternzeit haben. Für Großeltern gelten seit 2009 etwas verbesserte Bedingungen (→ Infokasten Seite 32).

Wichtig! Nach der Elternzeit hat ein Arbeitnehmer das Recht, an seinen Arbeitsplatz zurückzukehren. Der Arbeitgeber kann ihn nur auf eine andere Stelle setzen, wenn diese etwa gleichwertig ist.

Richtig aufteilen

Der Anspruch auf Freistellung von der Arbeit beginnt am Tag der Geburt des Kindes und läuft bis zu dessen dritten Geburtstag. Das passiert unabhängig davon, wie lange Elterngeld bezogen wurde. Die Elternzeit kann von jedem Elternteil – allein oder gleichzeitig gemeinsam – beantragt werden. Sie muss aber weder vom Vater noch von der Mutter auf einmal „am Stück" genommen werden, sondern darf zeitlich aufgeteilt werden.

Zum Beispiel das Ehepaar Angelika und André A. *Beide planen, sich in der Elternzeit abzuwechseln. Angelika möchte das Baby während des ersten und dritten Lebensjahres daheim betreuen. Der Vater entscheidet sich aus beruflichen Gründen für das zweite .*

Der Arbeitgeber muss die individuelle Aufteilung der Elternzeit auf zwei Zeitabschnitte akzeptieren, eine Aufteilung in drei oder noch mehr Abschnitte bedarf allerdings seiner Zustimmung. Der

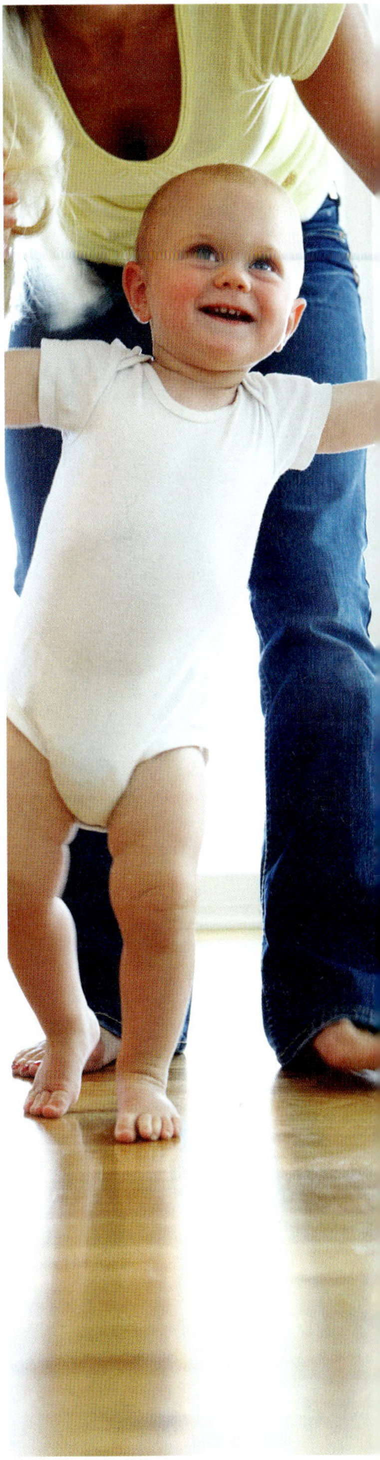

Tipp

Arbeitnehmern steht Elternzeit auch dann zu, wenn der Ehegatte nicht erwerbstätig ist.

Arbeitgeber muss eine gern genutzte andere Möglichkeit der Aufteilung ebenfalls akzeptieren: Eltern beanspruchen zunächst die ersten beiden Jahre ihrer Elternzeit. Das verbleibende dritte Jahr können sie danach noch bis zum 8. Geburtstag des Kindes nutzen. Besonders das erste Schuljahr des Kindes kann sich dafür anbieten.

Den Antrag auf Übertragung eines Teils der Elternzeit (→ Seite 201) müssen Eltern vor dem 3. Geburtstag des Kindes stellen. Wann genau die restliche Elternzeit genommen werden soll, müssen Sie zu diesem Zeitpunkt aber noch nicht mitteilen. Es reicht, wenn das acht Wochen vor Beginn der restlichen Elternzeit passiert. Das Bundesarbeitsgericht hat kürzlich entschieden, dass es erlaubt ist, nach der Geburt eines weiteren Kindes die laufende Elternzeit zu beenden, den Rest später zu nehmen und die neue Elternzeit sofort zu beginnen. Der Arbeitgeber darf seine Zustimmung dazu nur aus besonders wichtigen Gründen verweigern (Az. 9 AZR 391/08).

Wichtig! Wer in der „Übertragungszeit" zu einem neuen Arbeitgeber wechselt, sollte sich rechtzeitig informieren, ob der neue Arbeitgeber die bereits genehmigte Elternzeit ebenfalls akzeptiert, verpflichtet ist er dazu nämlich nicht.

Elternzeit plus Job

Damit die unbezahlte Elternzeit finanziell erträglich bleibt, dürfen Eltern neben der Kinderbetreuung bis zu 30 Stunden pro Woche arbeiten. In dieser Zeit haben sie einen Anspruch auf Teilzeitarbeit zwischen 15 und 30 Wochenstunden. Am besten ist immer eine einvernehmliche Regelung mit dem Arbeitgeber. In den meisten Fällen stimmt der Chef zu. Wenn aber betriebliche Gründe gegen die Teilzeit sprechen, kann es Probleme geben. Wird die Teilzeit erst später beantragt, kann der Arbeitgeber sie erfahrungsgemäß leichter ablehnen. Wenn er für den fraglichen Zeitraum oder auch für die gesamte Elternzeit eine Vertretung eingestellt hat, kann das beispielsweise eine Ablehnung rechtfertigen.

Tipp

Elternzeit und Teilzeitarbeit sollten möglichst gleichzeitig beantragt werden.

Ein Rechtsanspruch auf einen Teilzeitjob besteht grundsätzlich, wenn das Unternehmen (ohne Azubis) mehr als 15 Mitarbeiter beschäftigt, das Arbeitsverhältnis bereits mehr als sechs Monate besteht, der Teilzeitjob für mindestens drei Monate vereinbart wird und die wöchentliche Arbeitszeit 15 bis 30 Wochenstunden beträgt. Wer während der Elternzeit Teilzeit arbeiten will, muss das beim Arbeitgeber sieben Wochen vorher schriftlich beantragen (→ Musterantrag Seite 202). Arbeitnehmer sollten sich im Betrieb rechtzeitig über alle Einzelheiten informieren.

Mütter und Väter können während der Elternzeit auch einen Teilzeitjob bei einem fremden Arbeitgeber ausüben oder als Selbstständige bis zu 30 Wochenstunden arbeiten. Einzige Bedingung: Der „eigene" Arbeitgeber muss damit einverstanden sein (→ Antrag Seite 202). Eltern ohne Aussicht auf einen Teilzeitjob können sich während der Elternzeit auch arbeitslos melden. Sie sollten sich aber rechtzeitig bei der Agentur für Arbeit über die genauen Bedingungen erkundigen.

Tipp

Rat und Hilfe in Sachen Elternzeit bekommen Eltern in den Elterngeldstellen und über das Servicetelefon des Bundesfamilienministeriums (→ Adressenliste, Seite 203).

Kündigungsschutz sichern

Während der Elternzeit haben Eltern einen besonderen Kündigungsschutz. Er beginnt mit der schriftlichen Anmeldung der Elternzeit beim Arbeitgeber, frühestens acht Wochen vor Beginn der Elternzeit, und er endet am letzten Tag der Freistellung.

Wichtig! Wechseln sich die Eltern bei der Elternzeit ab, besteht nur für den Elternteil Kündigungsschutz, der sich gerade in Elternzeit befindet. Für den anderen Elternteil gelten die üblichen Rechte und Pflichten aus dem bisherigen Arbeitsverhältnis.

Väter, die in Elternzeit gehen wollen, sollten nicht wesentlich früher als nötig den Antrag stellen. Arbeitgeber könnten dem Mitarbeiter nämlich kündigen, bevor der Sonderkündigungsschutz der Elternzeit greift. Wer beispielsweise seinen Antrag zwölf Wochen vorher abgibt, ist erst vier Wochen später besonders geschützt. Mütter berührt dieses Problem nicht, weil sie als Schwangere und nach der Geburt des Kindes durch das Mutterschutzgesetz sowieso Kündigungsschutz haben (→ Seite 34).

Richtig anmelden

Bei der Anmeldung müssen Eltern dem Chef schriftlich verbindlich mitteilen, wann und wie sie die Elternzeit nehmen wollen. Sie muss spätestens sieben Wochen vor Beginn beim Arbeitgeber angemeldet sein. Die Anmeldefrist gilt auch für Mütter und Väter, die ihre Babypause unmittelbar nach der Geburt des Kindes beziehungsweise nach der Mutterschutzfrist nehmen wollen. Soll die Elternzeit direkt nach Ende des achtwöchigen Mutterschutzes beginnen, heißt das: Die Arbeitnehmerin muss spätestens eine Woche nach der Geburt schriftlich mitteilen, wie lange und wann sie pausiert. Was viele Mütter dabei nicht einplanen: Die Mutterschutzfrist wird auf die Dauer der Elternzeit angerechnet, damit verringert sich die Elternzeit in der Regel um acht Wochen.

Zum Beispiel Inga I. *Die Tochter der Sachbearbeiterin wird voraussichtlich am 1. Juli 2010 geboren. Inga beabsichtigt, nach der achtwöchigen Mutterschutzfrist zwei Jahre zu Hause zu bleiben. Sie beantragt daher Elternzeit vom 1. September 2010 bis zum 31. August 2012. Der Arbeitgeber bescheinigt ihr die Freistellung aber nur bis zum zweiten Geburtstag der Tochter, also bis zum 30. Juni 2012. Grund: Die Mutterschutzzeit zählt bei der Zweijahresfrist mit.*

Elternzeit für Großeltern

Berufstätige Großeltern dürfen in Ausnahmefällen Elternzeit für ihre Enkelkinder nehmen. Diese Ausnahmen wurden ab 2009 etwas erweitert und gelten nicht mehr nur in Fällen von schwerer Krankheit, Behinderung oder Tod der leiblichen Eltern. Elternzeit gibt es nun auch für Großeltern, deren Kinder im Teenageralter Eltern werden und als Minderjährige noch eine Ausbildung machen oder fortsetzen wollen. Bedingung: Das Enkelkind lebt im großelterlichen Haushalt. Großeltern können die Betreuung ihrer Enkelkinder auch dann übernehmen, wenn die jungen Eltern (etwa Azubis, Studenten) bereits volljährig sind, ihre Ausbildung nach der Geburt des Kindes fortsetzen und noch höchstens zwei Jahre bis zum regulären Ausbildungsabschluss brauchen. Elternzeit für Großeltern klappt aber nur, wenn weder die Mutter noch der Vater für ihr Kind Elternzeit beantragt haben. Großelternpaare haben auch die Möglichkeit, sich die Betreuung ihres Enkels zu teilen und gleichzeitig einem Teilzeitjob von 30 Stunden pro Woche nachzugehen. Das Elterngeld erhalten aber in jedem Fall die Eltern des Enkels.

Wichtig! Bevor Mütter oder Väter sich auf einen oder mehrere Termine festlegen, sollten sie alles genau abwägen und dabei auch bedenken, dass ihr Antrag nur mit Zustimmung des Arbeitgebers wieder geändert werden kann. Beantragt beispielsweise ein Elternteil die Freistellung zunächst nur für das erste Lebensjahr des Kindes, kann er die Elternzeit anschließend nur verlängern, wenn sein Arbeitgeber zustimmt.

Für Anträge rund um die Elternzeit halten viele Unternehmen eigene Vordrucke bereit. Anträge können aber auch formlos gestellt werden. Dabei sind die Muster von Seite 200 bis Seite 202 nutzbar.

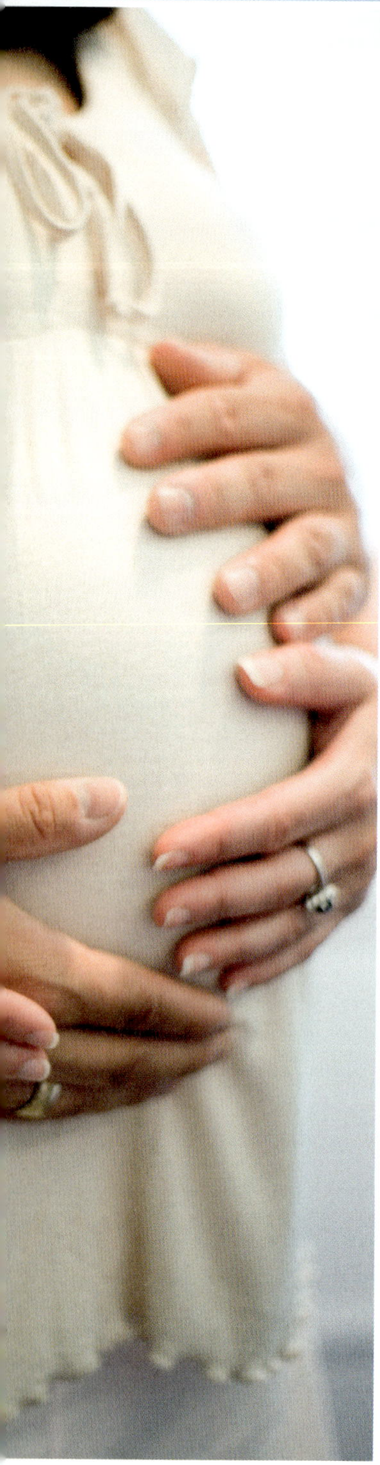

Mutterschutz

Die Förderung von Eltern beginnt schon vor der Geburt eines Kindes. Vor allem Arbeitnehmerinnen werden durch Mutterschaftsgeld und einen Zuschuss vom Arbeitgeber unterstützt. Voraussetzung ist in der Regel, dass sie Pflichtmitglied in einer gesetzlichen Krankenkasse sind und Anspruch auf Krankengeld haben. Ob sie Vollzeit, Teilzeit, im Minijob oder als Heimarbeiterinnen angestellt sind, spielt keine Rolle. Auch Frauen in Ausbildung und arbeitslosen Müttern steht Mutterschaftsgeld zu. Das kann ebenso für freiwillige Mitglieder in der gesetzlichen Krankenversicherung gelten oder für Künstlerinnen, Publizistinnen und andere Selbstständige, die in der Künstlersozialkasse (KSK) versichert sind. Privat versicherte Selbstständige und Hausfrauen gehen in Sachen Mutterschaftsgeld meist leer aus.

Wichtig! Beamtinnen erhalten kein Mutterschaftsgeld. Ihre bisherigen Dienstbezüge werden während des Mutterschutzes weitergezahlt.

Die sogenannte „Schutzfrist", während der Mutterschaftsgeld gezahlt wird, beginnt sechs Wochen vor dem errechneten Entbindungstermin und endet normalerweise acht Wochen nach der Geburt des Kindes. Das gilt auch für Entbindungen vor dem errechneten Termin. Hier verlängert sich die Zahlung um die Tage, die vor der Entbindung nicht in Anspruch genommen werden konnten.

Höhe des Mutterschaftsgelds

Wie viel Mutterschaftsgeld es gibt, richtet sich in der Regel nach dem durchschnittlichen Nettolohn der letzten drei Kalendermonate vor Beginn der Schutzfrist. Die Krankenkasse zahlt jedoch höchstens 13 Euro für jeden Kalendertag. Wer mehr verdient, bekommt die Differenz zum Nettoverdienst als Zuschuss vom Arbeitgeber.

Zum Beispiel Grit G. *Sie hat als angestellte Managerin in den letzten drei Monaten vor der Entbindung jeweils 2100 Euro netto verdient. Die Krankenkasse geht hier von 6300 Euro aus (2100 Euro* *mal 3 Monate) und teilt den Betrag durch 90 Kalendertage. Das ergibt 70 Euro pro Kalendertag. Davon übernimmt die Krankenkasse 13 Euro, der Zuschuss vom Arbeitgeber beträgt 57 Euro (70 minus 13).*

Wichtig! Hat eine werdende Mutter neben ihrem Hauptberuf noch einen Nebenjob, gehen beide Nettogehälter in die Berechnung ein. Sonderzuwendungen wie Weihnachts- oder Urlaubsgeld bleiben allerdings unberücksichtigt.

Verheiratete Arbeitnehmerinnen haben die Möglichkeit, durch die Wahl der Lohnsteuerklasse ihr Nettoeinkommen zu erhöhen. Mit der Klasse III gibt es wesentlich mehr Mutterschaftsgeld als mit der Klasse V. Der Arbeitgeber weigert sich aber in der Regel, einen Lohnsteuerklassenwechsel zu akzeptieren, der erkennbar mit dem Ziel erfolgte, mehr Mutterschaftsgeld herauszuholen, und kommt damit vor Gericht meist durch. Eltern sollten sich trotzdem überlegen, ob sie die passende Steuerklasse haben und ob ein Wechsel günstig sein kann. In diesem Zusammenhang kann die Nachfrage bei einem Steuerprofi (etwa einem Steuerberater oder Lohnsteuerhilfeverein) Klarheit schaffen.

Auch Mütter mit Minijob erhalten in der Schutzfrist Mutterschaftsgeld. Wer während der Schwangerschaft bis 400 Euro netto verdient hat und selbst Mitglied in der gesetzlichen Krankenversicherung ist, bekommt 13 Euro Mutterschaftsgeld pro Tag von der Krankenkasse. Der Zuschuss vom Arbeitgeber fällt allerdings mager aus, bei 400 Euro Monatslohn sind es 33 Cent pro Tag.

Studentinnen mit Minijob können pro Tag mit 13 Euro Mutterschaftsgeld von der Krankenkasse rechnen, wenn sie selbst gesetzlich dort versichert sind. Kassen geben Studentinnen häufig die Auskunft, sie hätten keinen Anspruch auf Mutterschaftsgeld, weil sie kein Krankengeld bekommen. Das ist so nicht richtig. Voraussetzung für Mutterschaftsgeld ist, dass Studentinnen vom Beginn des zehnten bis zum Ende des vierten Monats vor der Entbindung mindestens zwölf Wochen (oder 84 Kalendertage) Mitglied waren. Diese 84 Tage müssen in diesem Zeitraum insgesamt zusammenkommen, also nicht ununterbrochen „am Stück".

Selbstständige „in guter Hoffnung", die sich freiwillig oder über die Künstlersozialkasse gesetzlich versichert haben, bekommen Mutterschaftsgeld von der Krankenkasse, wenn sie eine Krankenversicherung mit Krankengeldanspruch abgeschlossen haben, und zwar mindestens drei Monate bevor die Schutzfrist beginnt. Sie erhalten allerdings nur Mutterschaftsgeld in Höhe des Krankengeldes. Das Krankengeld der gesetzlichen Kassen beträgt 70 Prozent des beitragspflichtigen Arbeitseinkommens. Das Mutterschaftsgeld ist in der Regel höher als das Elterngeld und wird auch in den sechs Wochen vor der Geburt gezahlt (→ Seite 14).

Arbeitslose, die bei Beginn der Schutzfrist vor der Geburt Arbeitslosengeld beziehen und gesetzlich krankenversichert sind, erhalten ebenfalls Mutterschaftsgeld. Das betrifft auch werdende Mütter, die während einer beruflichen Weiterbildung über die Agentur für Arbeit ALG I beziehen. Die Höhe des Mutterschaftsgeldes richtet sich nach dem Arbeitslosengeld, das sie vor Beginn des Mutterschutzes erhalten haben. Werdende Mütter mit ALG II erhalten ab der 13. Schwangerschaftswoche bis zum Entbindungstag einen Zuschlag auf die Regelleistung von 17 Prozent. Für Alleinerziehende sind das 60 Euro im Monat.

Wichtig! Wer ALG I bezieht, bekommt nach der Geburt des ersten Kindes mehr Arbeitslosengeld. Der Leistungssatz erhöht sich von 60 auf 67 Prozent. Eltern mit ALG II erhalten nach der Entbindung für das Kind 215 Euro pro Monat (→ auch Seite 100).

Hilfe in der Schwangerschaft

Wenn Schwangere vor der eigentlichen Schutzfrist aus gesundheitlichen Gründen nicht mehr arbeiten dürfen, haben sie Anspruch auf einen sogenannten „Mutterschaftslohn". Der hilft Schwangeren, die wegen eines Beschäftigungsverbots mit der Arbeit aussetzen oder auf einer schlechter bezahlten Stelle im Betrieb arbeiten müssen. Sie behalten mindestens ihren Durchschnittsverdienst der letzten 13 Wochen vor Eintritt der Schwangerschaft. Der Mutterschaftslohn wird vom Arbeitgeber gezahlt. Erforderlich ist ein ärztliches Attest, das jeder Arzt ausstellen darf. Wird darin ein vollständiges Beschäftigungsverbot bescheinigt, muss der Arbeitgeber die Schwangere von der Arbeit freistellen. Die ärztliche Bescheinigung kann aber auch bestimmte Arbeiten verbieten oder verkürzte Arbeitszeiten vorschreiben. Hat die werdende Mutter bislang Tätigkeiten ausgeübt, die Schwangeren generell untersagt sind (etwa schwere Lasten heben), oder hat sie mit gesundheitsgefährdenden Stoffen hantiert, muss ihr der Arbeitgeber einen anderen Arbeitsplatz oder eine weniger belastende Arbeit anbieten.

Wer privat-, familien- oder überhaupt nicht versichert ist, muss sich mit deutlich weniger Mutterschaftsgeld zufrieden geben. Das Bundesversicherungsamt zahlt einmalig 210 Euro. Der Arbeitgeber bleibt auch hier in der Pflicht und muss einen Zuschuss zum Mutterschaftsgeld zahlen. Er berechnet den Zuschuss so, als wäre seine Arbeitnehmerin gesetzlich versichert.

Tipp

Wenn Eltern mit etwa gleich hohen Löhnen aus der Kombination III (Vater)/V (Mutter) in die Kombination IV/IV wechseln, gibt es mehr Mutterschaftsgeld.

Zum Beispiel Mareike M. *Sie ist Arbeitnehmerin, aber privat krankenversichert. Vor dem Mutterschutz verdiente sie 1650 Euro netto im Monat und erhält vom Bundesversicherungsamt 210 Euro Mutterschaftsgeld. Der Arbeitgeberzuschuss wird nach dem Nettoverdienst der letzten drei Monate vor der Schutzfrist berechnet: 1650 Euro mal 3 Monate geteilt durch 90 Kalendertage ergibt 55 Euro pro Kalendertag. Davon würde die gesetzliche Krankenkasse 13 Euro zahlen, der Arbeitgeber übernimmt die Differenz von 42 Euro (55 minus 13) pro Tag. Unter dem Strich erhält Mareike 42 Euro pro Tag vom Arbeitgeber plus einmalig 210 Euro vom Bundesversicherungsamt.*

Familienversicherte Mütter mit Minijob, die in der gesetzlichen Krankenversicherung kostenlos mitversichert sind, können nur Mutterschaftsgeld beim Bundesversicherungsamt beantragen. Die Behörde zahlt ihnen einen einmaligen Zuschuss von 210 Euro. Einen geringen zusätzlichen Beitrag vom Arbeitgeber gibt es erst ab 360 Euro Monatslohn, maximal 33 Cent pro Tag.

Privat Versicherte erhalten auch vom Bundesversicherungsamt kein Mutterschaftsgeld. Ob und welche Leistungen sie bekommen, hängt vom Vertrag mit ihrer Versicherung ab. Sie sollten sich rechtzeitig darüber informieren.

Wichtig! Mutterschaftsgeld und Arbeitgeberzuschuss sind steuerfrei. Doch sie zählen wie das Elterngeld als „Lohnersatzleistung" bei der Steuer indirekt mit. Sie können den persönlichen Steuersatz erhöhen (→ Beispiel Seite 23).

Mutterschaftsgeld von der Krankenkasse bleibt in der gesetzlichen Renten-, Pflege- und Krankenversicherung grundsätzlich beitragsfrei, wenn die Mutter dort schon versichert war. Beitrags-

Tipp

Selbstständige, die ohne Anspruch auf Krankengeld freiwillig in der gesetzlichen Krankenversicherung versichert sind, sollten prüfen, ob sich für sie ein Wechsel in einen Tarif mit Krankengeldanspruch lohnt.

Tipp

Um Verzögerungen zu vermeiden, sollten Antrag plus Bescheinigung umgehend der Krankenkasse oder dem Bundesversicherungsamt geschickt werden.

pflicht für Mutterschaftsgeld besteht dagegen in der Arbeitslosenversicherung.

Wer freiwillig in der gesetzlichen Krankenversicherung versichert ist, muss den Mindestbeitrag zahlen, auch wenn er keine beitragspflichtigen Einnahmen hat.

Richtig beantragen

Mutterschaftsgeld gibt es nur auf schriftlichen Antrag. Den können werdende Mütter frühestens sieben Wochen vor dem voraussichtlichen Geburtstermin bei der Krankenkasse beziehungsweise beim Bundesversicherungsamt stellen. Die Antragsformulare in Papierform oder online gibt es ebenfalls dort. Schwangere brauchen für die Antragstellung zusätzlich eine Bescheinigung vom Frauenarzt oder eine Bescheinigung der Hebamme über den voraussichtlichen Geburtstermin. Die Bescheinigung darf frühestens sieben Wochen vor und keinesfalls nach dem errechneten Geburtstermin ausgestellt sein.

Für gesetzlich Versicherte beschafft in der Regel die Krankenkasse die erforderlichen Gehaltsangaben. Bei Anträgen an das Bundesversicherungsamt müssen Mütter die „Bescheinigung des Arbeitgebers zur Berechnung vom Mutterschaftsgeld" besorgen. Sie ist im Antragsvordruck enthalten, den es online unter www.bva.de gibt. Der Antrag sollte immer zusammen mit der Arbeitgeberbescheinigung eingereicht werden. Die muss ausgefüllt, unterschrieben und mit dem Firmenstempel versehen sein.

Wichtig! Mütter müssen nach der Geburt ihres Kindes eine Geburtsbescheinigung des Standesamts nachreichen. Sie ist für das Mutterschaftsgeld nach der Entbindung wichtig. Für eine Geburtsbescheinigung mit dem Vermerk „Nur gültig in Angelegenheiten der Mutterschaftshilfe" verlangt das Standesamt keine Gebühr.

Betreuungshilfen

Die Betreuung von Kindern fördert das Finanzamt gleich mehrfach. Hilfe verbirgt sich hinter Begriffen wie „erwerbsbedingte Kinderbetreuungskosten", „haushaltsnahe Dienstleistungen" oder „haushaltsnahe Beschäftigungsverhältnisse". Die Wortungetüme schrecken zunächst ab, enthalten aber erhebliches Steuersparpotenzial für Eltern, die richtig damit umgehen. Auch wer keine Einkommensteuern zahlt, kann verschiedene Betreuungshilfen nutzen, zum Beispiel vom Arbeitgeber, von Krankenkassen und von Jugendämtern.

Für Erwerbstätige

Elternpaare und Alleinerziehende dürfen bis 6 000 Euro pro Kind und Jahr als so genannte „erwerbsbedingte Kinderbetreuungskosten" steuerlich geltend machen. Zwei Drittel davon, also maximal 4 000 Euro, drücken das steuerpflichtige Einkommen. Eine wichtige Voraussetzung dafür: Das Kind ist nicht älter als 14 Jahre. Für behinderte Kinder gelten keine Altersgrenzen (→ Infokasten, Seite 45). Die Betonung liegt auf „erwerbsbedingt", denn zentrale Voraussetzung ist die Erwerbstätigkeit der Eltern, zum Beispiel als Arbeitnehmer, Gewerbetreibende, Landwirte oder Freiberufler.

Tipp

Die Beschränkung auf 6 000 Euro ist umstritten. Wer dagegen Einspruch einlegt, kann sich auf ein Verfahren beim Bundesverfassungsgericht beziehen (Az. 2 BvR 1270/07).

Eltern mit Job

Ist ein alleinerziehender Elternteil erwerbstätig, steht ihm die Förderung fraglos zu, wenn er alle anderen Voraussetzungen erfüllt (→ auch Infokasten, Seite 45). Bei einem zusammenlebenden Elternpaar, ist das nicht so einfach, denn hier müssen im Regelfall beide Elternteile erwerbstätig sein, damit sie den Steuervorteil voll nutzen können.

Zum Beispiel Andreas und Anette A. *Beide sind Arbeitnehmer und zahlen für ihre fünfjährige Tochter Anja jährlich 3 000 Euro Elternbeitrag an die Kita. Andere Werbungskosten haben sie nicht. Sie dürfen zwei Drittel ihrer Kinderbetreuungskosten, also 2 000 Euro, „wie Werbungskosten" in ihre Steuererklärung schreiben.*

Die Formulierung „wie Werbungskosten“ deutet auf eine Besonderheit hin. Die gibt es tatsächlich und sie ist sogar vorteilhaft für Eltern. Kinderbetreuungskosten können nämlich in vollem Umfang zusätzlich zum Arbeitnehmerpauschbetrag von 920 Euro geltend gemacht werden. Sie verschwinden also nicht in der Pauschale oder werden von ihr geschmälert, wie das bei „normalen“ Werbungskosten der Fall ist. Das Ehepaar A. aus obigem Beispiel kann neben dem Arbeitnehmerpauschbetrag von 2 mal 920 Euro volle 2 000 Euro Kinderbetreuungskosten geltend machen. Ohne dieses „wie“ wären im Jahr nur magere 160 Euro für Kinderbetreuung absetzbar (2 000 minus 2 mal 920).

Wer selbstständig tätig ist, rechnet so ähnlich. Hier fließen die Kinderbetreuungskosten „wie Betriebsausgaben“ in die Steuerrechnung ein. Eine Pauschale wie die meisten Arbeitnehmer haben Selbständige in der Regel nicht. Menschen, die weder als Angestellte noch als Selbstständige ihre Brötchen verdienen, sondern ihren Lebensunterhalt aus Mieten, Zinsen oder Renten beziehen, gelten nicht als erwerbstätig. Sie dürfen deshalb auch keine „erwerbsbedingten“ Kosten absetzen. Trotzdem haben sie die Möglichkeit, Kosten für die Betreuung des Nachwuchses mit dem Finanzamt zu teilen (→ ab Seite 47).

Wichtig! Auch Aushilfs- oder Teilzeitarbeit ist Erwerbstätigkeit. Die Verwaltung geht bei mindestens zehn Arbeitsstunden pro Woche grundsätzlich von Erwerbstätigkeit aus. Bei geringeren Arbeitszeiten können nur gute Begründungen den Status als Erwerbstätige retten.

Minijobs auf 400-Euro-Basis gelten ebenfalls als Erwerbstätigkeit. Wenn zum Beispiel ein Elternteil Vollzeit als Arbeitnehmer beschäftigt ist und der andere einen 400-Euro-Job hat, darf ein zusammenlebendes Paar ohne Einschränkung „erwerbsbedingte Kinderbetreuungskosten“ geltend machen. Vorsicht ist dennoch geboten, denn die Betreuungskosten wirken sich steuerlich nur beim Vollzeitarbeitnehmer aus. Der andere Partner wird in der Regel pauschal besteuert und kann deshalb auch keine Ausgaben für Kinderbetreuung geltend machen. Einem Elternpaar kann das unter dem Strich egal sein, wenn nur der voll Erwerbstätige die Betreuungskosten trägt und absetzt. Alleinerziehende mit 400-Euro-Job sind hier echt benachteiligt, sie gelten zwar als erwerbstätig, dürfen aber trotzdem nichts absetzen.

Einverdiener-Paare

Manche Elternpaare dürfen Kinderbetreuungskosten auch dann an das Finanzamt weiter geben, wenn nur ein Elternteil berufstätig ist. Das ist beispielsweise bei Einverdiener-Ehen der Fall, typische Konstellation: Der Mann geht arbeiten und bringt das Geld heim, die Frau sorgt für Haus und Kind. Hier gelten allerdings Einschränkungen. Eine ist eher technischer Natur, so sind die Aufwendungen für Kinderbetreuung nicht „wie" Werbungskosten beziehungsweise Betriebsausgaben absetzbar, es sind Sonderausgaben. Die zweite Einschränkung kann richtig wehtun: Kinder werden nur gefördert, wenn sie im Kindergartenalter sind, also zwischen dem 3. und dem 6. Geburtstag. Für Zeiten vor dem Kindergartenalter und vom 6. bis zum 14. Geburtstag des Kindes gibt es auf diesem Weg nichts. Trotzdem gehen Einverdiener-Paare nicht in jedem Fall leer aus, weil sie eventuell andere Fördermöglichkeiten nutzen können, die noch dazu einträglicher ausfallen als die erwerbsbedingten Kinderbetreuungskosten (→ Seite 46 und Seite 48).

Zum Beispiel Bettina A. und Bertram B. *Beide sind nicht verheiratet, leben aber zusammen mit ihrem vierjährigen Sohn Benno. Bettina ist nicht berufstätig und kümmert sich um Haushalt und Nachwuchs. Bertram arbeitet als angestellter Programmierer. Benno besuchte 2009 für 10 Monate die Kita, und das kostete seine Eltern 2 400 Euro. Davon dürfen sie zwei Drittel, also 1 600 Euro, als Sonderausgaben absetzen.*

Ausnahmen

Neben alleinerziehenden Erwerbstätigen, erwerbstätigen Elternpaaren und Einverdiener-Paaren dürfen auch einige nicht erwerbstätige Eltern Kinderbetreuungskosten absetzen. Es handelt sich dabei um Eltern, die sich in einer Ausbildung befinden oder die krank oder behindert sind. Sie dürfen ihre Kinderbetreuungskosten ebenfalls als Sonderausgaben geltend machen, und sie haben dabei sogar einen Vorteil gegenüber Einverdiener-Paaren: Wenn Ausnahmefälle wie Ausbildung, Krankheit, Behinderung vorliegen, gibt es keine zeitliche Beschränkung auf das Kindergartenalter. Der Nachwuchs dieser Eltern wird, ebenso wie bei erwerbstätigen Eltern, von Geburt an gefördert und solange er noch nicht 14 Jahre alt ist. Ob diese Eltern ihr Kind allein erziehen oder als Paar zusammenleben, spielt dabei keine Rolle.

Tipp

Wird die Erwerbstätigkeit unterbrochen, zum Beispiel durch Arbeitslosigkeit, dürfen trotzdem bis zu vier Monate lang Kinderbetreuungskosten abgesetzt werden.

Zum Beispiel das Ehepaar Caroline und Chris C. *Ihre Tochter Cindy ist gerade zwei Jahre alt. Mama Caroline studiert , Chris ist selbstständiger Unternehmensberater. Ihr Babysitter kostet sie 6 000 Euro im Jahr. Sie dürfen zwei Drittel davon, also 4 000 Euro, als Sonderausgaben geltend machen, weil Chris erwerbstätig ist und Caroline sich als Studentin in einer Ausbildung befindet.*

Sollte sich Mama Caroline als „ewige Studentin" entpuppen, würde das zumindest der Absetzbarkeit der Kinderbetreuungskosten keinen Schaden zufügen. Von Cindys 3. bis 6. Geburtstag wäre ohnehin alles klar, würde Caroline danach immer noch studieren, gilt dasselbe Prinzip: Ein Elternteil ist erwerbstätig, der andere ist noch in Ausbildung, also wären Kinderbetreuungskosten bis zum 14. Geburtstag des Kindes weiter absetzbar.

Tipp

Hütet die Großmutter die Enkel, ist ihr möglicher „Babysitterlohn" steuerpflichtig. Das ist in der Regel kein Nachteil, weil die meisten Rentner trotzdem von der Einkommensteuer verschont bleiben.

Ist bei Elternpaaren ein Elternteil erwerbstätig, genügt es, wenn, wie im Beispiel oben, der andere Elternteil mindestens eine der Voraussetzungen (Ausbildung, krank, behindert) erfüllt. Die Förderung gibt es aber auch, wenn beide Eltern in Ausbildung sind, beispielsweise bei einer „Studenten-Ehe".

Wird eine Ausbildung unterbrochen oder endet eine Krankheit, fließt die Förderung trotzdem vier Monate weiter. Eine Krankheit muss übrigens mindestens drei Monate lang andauern, um als „förderfähig" zu gelten. Für die Förderung behinderter Menschen ist in diesem Zusammenhang kein bestimmter Behinderungsgrad vorgeschrieben. Die Vorlage eines Schwerbehindertenausweises reicht als Nachweis.

Wer ein Kind betreut, ist dem Finanzamt grundsätzlich egal. Es muss sich aber immer um jemanden handeln, der die Betreuung tatsächlich auch leisten kann. Auch wenn die Betreuer nahe Verwandte oder Nachbarn sind, beteiligt sich das Finanzamt. Die minderjährige Nachbarstochter scheidet dagegen als ungeeignet aus. Passt zum Beispiel die Großmutter auf die Tochter ihrer erwerbstätigen Tochter auf und erhält dafür im Monat 150 Euro, kann die Tochter zwei Drittel davon als Werbungskosten oder Betriebsausgaben geltend machen, also 1200 Euro im Jahr (zwei

Drittel von 150 ist 100, mal 12 ist 1 200). Damit das Finanzamt bei der innerfamiliären Abmachung mitspielt, sollte es klare (am besten schriftliche) Vereinbarungen über Leistung und Gegenleistung geben, wie sie auch unter Fremden üblich sind. Kinderbetreuungskosten lassen sich auch absetzen, wenn zum Beispiel Oma, Tochter und betreuter Enkel zusammen im gleichen Haushalt wohnen.

Beschäftigen Eltern ein Au-pair-Mädchen, wird meist ein einheitliches Salär für Betreuungsleistungen und andere Arbeiten im Haushalt vereinbart. Das Finanzamt setzt dann 50 Prozent der Ausgaben als Betreuungskosten an, die andere Hälfte kann als Ausgaben für eine Haushaltshilfe geltend gemacht werden. Wer einen höheren Anteil an den Betreuungskosten absetzen will, sollte im Vertrag schriftlich vereinbaren, für welche Tätigkeit wie viel gezahlt wird.

Den Begriff „Kinderbetreuungskosten" engt das Finanzamt auf den Aufwand für unmittelbar betreuende Tätigkeiten ein, beispielsweise auf Ausgaben für Kinderkrippe, Kindergarten, Hort, Tagesmutter, Internat oder Babysitter. Sachleistungen wie Essen und Aktivitäten, die nicht der unmittelbaren Betreuung dienen, bleiben ungefördert. Deshalb sollten zum Beispiel Ausgaben für die geförderte Hausaufgabenbetreuung separat auf der Rechnung erscheinen. Werden Kinderbetreuungskosten nicht von Verpflegungskosten oder Nachhilfeaufwand getrennt nachgewiesen, können Eltern sie auch nicht geltend machen.

Kinderbetreuungskosten können nur für den Zeitraum des Jahres abgesetzt werden, in dem die erforderlichen Voraussetzungen bestanden. Die ändern sich aber gelegentlich, zum Beispiel ganz einfach dadurch, dass Kinder älter werden oder dass eine Ausbildung abgeschlossen wird.

Zum Beispiel das Ehepaar Jessika und Jens J. *Vater Jens ist Arbeitnehmer, Mutter Jessika Hausfrau. Ihr Sohn Jakob wurde am 10. Mai 2009 sechs Jahre alt, bis Ende Juni besuchte er den Kindergarten. Dafür zahlte Familie J. von Januar bis Juni monatlich 300 Euro. Die Eltern dürfen 1 500 Euro für fünf Monate (Januar bis Mai) geltend machen. Davon drücken zwei Drittel, also 1 000 Euro, als Sonderausgaben das zu versteuernde Einkommen von Familie J. Danach ist Schluss mit der Abzugsfähigkeit von Kinderbetreuungskosten, denn mit Jakobs 6. Geburtstag wurde das für sie geltende Förderalter von 3 bis 6 Jahren überschritten.*

Wichtig! Eine Kürzung des jährlichen Höchstbetrags der Kinderbetreuungskosten erfolgt nicht, wenn die Betreuung weniger als 12 Monate im Jahr stattfand. Eltern dürfen also auch dann maximal 4000 Euro absetzen, wenn sie ihr Kind nur während eines Teils des Jahres betreuen lassen.

Der Antrag

Kinderbetreuungskosten rechnen Eltern mit dem Finanzamt über die „Anlage Kind" der Steuererklärung ab. Dafür ist eine ganze Seite vorgesehen und die wirkt auf den ersten Blick ziemlich befremdlich (Zeile 61 bis 90). Das gibt sich aber, wenn man sich näher damit befasst. Sie brauchen dazu das Formular „Anlage Kind" und alle Nachweise, Rechnungen, Kontoauszüge. Alle hier vorkommenden Zeilenangaben beziehen sich auf das Steuerformular 2008. Ein ausgefülltes Muster finden Sie ab Seite 193.

Kinderbetreuungskosten

Art der Dienstleistung, Name und Anschrift des Dienstleisters | vom | bis | Gesamtaufwendungen der Eltern EUR

61 BABYSITTER, KRAUSE, HÜTERWEG 20 | 0107 | 3112 | 51 | 600,–

Kinderbetreuungskosten als | Grund | Aufwendungen EUR

62 X (Pflege-) Vater | (Pflege-) Mutter | X Erwerbstätigkeit | 0107 | 3112 | 300,–

63 Bei der Erwerbstätigkeit handelt es sich um eine geringfügige Beschäftigung oder um eine nicht sozialversicherungspflichtige nichtselbständige Tätigkeit.

In Zeile 61 gehören Name und Anschrift des Betreuers, also zum Beispiel von Kita, Tagesmutter, der betreuenden Person oder Einrichtung, die Zeit der Betreuung und die abzugsfähigen Gesamtkosten. Sollte eine Zeile nicht ausreichen, weil es sich um unterschiedliche Betreuer oder Zeiträume handelt, hilft eine formlose Anlage mit allen Angaben weiter. In Zeile 62 gehört ein Kreuz entweder bei Vater oder Mutter und bei Erwerbstätigkeit. Hierher müssen auch der Zeitraum der Erwerbstätigkeit und die vom angekreuzten Elternteil aufgebrachten Kinderbetreuungskosten. Zeile 63 kreuzen Eltern mit 400-Euro-Job an. In die Zeilen 64 bis 67 gehören die förderfähigen Lebenslagen, die nichts mit der Erwerbstätigkeit zu tun haben, und zwar jeweils mit Kreuz, Zeitangabe und den Kosten, die auf diesen Zeitraum entfallen. Die etwas rätselhafte Formulierung in Zeile 67 meint das zusammenlebende Einverdiener-Paar. Zeile 68 fragt nach dem steuerfreien Er-

Tipp

Arbeitnehmer können im Jahresverlauf Steuern sparen, wenn sie sich voraussichtliche Kinderbetreuungskosten als Freibetrag auf ihre Lohnsteuerkarte eintragen lassen (→ Seite 76).

Tipps für Behinderte

Für behinderte Kinder dürfen Kinderbetreuungskosten auch dann geltend gemacht werden, wenn die Kinder älter als 14 Jahre sind. Es gibt keine Altersbegrenzung. Voraussetzung ist ein Behinderungsgrad von mindestens 50, der bis zum Alter von 25 Jahren eingetreten sein muss (bis 2006 lag diese Altersgrenze noch bei 27). Als Nachweis dient in der Regel der Schwerbehindertenausweis.

Eltern brauchen für den Nachweis ihrer Behinderung ebenfalls einen Schwerbehindertenausweis oder einen Feststellungsbescheid des Versorgungsamts. Im Zusammenhang mit den Kinderbetreuungskosten gibt es für sie keinen „Mindestbehinderungsgrad".

Tipps für Alleinerziehende

Alleinerziehende dürfen Kinderbetreuungskosten in gleicher Höhe wie zusammenlebende Eltern geltend machen. Sie sollten besonders darauf achten, dass ein Kind auch offiziell zu ihrem Haushalt gehört.

Dazu muss es im Haushalt leben und in der Regel dort auch gemeldet sein. Ist das Kind an mehreren Stellen gemeldet, gehört es üblicherweise zum Haushalt desjenigen, der das Kindergeld erhält.

Auch wenn jemand mit seinem Kind bei den Eltern, Großeltern oder in einer Wohngemeinschaft wohnt, gehört das Kind grundsätzlich zum eigenen Haushalt.

satz von Betreuungskosten. Dabei kann es sich beispielsweise um Kindergartenzuschüsse durch den Arbeitgeber handeln (→ Seite 50). Die Zeilen 69 bis 76 stellen dieselben Fragen wie die Zeilen 62 bis 68 für den jeweils anderen Elternteil. In den Zeilen 77 bis 86 geht es um die Aufteilung der Betreuungskosten für beide erwerbstätige Eltern auf die unterschiedlichen Arten der Erwerbstätigkeit. Ist beispielsweise der Vater Gewerbetreibender, kreuzt er in Zeile 77 das linke Kästchen an. In Zeile 79 schreibt er Tätigkeitsbezeichnung, Steuernummer und Bezeichnung seines Betriebsstättenfinanzamts, die Gesamtsumme seiner Kinderbetreuungskosten (vorletzte Spalte) und zwei Drittel davon in die letzte Spalte. Mit den Zeilen 87 bis 88 prüft das Finanzamt, ob und wie lange ein gemeinsamer Haushalt bestand und ob und wie lange das Kind dazugehörte. Bei nicht zusammenlebenden Eltern darf grundsätzlich derjenige Elternteil Kinderbetreuungskosten absetzen, bei dem das Kind lebt.

In Zeile 90 können zusammenlebende nicht verheiratete Eltern den Höchstbetrag einvernehmlich untereinander aufteilen. Das

Nur bei geschiedenen oder dauernd getrennt lebenden Eltern oder bei Eltern eines nichtehelichen Kindes:

90 Laut beigefügtem gemeinsamen Antrag ist für das Kind der Höchstbetrag für die Kinderbetreuung in einem anderen Verhältnis als je zur Hälfte aufzuteilen. Der bei mir zu berücksichtigende Anteil beträgt 100 %

empfiehlt sich in manchen Fällen. Wenn beispielsweise ein Elternteil einen pauschal versteuerten Minijob hat und der andere sozialversicherungspflichtig angestellt oder selbständig tätig ist, kann der Elternteil mit Minijob den Steuervorteil überhaupt nicht nutzen. Der andere kann das aber sehr wohl. Um eine Aufteilung zu erreichen, muss der Anlage Kind ein von beiden unterschriebener formloser Antrag beigelegt werden. Denken Sie auch daran, dass in der Regel nur derjenige Elternteil Kinderbetreuungskosten absetzen kann, der sie auch getragen hat.

Wichtig! Für jedes Kind müssen Sie jeweils eine eigene Anlage Kind ausfüllen.

Nachweise beachten

Eltern dürfen Betreuungskosten nicht einfach bar bezahlen, sondern müssen sie überweisen. Als Nachweise gegenüber dem Finanzamt brauchen sie zweierlei: eine Rechnung der betreuenden Stelle, zum Beispiel der Tagesmutter, und den Überweisungsbeleg der Bank. Seit 2008 müssen diese Nachweise der Steuererklärung nicht mehr automatisch beigefügt werden. Sie müssen aber da sein, wenn das Finanzamt sie sehen will.

Bei einer Betreuung durch Kindergarten, Hort oder Internat reicht der Bescheid über die zu zahlenden Gebühren aus. Die anteiligen Kosten für die Verpflegung sind nicht förderfähig. Fahrtkosten der Eltern, zum Beispiel zum Kindergarten, erkennt das Finanzamt nicht an. Vertraglich vereinbarte Fahrtkostenerstattungen, die zum Beispiel an die Tagesmutter oder an den Babysitter gehen, sind dagegen abzugsfähig.

Betreuung zu Hause

Ein Abzug „wie“ Werbungskosten, Betriebsausgaben oder als Sonderausgaben fällt flach, wenn Eltern nicht oder (nach Meinung der Finanzverwaltung) nicht ausreichend erwerbstätig sind, wenn die Kinder nicht zu den geförderten Altersgruppen gehören oder andere Voraussetzungen fehlen. Trotzdem können auch diese Eltern das Finanzamt beteiligen: Sie dürfen Kinderbetreuung als sogenannte „haushaltsnahe Dienstleistung“ abrechnen. Das klingt komplizierter als es ist und meint in diesem Zusammenhang vor allem: Die Betreuung muss im Haushalt der Eltern stattfinden. Eine Betreuung außerhalb, zum Beispiel bei einer Tagesmutter, bleibt hier ungefördert. Zweite Voraussetzung: Die betreuende Person muss als selbstständige Unternehmerin handeln oder als Angestellte einer entsprechenden Dienstleistungsfirma.

Wichtig! Auch die Oma oder andere Verwandtschaft kann „förderfähig“ sein, wenn die Person nicht zum Haushalt gehört.

Das Finanzamt akzeptiert seit 2009 im Jahr maximal 20 000 Euro Betreuungskosten. Bis 2008 war in der Regel bei 3 000 Euro Schluss. Das Amt fördert aber nur Personalkosten, darunter ist vor allem der Arbeitszeitaufwand der Betreuungskraft zu verstehen. Zuckerwatte, Verpflegungskosten oder Tickets für das Weihnachtsmärchen im Stadttheater bleiben ungefördert. Ein Fünftel der Betreuungskosten, also 20 Prozent, senken unmittelbar die Steuerschuld. Das sind ab 2009 bis zu 4 000 Euro im Jahr.

Betreuung ist kein klar definierter Begriff. Immerhin steht aber in Umrissen fest, was für die Finanzverwaltung nicht als Betreuung gilt: Unterricht, Nachhilfeunterricht, Tennis- oder Reitstunden, andere Sport- und Freizeitaktivitäten oder das Lernen von Musikinstrumenten.

Zum Beispiel Daniela und Daniel D. *Daniel ist erwerbstätig, Daniela Hausfrau. Sie haben eine Studentin beauftragt, sich an zwei bis drei Tagen in der Woche um die Hausaufgaben ihres achtjährigen Sohns David zu kümmern. Laut Vertrag handelt es sich ausdrücklich nicht um Nachhilfeunterricht. Die Studentin kommt ins Haus und erhält (einschließlich Fahrtkostenersatz) 2 400 Euro jährlich. Mit 20 Prozent davon, das sind 480 Euro, senkt das Ehepaar D. seine Steuerschuld. Die 480 Euro sind also kein Abzugsbe-*

Tipp

Zum eigenen Haushalt gehören übrigens auch Zweit- und Ferienwohnungen in Deutschland und neuerdings auch in der EU und im Europäischen Wirtschaftsraum (→ Seite 64).

Tipp

Arbeitnehmer können sich die voraussichtlichen Betreuungskosten als Freibetrag für haushaltsnahe Dienstleistungen auf ihre Lohnsteuerkarte eintragen lassen, ab 2009 maximal 16 000 Euro (→ auch Seite 93).

Tipp

Zu den Personalkosten einer Betreuungskraft zählen auch deren Fahrtkosten zum Betreuungsort.

trag, der wie bei den oben behandelten „erwerbsbedingten Kinderbetreuungskosten“ die Berechnungsgrundlage der Steuer verringert, sondern Familie D. zahlt effektiv 480 Euro weniger Steuern und spart außerdem bei Solidaritätszuschlag und Kirchensteuer.

Eltern beantragen die Förderung von Kinderbetreuungskosten als „haushaltsnahe Dienstleistung“ mit dem Hauptbogen der Einkommensteuererklärung (→ auch ausgefülltes Beispielformular ab Seite 189). Auf Seite 4 tragen sie in Zeile 110 die Tätigkeit „Kinderbetreuung“ mit dem dafür aufgebrachten Betrag ein. Als Nachweise verlangt das Finanzamt die Rechnung der Betreuungskraft und den Überweisungsbeleg im Original. Beide Belege müssen der Steuererklärung nicht mehr beigelegt werden. Sie sollten aber auf Anforderung vorzeigbar sein. Barzahlungen bleiben ohne Förderung. Aus der Rechnung muss der Anteil der Personalkosten hervorgehen.

Steuererleichterungen erhalten Eltern auch, wenn sie eine Betreuungskraft in ihrem Haushalt anstellen. Arbeitet die Hilfe im Rahmen eines Minijobs (bis 400 Euro monatlich), werden neben dem Gehalt 14,27 Prozent für Steuer und Versicherung fällig. Der Fiskus hilft, indem er die Steuerschuld um 20 Prozent der aufgewendeten Kosten senkt, maximal um 510 Euro im Jahr.

Wichtig! Die volle Förderung gibt es ab 2009 auch dann, wenn das Arbeitsverhältnis nicht das ganze Jahr über bestanden hat.

Zum Beispiel das Ehepaar Eva-Maria und Enrico E. *Ihre Tochter Eveline ist gerade zwei Jahre alt. Enrico arbeitet als angestellter Bauingenieur, Eva-Maria ist Hausfrau. Für die Betreuung der Tochter haben sie seit dem 1. April 2009 eine Tagesmutter angestellt, der sie 400 Euro monatlich bezahlen. Es handelt sich um einen Minijob. Sie können damit ihre Steuerschuld um 510 Euro senken.*

Lohn (9 mal 400)	3 600
Pauschalabgabe (14,27 % von 3 600)	+ 514
Gesamtkosten	4 114
Höchstens geförderte Kosten (Maximalbetrag)	2 550
davon 20 Prozent	510

Steuer und Versicherung werden in einem vereinfachten Verfahren über die Minijobzentrale in Essen abgewickelt (www.minijob-zentrale.de), die kümmert sich auch um Einzelheiten des Arbeitsverhältnisses. Hinweise und Formulare für dieses sogenannte „Haushaltsscheckverfahren" haben die Finanzämter.

Wichtig! Einen Minijob können Eltern mit maximal 510 Euro Steuererstattung zusätzlich zu den haushaltsnahen Dienstleistungen geltend machen.

Wenn Eltern eine Kinderbetreuungshilfe sozialversicherungspflichtig anstellen, sind seit Januar 2009 sogar 4000 Euro Steuererstattung erreichbar. Diese Art der Beschäftigung gehört nunmehr zu den haushaltsnahen Dienstleistungen. Hier läuft allerdings nichts mehr über die Minijobzentrale, die Familie muss die normalen Melde- und Nachweispflichten eines Arbeitgebers übernehmen, und zwar mit allen damit verbundenen Pflichten, wie zum Beispiel die Abrechnung über die Lohnsteuerkarte und die Abführung von Sozialversicherungsbeiträgen. Hier sollte (zumindest im ersten Jahr der Anstellung) ein Steuerberater oder ein Lohnsteuerhilfeverein helfen.

Tipp

Haushaltsjobs mit Angehörigen sollten wie unter Fremden (am besten schriftlich) vereinbart und auch so durchgeführt werden.

Zum Beispiel das Ehepaar Ilona und Ingmar I. *Für die Betreuung ihrer Tochter Ines und für die Besorgung ihres Haushalts haben sie 2009 Jovanka J. versicherungspflichtig angestellt. Für Lohn und Lohnnebenkosten geben sie jährlich 10 000 Euro aus. Als Steuererstattung erhalten sie 20 Prozent davon, also 2 000 Euro. Bis zum Höchstbetrag für alle haushaltsnahen Dienstleistungen von 4 000 Euro bleiben ihnen noch 2 000 Euro Spielraum.*

Beide Formen der Anstellung einer Kinderbetreuungshilfe funktionieren übrigens auch mit Familienangehörigen. Voraussetzung ist aber, dass die nicht zum Haushalt gehören. Arbeitet beispielsweise die Oma, die eine eigene Wohnung hat, als Nanny für den Enkel, gewährt das Finanzamt die Förderung. Wenn Ehe- oder Lebenspartner mit gemeinsamen Kindern miteinander Anstellungsverhältnisse zwecks Kinderbetreuung abschließen, spielt das Finanzamt nicht mit.

Eltern beantragen die Förderung einer Anstellung im Haushalt mit dem Hauptbogen der Einkommensteuererklärung auf Seite 4 in den Zeilen 106–109. In Zeile 106 gehören der Zeitraum und die Gesamtkosten eines Minijobs. Die „Art der Tätigkeit" (Zeile 107) wäre in diesem Fall „Kinderbetreuung". Die Zeilen 108 und 109 fragen nach denselben Angaben im Fall eines sozialversicherungspflichtigen Beschäftigungsverhältnisses (→ ausgefülltes Beispielformular ab Seite 189).

Zusätzliche Hilfen

Neben dem Finanzamt hilft manchmal auch der Arbeitgeber bei der Nachwuchsbetreuung. Er kann für Kinder bis zum Schulbeginn einen lohnsteuer- und sozialversicherungsfreien Betreuungszuschuss zahlen. Der ist bis zur Höhe der tatsächlichen Kosten unbegrenzt. Die Abgabenentlastung gibt es aber nur, wenn der Zuschuss zusätzlich zum Gehalt gezahlt wird. Gehaltsumwandlung funktioniert nicht. Wer den Chef anstelle einer Gehaltserhöhung um einen Kindergartenzuschuss bittet, hat möglicherweise bessere Chancen, etwas zu bekommenen, weil auch der Betrieb im Vergleich mit einer „normalen" Lohnerhöhung Abgaben spart.

Tipp

Der Kindergartenzuschuss des Arbeitgebers gilt für Unterbringung, Verpflegung und Betreuung der Kinder.

Zum Beispiel Friederike F. *Die alleinerziehende Arbeitnehmerin fand, dass sie schon lange 100 Euro mehr im Monat verdient hätte. Ihr Chef reagierte zurückhaltend. Er rechnete ihr vor, dass er mehr als 160 Euro aufbringen müsste, damit bei ihr nach Abzug von Steuer und Versicherung netto 100 Euro ankommen würden, und dafür sehe er derzeit keinen Spielraum. Friederike konterte mit ihrer vierjährigen Tochter Fanny: 100 Euro Bruttoaufwand kämen als 100 Euro netto bei ihr an, wenn der Chef anstelle einer Lohnerhöhung einen steuer- und versicherungsfreien Kindergartenzuschuss zahlt. So profitieren beide Seiten und Fanny auch, denn Mama Friederike ist wieder deutlich entspannter unterwegs.*

In bestimmten Fällen hilft die gesetzliche Krankenversicherung. Sie stellt oder bezahlt eine Hilfskraft, die den Haushalt führt. Wenn Not am Mann oder an der Frau ist, übernimmt die Hilfskraft die Aufgaben, die üblicherweise im Haushalt anfallen, zum Beispiel Putzen, Kochen oder Kinderbetreuung. Voraussetzung ist, dass der Haushalt nicht wie bisher geführt werden kann, etwa wegen eines Krankenhausaufenthalts, einer Rehabilitationsmaßnahme, einer Müttergenesungskur, einer Vorsorgekur für Mütter oder wegen Schwangerschaft und Entbindung. Wie das genau funktioniert, steht ab Seite 112.

Auch das Jugendamt hilft in Notsituationen, wenn die Eltern aus gesundheitlichen, beruflichen oder anderen zwingenden Gründen die Betreuung und Versorgung von Kindern nicht schaffen oder wenn es keine Betreuungsalternativen gibt, etwa in einer Kita oder bei der Tagesmutter . Die Arbeitsagenturen haben ebenfalls Unterstützungsmöglichkeiten. Nehmen Eltern zum Beispiel an Trainings- oder Weiterbildungsveranstaltungen teil, können die Agenturen für Kinder bis zum Alter von 14 Jahren Kinderbetreuungskosten bis 130 Euro im Monat übernehmen.

Wichtig! Eltern mit Bedarf an Kinderbetreuung sollten bei Ämtern, Kassen und Behörden immer nach den dort angebotenen Möglichkeiten und Voraussetzungen fragen.

Kombinationsmöglichkeiten

Eltern können für die Betreuung ihrer Kinder ganz verschiedene Hilfen nutzen, dabei gibt es begrenzte Kombinations- und Wahlmöglichkeiten. Das Finanzamt gewährt vorrangig den Abzug der sogenannten „erwerbsbedingten Kinderbetreuungskosten" (→ Seite 39). Wenn die Voraussetzungen dafür nicht zutreffen, beispielsweise weil das Kind nicht das entsprechende Alter hat, können andere Steuererleichterungen nutzbar sein, wie etwa die Förderung einer angestellten Betreuungskraft im Haushalt (→ Seite 48) oder einer Betreuung im Rahmen der „haushaltsnahen Dienstleistungen" (→ Seite 47). Eine Wahlmöglichkeit zwischen erwerbsbedingter und haushaltsnaher Förderung haben Eltern aber nicht, denn Erwerbsbedingtes hat für den Fiskus immer Vorrang. Auch eine Kombination, die beispielsweise 4 000 Euro als erwerbsbedingte Kosten geltend macht und darüber hinausgehende Ausgaben als haushaltsnahe Dienstleistung, funktioniert nicht. Es ist aber möglich, erwerbsbedingte Betreuungskosten geltend zu machen und daneben eine Haushaltshilfe zu beschäftigen, die ausdrücklich (möglichst laut Vertrag) nichts mit der Kinderbetreuung zu tun hat. Wenn sich der Arbeitgeber an den Kita-

Kosten beteiligt, können Eltern trotzdem Kinderbetreuungskosten absetzen, allerdings nur die, die sie tatsächlich selbst bezahlt haben, vom Arbeitgeber gezahlte Leistungen können in diesem Rahmen nicht geltend gemacht werden.

Wichtig! Wenn Eltern vorhaben, verschiedene steuerliche Förderungen rund um Kinder und Haushalt zu kombinieren, empfiehlt sich die Konsultation eines Lohnsteuerhilfevereins oder eines Steuerberaters, denn manches ist möglich, aber es gibt auch eine Menge Stolpersteine.

Förderung vor Ort

Neben der bundesweiten Förderung erhalten Eltern in einigen Bundesländern, Gemeinden und Regionen zusätzliche Unterstützung. Wohlfahrtsorganisationen kümmern sich vor Ort vor allem um einkommensschwache Eltern mit Kindern im Vorschulalter.

Bundesländer

Baden-Württemberg, Bayern, Sachsen und Thüringen zahlen Landeserziehungsgeld an Eltern, die dort wohnen. Der Landeszuschuss ist steuerfrei, darf weder gepfändet werden, noch wird er bei anderen einkommensabhängigen Sozialleistungen (etwa ALG II, Sozialgeld, Wohngeld) berücksichtigt. Die Regeln für Landeserziehungsgeld unterscheiden sich von Land zu Land stark. Übereinstimmung besteht aber fast überall, dass der betreuende Elternteil in dieser Zeit maximal 30 Stunden pro Woche arbeiten darf.

In **Baden-Württemberg** beträgt das Landeserziehungsgeld für das erste und zweite Kind höchstens 205 Euro monatlich. Für ein drittes und jedes weitere Kind gibt es bis 240 Euro. Eltern erhalten das Landeserziehungsgeld für zehn Monate im Anschluss an das Elterngeld (→ Seite 12) ab dem 13. Lebensmonat des Kindes. Wer 14 Monate Elterngeld bezieht, erhält die Landesförderung ab dem 15. Lebensmonat des Kindes. Spätere Bezugszeiten sind möglich, aber bis zum 9. Geburtstag des Kindes muss alles gezahlt sein. Verheiratete Eltern mit einem Kind bekommen den vollen Landeszuschuss, wenn sie 2009 zusammen nicht mehr als 16 560 Euro netto im Jahr verdienen. Für allein erziehende Mütter oder Väter mit einem Kind liegt die Grenze bei 13 500 Euro netto. Im Jahr 2010 steigen die Grenzen auf 17 760/14 700 Euro. Das Einkommen wird aus dem Bruttoerwerbseinkommen (plus Einkünfte aus Vermietung und Verpachtung sowie aus Kapitalvermögen) der Eltern errechnet. Jedes weitere Kind erhöht die Einkommensgrenze um jeweils 230 Euro.

Wichtig! Wenn Eltern mehr verdienen, wird weniger Erziehungsgeld gezahlt. Liegt das Elterneinkommen 183 Euro über der Einkommensgrenze, entfällt die Förderung ganz.

Das Landeserziehungsgeld muss immer schriftlich beantragt werden, frühestens geht das ab dem zehnten Lebensmonat des Kindes. Antragsformulare gibt es in der Stadt– und Gemeindeverwaltung oder im Internet bei der Landeskreditbank unter www.l-bank.de. Der Antrag wird direkt an die Landeskreditbank in Karlsruhe geschickt, oder bei der zuständigen Gemeindeverwaltung abgegeben.

Bayern zahlt im Anschluss an das Elterngeld (→ Seite 12) Landeserziehungsgeld. Für das erste Kind gibt es 150 Euro im Monat und für das zweite Kind 200 Euro. Ab dem dritten Kind werden je 300 Euro gezahlt.

Elternpaare, deren Kinder vor dem 1. April 2008 geboren wurden, erhalten volles Erziehungsgeld, wenn ihr Nettoeinkommen 16 500 Euro im Jahr nicht überschreitet. Für Alleinerziehende liegt die Einkommensgrenze bei 13 500 Euro. Als Einkommen gilt die Summe aller positiven Einkünfte beider Elternteile, von der pauschal 24 Prozent für Steuern und Sozialversicherungsbeiträge abgezogen werden. Wer Einkommen oberhalb der Grenzwerte hat, erhält weniger Landesgeld.

Wichtig! Für Kinder, die ab 1. April 2009 geboren wurden, gilt eine verbesserte Regelung. Die Einkommensgrenzen erhöhen sich auf 25 000 Euro/22 000 Euro im Jahr (Elternpaare/Alleinerziehende). Beide Grenzbeträge werden für jedes weitere Kind um 3 140 Euro erhöht.

Eltern erhalten das Landeserziehungsgeld ab dem 13. oder dem 15. Lebensmonat des Kindes. Der Zuschuss kann auch später noch gezahlt werden Er muss aber spätestens bis zum neunten Geburtstag des Kindes ausgezahlt sein.

Der schriftliche Antrag kann frühestens ab dem neunten Lebensmonat des Kindes gestellt werden. Formulare gibt es in allen Stadt- und Gemeindeverwaltungen. Sie können außerdem im Internet beim „Zentrum Bayern Familie und Soziales“, www.zbfs.bayern.de heruntergeladen werden.

Wichtig! Bayern zahlt Landeserziehungsgeld nur unter einer Voraussetzung: Eltern müssen die Früherkennungsuntersuchungen U 6 (10. bis 12. Lebensmonat) beziehungsweise U 7 (21. bis 24. Lebensmonat) nachweisen können.

Sachsen hat für Elternpaare mit Kindern die Einkommensgrenzen für Landeserziehungsgeld auf 17 100 Euro im Jahr festgelegt, für Alleinerziehende 14 100 Euro. Das Land zahlt in der Regel im dritten Lebensjahr 200 Euro pro Monat beim ersten Kind, beim zweiten 250 Euro. Ab dem dritten Kind gibt es zwölf Monate lang 300 Euro pro Kind und Monat.

Tipp

Eltern sollten sich im Bürgerbüro, beim Jugendamt oder schon in der Mütterberatung frühzeitig über lokale Leistungen informieren.

Wichtig! Bedingung für die volle Förderzeit ist, dass die Kinder keinen Platz in einer staatlich geförderten Kindertagesstätte belegt haben. Sonst erhalten Eltern den Förderbetrag für das erste Kind nicht für ein Jahr, sondern nur fünf Monate lang, für das zweite Kind sechs Monate, und für das dritte Kind sieben Monate.

Das Landeserziehungsgeld kann frühestens drei Monate vor Zahlungsbeginn schriftlich bei der örtlich zuständigen Erziehungs- und Elterngeldstelle beantragt werden. Dort und im Internet unter www.familie.sachsen.de gibt es auch die Antragsformulare.

Thüringen zahlt 150 Euro für das erste Kind, 200 Euro für das zweite, 250 Euro für das dritte und 300 Euro für das vierte und jedes weitere Kind. Die Förderung gibt es zwischen dem 2. und 3. Geburtstag des Kindes, und zwar unabhängig vom Einkommen der Familie. Alle Eltern mit Kindern zwischen zwei und drei Jahren bekommen also mindestens 1 800 Euro (150 Euro mal 12 Monate). Ob der betreuende Elternteil nebenbei einen Teilzeitjob ausübt, voll arbeitet oder überhaupt nicht, spielt keine Rolle.

Tipp

Auch voll erwerbstätige Eltern bekommen Thüringer Landeserziehungsgeld.

Die Förderung muss schriftlich bei der Gemeinde beantragt werden, wo es auch die Antragsformulare gibt. Eltern finden den Antrag auch im Internet unter www.thueringen.de.de/tmsfg/.

Kommunen und lokale Bündnisse

Viele Kommunen fördern Familien mit Kindern. Die Palette reicht dabei vom Betreuungsgutschein für Kindereinrichtungen vor Ort über den Familienpass mit vielen Preisvorteilen und Ermäßigungen, erschwinglichen Erholungsurlaub für Mutter und Kind bis zum Zuschuss für die eigenen vier Wände.

Tipp

Eltern sollten gezielt nach lokaler Unterstützung fragen. Hauptansprechpartner sind Gemeindeverwaltungen und Wohlfahrtsverbände.

Den Familienpass kann jede Familie mit Kindern unter 18 Jahren nutzen. Er wird mancherorts auch „Familienkarte" oder „Stadtpass für Familien" genannt. Oft erhalten die Kinder Teilpässe, damit sie die Vergünstigungen auch in Anspruch nehmen können, wenn sie ohne Eltern unterwegs sind, zum Beispiel ermäßigte Eintrittspreise in kommunalen Schwimmbädern, Bibliotheken, Museen, Theatern oder Tierparks. Manche Kommune ermäßigt auch die Teilnahme an Bildungsveranstaltungen, zum Beispiel in Volkshochschulen. Preisnachlass gibt es oft für den öffentlichen Personenverkehr. Viele Kommunen haben über eine Feriencard oder einen Ferienpass günstige Ferienangebote für Kinder.

Wichtig! Neben familiengerechten Wohnungen bekommen Eltern mancherorts auch Bauhilfen, beispielsweise Familiendarlehen, Preisnachlässe beim Erwerb von gemeindeeigenen Baugrundstücken oder Grundstücke in Erbpacht.

In den meisten Städten und Gemeinden sind mittlerweile auch sogenannte „lokale Bündnisse für Familien" entstanden. Hier geht es unter anderem darum, die bessere Vereinbarkeit von Beruf und Familie vor Ort zu organisieren. Über die lokalen Bündnisse können sich die Familien besser informieren, zum Beispiel über Kinderbetreuung, Kinderfeste, Sportveranstaltungen und andere familienfreundliche Aktivitäten. Familien finden Ansprechpartner unter www.lokale-buendnisse-fuer-familien.de.

Verbände und Vereine

Neben der finanziellen Unterstützung durch Länder und Gemeinden helfen auch Stiftungen und Wohlfahrtsverbände vor Ort. Ihre Unterstützung gilt vor allem kinderreichen Familien und Familien mit geringem Einkommen, Alleinerziehenden und Studenten. Schwangere mit geringem Einkommen haben gute Chancen, bereits vor der Geburt einen Zuschuss für Umstandskleidung, Babyausstattung, für die Kinderzimmereinrichtung oder für Umzugs- und Renovierungskosten bei einem Wohnungswechsel zu bekommen. Die Stiftung „Hilfe für Familien in Not" vergibt auch zinslose Darlehen, wenn sich Schwangere in einer familiären

Notlage befinden, zum Beispiel nach einer Scheidung oder Trennung.

Zuschüsse müssen grundsätzlich schriftlich auf den entsprechenden Vordrucken beantragt werden. Dort werden vor allem Angaben zur finanziellen Situation des Antragstellers verlangt. Schwangere erhalten den Antrag in den Wohlfahrtsverbänden. Die Beratungsstellen geben in der Regel auch vor, wie sie bestimmte Anschaffungen fördern: zum Beispiel für Babybekleidung etwa 150 Euro, für ein Kinderbett bis 200 Euro, für einen Stubenwagen bis 100 Euro. Ansprechpartner sind zum Beispiel die Arbeiterwohlfahrt (AWO), der Caritasverband, das Diakonische Werk oder Pro Familia. Die Adressen stehen im Telefonbuch. Auch die Mitarbeiter von Jugend-, Gesundheits- oder Sozialämtern wissen in der Regel Bescheid, wo welche Unterstützung zu holen ist.

Tipp

Schwangere sollten die Hilfe von Stiftungen und Verbänden unbedingt vor der Geburt beantragen. Danach ist es für vieles zu spät.

Wichtig! Leistungen von Stiftungen und Verbänden sollten immer nur bei einer Stelle beantragt werden, bei Doppelförderung drohen Rückforderungen.

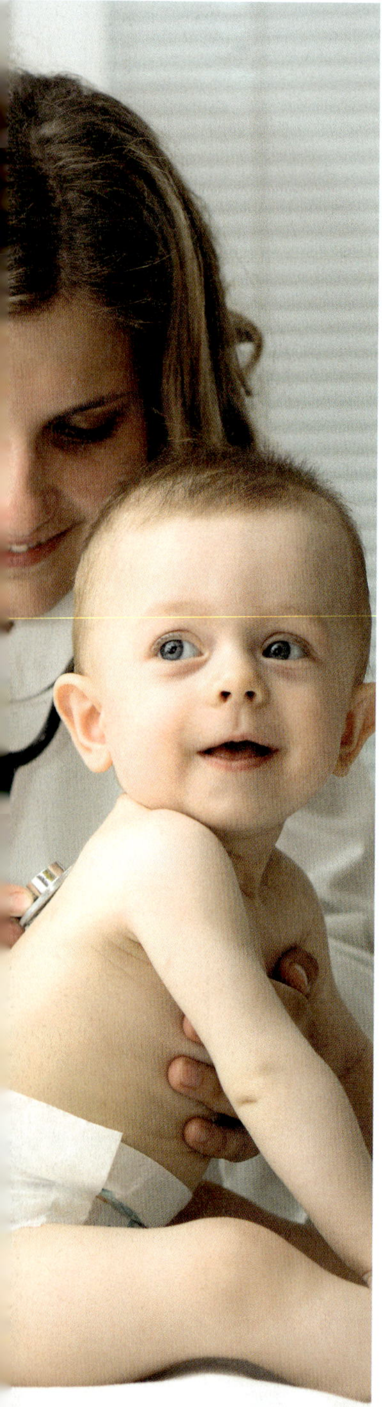

Kindergeld

Eltern steht Kindergeld in der Regel ab der Geburt ihres Kindes zu. Die Zahlung wurde seit dem 1. Januar 2009 für das erste und zweite Kind auf je 164 Euro im Monat erhöht, für das dritte auf 170 Euro und für jedes weitere Kind auf 195 Euro. Im Rahmen des Konjunkturpakets II gibt es 2009 zudem für alle Eltern einen einmaligen Kinderbonus von 100 Euro pro Kind.

Eltern sollten das Kindergeld möglichst gleich nach der Geburt beantragen. Das entlastet die Haushaltskasse sofort und verhindert, dass der Anspruch verfällt. Für ein Kind, das 2009 geboren wurde, verjährt der Anspruch für 2009 am 31.12.2013.

Kindergeld ist nicht nur eine Bargeldspritze. Der Anspruch darauf ist auch Voraussetzung für viele andere Förderungen, etwa für bestimmte steuerliche Freibeträge (→ ab Seite 74) oder für die Kinderzulage bei der Riester-Rente (→ ab Seite 102). Er kann Eltern außerdem den Zugang zu anderen Hilfen erleichtern, zum Beispiel zur Wohnungsbauprämie (ab Seite 109) oder zum BAföG für Geschwisterkinder (→ ab Seite 152).

Alles zum Kindergeld für Kinder bis 18 finden Sie ausführlich ab Seite 62, für ältere Kinder ab Seite 134.

Hilfe bei Krankheit

Das Thema Gesundheit spielt in der Altersgruppe der Jüngsten eine ganz besondere Rolle. Ist das Kind krank, haben berufstätiger Eltern Anspruch auf zehn Tage Freistellung durch den Arbeitgeber. Das gilt für jeden Elternteil, sodass einem Elternpaar zusammen 20 Tage zustehen. Manchmal zahlt der Arbeitgeber auch für ein paar Tage den Lohn weiter. Für die meisten Eltern zahlt während der Freistellung die Krankenkasse Kinderkrankengeld. Sie organisiert und finanziert außerdem in besonderen Situationen eine Haushaltshilfe. Auch das Finanzamt kann bei einem Teil der Krankheitskosten helfen. Die wichtigsten Einzelheiten zur Unterstützung bei Krankheit finden Sie ab Seite 112.

Schwerpunkt Schule: Von 7 bis 18

Schulkinder

Wenn Kinder in die Schule kommen, wird die Förderkulisse etwas überschaubarer. Die besondere Unterstützung für die ganz Kleinen, wie zum Beispiel Elterngeld, spielt keine Rolle mehr. Die oftmals besonders verzwickten Hilfen für erwachsene Kinder spielen noch keine Rolle. In diesem Altersbereich sind vor allem Basishilfen wirksam, die Eltern von Kindern aller Altersstufen betreffen.

Kindergeld

Mit rund 30 Milliarden Euro im Jahr ist Kindergeld der größte Einzelposten der Kinderförderung, der unmittelbar bei den Eltern ankommt. Seine Bedeutung reicht aber noch weiter, denn fast alle anderen Leistungen für Kinder sind an das Kindergeld gebunden. Außerdem ist Kindergeld ständig in Bewegung, 2009 wurde es leicht erhöht und für alle Kinder ein Einmalbetrag von 100 Euro gezahlt (→ ab Seite 62).

Freibeträge

Von einigen steuerlichen Freibeträgen können Eltern dieser Altersgruppe besonders profitieren. Kinderfreibetrag und Grundfreibetrag sind 2009 leicht gestiegen. Die massive Erhöhung von Freibeträgen bei der Erbschaft- und Schenkungsteuer begünstigt Eltern und Kinder ganz besonders. Eltern, die Arbeitnehmer sind, kassieren mit Freibeträgen auf der Lohnsteuerkarte sofort mehr Netto. Sie können mit höheren Ausgaben für Kinderbetreuung die laufende Lohnsteuerbelastung drücken (→ ab Seite 74).

Zulagen, Zuschläge & Co.

Einige Fördermaßnahmen aus dem Bereich Zulagen und Zuschläge kommen Eltern in Form direkter Zahlungen zugute, zum Beispiel bei der Riester-Rente, bei der Eigenheimzulage oder beim Zuschlag zum Kindergeld. Wenn Kinder zum Haushalt gehören, erleichtert das Eltern außerdem den Zugang zu bestimmten Förderungen. Kinder senken nämlich rechnerisch das Einkommen von Eltern und die nehmen dadurch bestimmte Einkommenshürden leichter, zum Beispiel bei der Arbeitnehmersparzulage oder bei der Wohnungsbauprämie (→ ab Seite 97).

Hilfe bei Krankheit

Wenn Kinder krank sind, ist oftmals „Not am Mann" und öfter noch an der Frau. Hilfe lässt sich dann leichter organisieren, wenn Eltern wissen, was ihnen zusteht, und wie sich die Angebote von Krankenkasse, Arbeitgeber und Finanzamt optimal verbinden lassen (→ ab Seite 112).

Rentenvorteile

Eltern sollten auf ihre Rentenvorteile achten. Das gilt etwa für die Unterstützung von Waisen und anderen Hinterbliebenen, die Eltern von Kindern aller Altersstufen unmittelbar betreffen kann. Außerdem zahlen sich Kindererziehungszeiten und weitere rentenerhöhende Leistungen nicht nur später aus, sie können auch wichtig für die laufende Familienplanung sein (→ ab Seite 118).

Unterhaltsvorschuss

Eigentlich ist Unterhalt kein Gegenstand staatlicher Förderung, aber der Staat springt mit einem Unterhaltsvorschuss ein, wenn der Expartner nicht zahlt und die Kinder noch nicht zwölf sind. Die Kindergelderhöhung und die neue Düsseldorfer Tabelle haben hier für Änderungen gesorgt (→ ab Seite 127).

Weitere Hilfen

Die bis hierher aufgeführten Unterstützungen betreffen meist Eltern von Schulkindern und werden daher in diesem Kapitel ausführlich dargestellt. Darüber hinaus können Eltern von Kindern dieser Altersgruppe eine Reihe weiterer Förderungen nutzen. So gibt es im Rahmen der **Ausbildungshilfen** Schüler-BAföG für Kinder bereits ab 16. Die Förderbedingungen für BAföG wurden leicht verbessert. Ab 2008 gelten veränderte Regeln für Schulgeld (→ ab Seite 152). Der Fiskus übernimmt durch den Beruf bedingte Kinderbetreuungskosten grundsätzlich bis zu einer Höhe von 4 000 Euro. Eltern haben aber die Möglichkeit, weitere **Betreuungshilfen** zu nutzen (→ ab Seite 39).

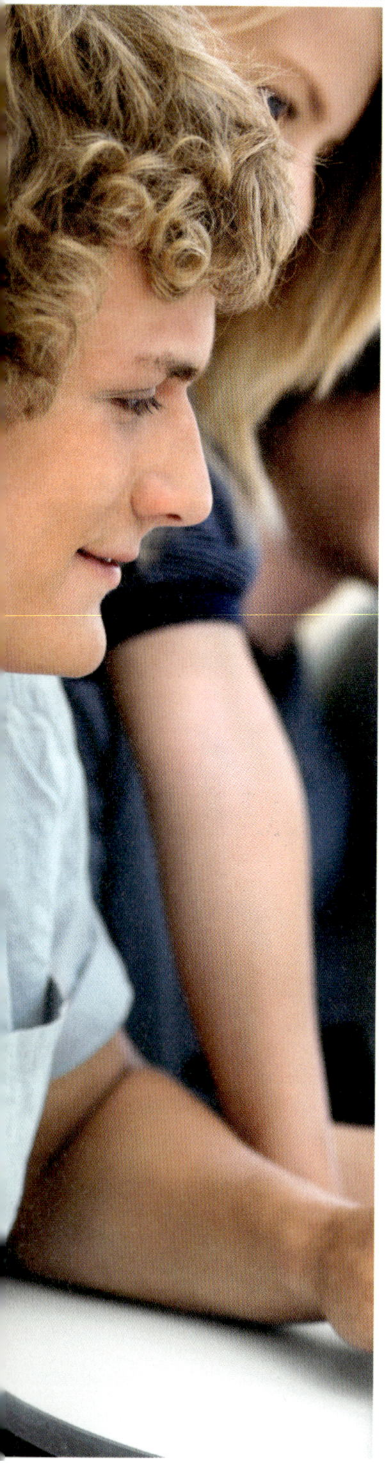

Kindergeld bis 18

Eltern erhalten in der Regel Kindergeld von der Geburt bis zum Vortag des 18. Geburtstags der Sprösslinge. Feierte beispielsweise ein Kind am 10. September 2009 seinen 18. Geburtstag, steht den Eltern Kindergeld bis einschließlich 9. September 2009 zu. Da es monatsweise gezahlt wird, gibt es Kindergeld bis einschließlich September. Für ältere Kinder fließt weiter Kindergeld, wenn sie bestimmte Voraussetzungen erfüllen, zum Beispiel, wenn sie einer Ausbildung nachgehen (→ Seite 134).

Die Höhe des Kindergeldes beträgt seit dem 1. Januar 2009 in der Regel für das erste und zweite Kind je 164 Euro im Monat, für das dritte 170 Euro und für jedes weitere Kind 195 Euro. Im Rahmen des Konjunkturpakets II spendiert die große Koalition 2009 einen einmaligen Kinderbonus von 100 Euro pro Kind. Den erhalten alle Bezieher von Kindergeld, die mindestens für einen Monat des Jahres 2009 Anspruch auf das Kindergeld haben. Der Kinderbonus wird nicht beantragt, sondern er wird von der Kindergeldstelle zusammen mit einer laufenden Kindergeldzahlung überwiesen. Und auch Empfänger von ALG II profitieren vom Kinderbonus, denn dieser wird ihnen nicht (wie das „normale" Kindergeld) als Einkommen angerechnet.

Kindergeld für alle

Den Anspruch auf Kindergeld regelt das Einkommensteuergesetz. Ein zentraler Satz hat es dabei besonders in sich: „Für Kinder im Sinne des § 63 hat Anspruch auf Kindergeld ..., wer ... im Inland einen Wohnsitz oder seinen gewöhnlichen Aufenthalt hat oder ... ohne Wohnsitz oder gewöhnlichen Aufenthalt im Inland ... nach § 1 Abs. 2 unbeschränkt einkommensteuerpflichtig ist oder ... nach § 1 Abs. 3 als unbeschränkt einkommensteuerpflichtig behandelt wird." Wer das auf Anhieb verstanden hat, muss juristisch vorbelastet sein. Was das Einkommensteuergesetz damit sagen will, ist grob übersetzt Folgendes:

- Anspruch auf Kindergeld haben Deutsche, die überwiegend in Deutschland wohnen und leben.
- Für alle anderen, zum Beispiel für ausländische Staatsbürger, gelten spezielle Bestimmungen (→ Seite 64).
- Ausnahmen bestätigen die Regel.

Für rund 90 Prozent aller Eltern ist damit geklärt, dass sie Anspruch auf Kindergeld haben, denn sie sind deutsche Staatsbürger, leben und wohnen überwiegend im Land. Sie müssen sich mit dieser Gesetzesformulierung nicht weiter plagen und können ab Seite 65 weiter lesen. Für alle anderen sollte die Erläuterung einiger Begriffe Aufklärung bringen:

Begriffserklärung

Ein **Wohnsitz** ist eine Wohnung, die längerfristig genutzt wird. Die Nutzungsdauer wird nicht näher festgelegt,die Wohnung muss aber regelmäßig genutzt werden. An die Wohnung selbst werden eher geringe Anforderungen gestellt: Es müssen Räumlichkeiten sein, die zum Wohnen geeignet sind. Eine abgeschlossene Wohnung mit Küche, Kochgelegenheit oder Bad ist nicht erforderlich. Aber nicht alles geht als Wohnung durch: So reicht etwa die Nutzung eines Hotelzimmers nicht aus, um es zum Wohnsitz zu machen.

> **Tipp**
>
> Auch ein möbliertes Zimmer oder eine Wohngemeinschaft gilt als Wohnung.

Der **gewöhnliche Aufenthalt** bezeichnet einen Ort oder eine Gegend, in der man sich für längere Zeit aufhält. In Deutschland hat jemand seinen gewöhnlichen Aufenthalt, wenn er sich (zusammenhängend) länger als sechs Monate im Jahr im Land aufhält. Wo er dabei wohnt und ob er für seinen Aufenthalt hier eine Wohnung hat, ob er unter einer Brücke schläft oder im Hotel, eine Zeit in Berlin oder in München verbringt, ist dabei unerheblich. **Unbeschränkt steuerpflichtig** sind Menschen, die in Deutschland ihren Wohnsitz oder ihren gewöhnlichen Aufenthalt haben. Trifft das nicht zu, handelt es sich um „nicht unbeschränkt Steuerpflichtige", und die gehen beim Kindergeld in der Regel leer aus. Das können beispielsweise Saisonarbeiter sein, die nur zum Spargelstechen für ein paar Wochen nach Deutschland kommen.

Es gibt Menschen, die die Kriterien „Wohnsitz oder gewöhnlichen Aufenthalt in Deutschland" nicht erfüllen und trotzdem Anspruch auf Kindergeld haben. Wer zum Beispiel als deutscher Arbeitnehmer oder Soldat im Auftrag eines deutschen öffentlichen Arbeitgebers im Ausland arbeitet (zum Beispiel an einer deutschen Botschaft, als Bundeswehrangehöriger oder als ARD-Mitarbeiter), kann auf Antrag in Deutschland als unbeschränkt steuerpflichtig behandelt werden. Er kann daher Anspruch auf deutsches Kindergeld haben, obwohl sein gewöhnlicher Aufenthalt nicht in Deutschland ist. Auch wer nicht in Deutschland lebt, aber erhebliche deutsche Einkünfte hat, kann auf Antrag unbeschränkt steuerpflichtig werden und damit Kindergeld bekommen. Beispiele dafür sind Menschen, die in Deutschland arbeiten und in einem der Nachbarländer wohnen, zum Beispiel in der Schweiz.

Wichtig! Deutsche Staatsbürger, die in Deutschland keinen Wohnsitz oder keinen gewöhnlichen Aufenthalt haben, sollten mithilfe der Familienkasse, eines Lohnsteuerhilfevereins oder Steuerberaters klären, ob und wie viel Kindergeld ihnen zusteht.

Auch ausländische Staatsbürger können deutsches Kindergeld erhalten. Wichtig dabei ist aber, woher sie kommen und auf welcher Grundlage sie hier leben. Am einfachsten ist es für Staatsangehörige der Europäischen Union (EU) und des Europäischen Wirtschaftsraumes (EWR). Dazu gehören derzeit neben Deutschland: Belgien, Bulgarien, Dänemark, Estland, Finnland, Frankreich, Griechenland, Großbritannien, Irland, Island, Italien, Lettland, Liechtenstein, Litauen, Luxemburg, Malta, Niederlande, Norwegen, Österreich, Polen, Portugal, Rumänien, Schweden, die Slowakei, Slowenien, Spanien, Tschechien, Ungarn und Zypern. Eltern aus diesen Ländern haben in Deutschland Anspruch auf Kindergeld, wenn sie hier ihren Wohnsitz oder gewöhnlichen Aufenthalt haben. Sie brauchen keine Niederlassungs- oder Aufenthaltserlaubnis. Gleiches gilt für Staatsangehörige der Schweiz.

Bei Staatsangehörigen Serbiens und Montenegros, Bosnien-Herzegowinas, Mazedoniens, Kosovos, Marokkos, Tunesiens und der Türkei sieht das etwas anders aus. Sie kommen aus sogenannten „Vertragsstaaten", weil ihre Länder und Deutschland Sozialabkommen abgeschlossen haben, in denen auch das Kindergeld eine Rolle spielt. Voraussetzung für ihren Anspruch auf Kindergeld ist in der Regel, dass sie in Deutschland als Arbeitnehmer arbeitslosenversicherungspflichtig beschäftigt sind oder Arbeitslosengeld oder Krankengeld beziehen. Auch ein Minijob gilt als eine Beschäftigung, die Anspruch auf Kindergeld begründen kann. Anerkannte Flüchtlinge und Asylberechtigte können ebenfalls Kindergeld erhalten, egal woher sie kommen. Ausländische Staatsbürger, die in Deutschland wohnen, sollten sich auf jeden Fall bei der Familienkasse oder mithilfe eines Lohnsteuerhilfevereins oder eines Steuerberaters sachkundig machen, ob und wie viel Kindergeld ihnen zusteht.

Wichtig! Die Familienkasse hat Merkblätter für Angehörige der einzelnen Vertragsstaaten. Dort finden Eltern alle für sie zutreffenden Kindergeldregelungen. Die unterscheiden sich in einigen Punkten von Land zu Land erheblich (→ Tabelle Seite 178).

Weitere Bedingungen

Anspruch auf Kindergeld haben in der Regel die leiblichen Eltern, Adoptiv-, Stief- und Pflegeeltern. Großeltern können anspruchsberechtigt sein, wenn sie ein Enkelkind in ihren Haushalt aufgenommen haben. Auch andere Personen und Institutionen, die für den Unterhalt eines Kindes sorgen, können Kindergeld erhalten. Das können Verwandte oder nicht verwandte Menschen sein, die Jugendhilfe oder das Sozialamt. Unter bestimmten Voraussetzungen erhält ein Kind auf Antrag selbst Kindergeld, zum Beispiel Vollwaise, oder erwachsene Kinder, die von ihren Erzeugern keinen Unterhalt bekommen.

Damit Kindergeld fließt, muss auch das Kind, um das es geht, einige Bedingungen erfüllen. Es muss beispielsweise in einem bestimmten Gebiet (Deutschland, Europäische Union, Europäischer Wirtschaftsraum, Schweiz) einen Wohnsitz haben oder sich in diesem Gebiet gewöhnlich aufhalten (zu Begriffen und Ländern → Seite 63 und Seite 64).

Die große Mehrheit der Kinder in Deutschland erfüllt diese Voraussetzungen. Probleme kann es bei Eltern geben, die ihre Kinder zur Ausbildung ins Ausland schicken. Halten sich Kinder aber nur für einen zeitlich begrenzten Ausbildungsabschnitt im Ausland auf, besteht im Regelfall ihr Wohnsitz in Deutschland weiter und damit auch der Kindergeldanspruch ihrer Eltern. Um in solchen Fällen den Kindergeldanspruch zu sichern, muss erkennbar sein, dass das Kind die Absicht hat, nach der Ausbildung wieder zu den Eltern nach Deutschland zurückzukehren. Außerdem sollte das Kind seine ausbildungsfreie Zeit möglichst vollständig in Deutschland verbringen und das auch nachweisen können.

Zum Beispiel Michaela und Michael M. *Das deutsche Ehepaar schickt die 17-jährige Tochter Manuela für ein Jahr zum Besuch einer Highschool nach Boston. Anschließend soll sie in Deutschland Abitur machen. Obwohl sich Manuela länger als ein halbes Jahr in den Vereinigten Staaten aufhält, bleibt der Kindergeldanspruch erhalten, weil es um eine zeitlich begrenzte Ausbildung mit klarer Rückkehrabsicht geht.*

Wenn Kinder sich länger oder ohne klare Rückkehrabsicht im Ausland aufhalten, kann es ziemlich knifflig werden. Ob, wie viel und wo Kindergeld gezahlt wird, hängt dann immer von den genauen Umständen des Einzelfalls ab. Wohnt beispielsweise ein Kind im europäischen Ausland, kann den Eltern je nach zwischenstaatlichen Vereinbarungen deutsches Kindergeld oder der Differenzbetrag zwischen ausländischem und deutschem Kindergeld zustehen. Lebt das Kind in einem der Vertragsstaaten (→ Seite 64), erfolgt die Förderung nach den Bestimmungen der jeweiligen Abkommen, und die unterscheiden sich zwischen hier und dort sowie von Land zu Land erheblich. So erhält zum Beispiel ein türkischer Vater, der in Deutschland seinen Wohnsitz hat, für sein in Istanbul lebendes Kind maximal 35,79 Euro Kindergeld im Monat (→ Tabelle Seite 178). Lebt das Kind weder in einem Vertragsstaat noch in einem EU- oder EWR-Staat, noch in der Schweiz, gibt es gar keine deutsche Kinderförderung. Das wäre beispielsweise der Fall für Kinder eines deutschen Vaters und einer kanadischen Mutter, die sich ständig bei der Mutter in Kanada aufhalten.

Wichtig! Wenn ihr Kind längere Zeit im Ausland lebt, sollten sich Eltern in jedem Fall vorher bei der Familienkasse oder mithilfe eines Steuerexperten schlau machen, welche Folgen das für sie hat. Das gilt auch dann, wenn das Kind nur für eine Ausbildung oder für ein Studium Deutschland verlässt.

Haushalt und Unterhalt

Im Regelfall gibt es mindestens zwei Anspruchsberechtigte für Kindergeld: Mutter und Vater. Das Einkommensteuergesetz (§ 64 EStG) ist hier eindeutig: „Für jedes Kind wird nur einem Berechtigten Kindergeld gezahlt." Aufteilen zwischen Eltern funktioniert also nicht. Es muss ein sogenannter „vorrangig Berechtigter" festgelegt werden, und das ist nicht immer einfach.

Lebt das Kind im gemeinsamen Haushalt mit den Eltern, entscheiden die Eltern selbst, wer von ihnen das Kindergeld bekommen soll. Dabei spielt es keine Rolle, ob die Eltern verheiratet sind oder nicht verheiratet zusammenleben. Auch Adoptiv-, Stief-, Pflege- oder Großeltern haben diese Wahlmöglichkeit jeweils untereinander. In den meisten Fällen ist es zusammenlebenden Eltern egal, ob die Familienkasse dem Vater oder der Mutter das Geld überweist. In einigen Fällen bringt die richtige Entscheidung den Eltern aber mehr Kindergeld.

Zum Beispiel Marina und Mattias M. *Das Ehepaar hat drei gemeinsame Kinder, Mattias ist Vater eines weiteren Kindes aus erster Ehe, das bei seiner Exfrau lebt. Er bekommt für dieses Kind zwar kein Kindergeld, aber es wird als sogenanntes „Zählkind" bei ihm berücksichtigt. Beantragt Marina das Kindergeld, so bekommt sie es für die drei gemeinsamen Kinder, monatlich wären das 498 Euro (2 mal 164 plus 170). Beantragt Mattias das Kindergeld, kann er dank Zählkind aus erster Ehe vier Kinder vorweisen. Die Kinder werden in der Reihenfolge ihrer Geburt gezählt und für das vierte Kind gibt es 195 Euro. Unter dem Strich bedeutet die Zahlung an Mattias monatlich 529 Euro (164 plus 170 plus 195). Mattias bekäme im Monat 31 Euro mehr Kindergeld als Marina.*

Die Bestimmung des „vorrangig Berechtigten" ist bei getrennt lebenden Eltern manchmal schwierig. Dabei kommt es zunächst darauf an, wer das Kind in seinen Haushalt aufgenommen hat. Unter „Aufnahme in den Haushalt" verstehen die Beamten, dass das Kind dort gemeinsam mit dem anspruchsberechtigten Elternteil ständig lebt, dass es von ihm dort persönlich versorgt, betreut und unterhalten wird.

Wichtig! Wo das Kind gemeldet ist oder wer das Sorgerecht hat, sind nicht die entscheidenden Punkte einer Haushaltsaufnahme, sie können aber als zusätzliche Hinweise dienen.

Der Versuch, die vielfältigen Eltern-Kind-Beziehungen in einen juristischen Rahmen zu quetschen, führt zwangsläufig zu Problemen, mit denen sich Eltern und Familienkassen herumschlagen müssen. Wenn sich ein Kind zum Beispiel in beiden Haushalten der Eltern aufhält, steht dem Elternteil das Kindergeld zu, in dem sich das Kind „überwiegend" aufhält. Das ist auslegbar und wenn „echte Rosenkrieger" am Werk sind, fällt Einigung schwer. Dann kann auf Antrag nur das Vormundschaftsgericht helfen. Übrigens können sich auch getrennt lebende Eltern gegenseitig zum Kindergeldberechtigten bestimmen, wenn sie das Kind in gleichem Umfang betreuen.

Wichtig! Wenn Kinder die Großeltern besuchen, vorübergehend in einem Heim leben oder wegen einer Ausbildung auswärts wohnen, unterbricht das die Aufnahme in den elterlichen Haushalt grundsätzlich nicht. Das gilt aber nur, wenn die Abwesenheit zeitweilig ist und die Kinder zwischendurch immer wieder einmal heimkommen.

Das Kindergeld bekommt zwar nur der „vorrangig berechtigte" Elternteil, aber auch der andere Elternteil geht nicht ganz leer aus. Leben beide Eltern zusammen, kommt das Geld dem gemeinsamen Haushalt zugute. Leben die Eltern getrennt, kann der Elternteil, der das Kindergeld nicht bekommen hat, seine Unterhaltszahlung an das Kind um die Hälfte des Kindergeldes reduzieren.

Zum Beispiel Reiner R. *Der geschiedene Ingenieur hat ein monatliches Nettoeinkommen von 3 000 Euro. Nach den Richtsätzen der Düsseldorfer Tabelle (→ Seite 182) muss er für seinen achtjährigen Sohn Robert monatlich 387 Euro Unterhalt zahlen. Das Kindergeld wird seiner Exfrau Rita als „vorrangig Berechtigte" mit 164 Euro voll ausgezahlt. Von der Unterhaltszahlung an Sohn Robert kann Vater Reiner „seinen" hälftigen Anteil am Kindergeld abziehen. Also zahlt Vater Reiner für Sohn Robert statt 387 Euro nur 305 Euro (387 minus 82).*

Wenn ein Kind nicht in den Haushalt eines Elternteils aufgenommen ist, ändert das die Lage. Den Eltern steht zwar weiterhin Kindergeld zu, aber das Geld bekommt derjenige, der den höheren Geldunterhalt zahlt, „Naturalien" wie Verpflegung spielen hier keine Rolle. Das trifft aber überwiegend auf erwachsene Kinder zu (→ ab Seite 134).

Doppelentlastung

Eltern, die Kindergeld bekommen, haben in der Regel auch Anspruch auf einen Kinderfreibetrag (→ Seite 74). Kindergeld und Kinderfreibetrag sollen gemeinsam bewirken, dass das Existenzminimum eines Kindes steuerfrei bleibt. Das Zusammenspiel beider Förderungen funktioniert im Prinzip so: Zunächst erhalten die Eltern im Jahresverlauf Kindergeld ausgezahlt. Im Rahmen der Einkommensteuerklärung für das betreffende Jahr entscheidet das Finanzamt, ob das bereits gezahlte Kindergeld oder der Kinderfreibetrag eine höhere Entlastung der Eltern bewirkt. Dazu stellen die Beamten für jedes einzelne Kind Vergleichsrechnungen an. In die Rechnung wird auch der „Betreuungsfreibetrag" (→ Seite 76) einbezogen. Steht unter dem Strich, dass das Kindergeld für mehr Entlastung sorgt, ändert sich für die Eltern nichts. Sie behalten das Kindergeld und die Freibeträge wirken sich steuerlich nicht aus. Ergibt die Vergleichsrechnung, dass die Freibeträge günstiger als das Kindergeld sind, berücksichtigt das Finanzamt die Freibeträge. Die Eltern behalten auch in diesem Fall zunächst das bereits ausgezahlte Kindergeld. Das Finanzamt kassiert es aber per Steuererklärung wieder ein: Die Beamten erhöhen die Steuerschuld der Eltern um die Höhe des gezahlten Kindergelds. Für Eltern, die keine Steuererklärung abgeben, kann natürlich auch keine Vergleichsrechnung stattfinden. Es bleibt immer beim Kindergeld.

Zum Beispiel das Ehepaar Nora und Norbert N. *Das Ehepaar hat ein Kind, den 10-jährigen Sohn Nico. Im Jahr 2008 erhielten sie 1848 Euro Kindergeld. Zusammen hatten Nora und Norbert 2008 ein zu versteuerndes Einkommen von 70 000 Euro. Das Finanzamt berücksichtigte laut Steuerbescheid Kinderfreibetrag und Betreuungsfreibetrag in Höhe von insgesamt 5808 Euro (3648 plus 2160). Die Freibeträge brachten dem Ehepaar unter dem Strich 98 Euro mehr Entlastung als das Kindergeld.*

Zu versteuerndes Einkommen	**70 000**
Einkommensteuer (auf 70 000)	14 916
zu versteuerndes Einkommen nach Abzug der Freibeträge (5 808)	64 192
Einkommensteuer (auf 64 192)	12 970
Steuerentlastung durch Freibeträge (14 916 minus 12 970)	1 946
Steuerentlastung durch Kindergeld (12 mal 154, für 2008)	1 848
Vorteil durch Freibeträge gegenüber dem Kindergeld (1 946 minus 1 848, alle Angaben in Euro)	**98**

Wichtig! Arbeitnehmer, die nicht zur Abgabe einer Steuererklärung verpflichtet sind, sollten überlegen, ob sie auch als Eltern weiterhin „Erklärungsmuffel" bleiben wollen. Dadurch würden sie dem Fiskus nämlich noch mehr Geld schenken als bisher. Im Durchschnitt verzichtet bereits ein kinderloser Arbeitnehmer auf mehrere Hundert Euro Steuererstattung im Jahr, wenn er keine .Steuererklärung abgibt.

Tipp

Achten Sie immer darauf, Kindergeld auch in vollem Umfang zu beantragen. Beim Vergleich zwischen Kindergeld und Kinderfreibetrag rechnet das Amt nämlich mit Ihrem Anspruch auf Kindergeld, selbst wenn Sie vergessen haben, Kindergeld zu beantragen.

Ob Eltern vom Freibetrag mehr haben als vom Kindergeld, hängt von ihrem zu versteuernden Einkommen ab. Grundsätzlich gilt: Je höher das zu versteuernde Einkommen, umso mehr können Eltern vom Freibetrag profitieren. Maximal kann der Freibetrag für das erste Kind im Monat rund 64 Euro mehr bringen als das Kindergeld (→ Tabelle Seite 181). Ein allein stehender Elternteil fuhr 2008 mit dem Freibetrag besser als mit dem Kindergeld, wenn sein zu versteuerndes Einkommen mindestens 31380 Euro betrug. Für Ehepaare lag die Schwelle bei einem zu versteuernden Einkommen von 62760 Euro. Für 2009 und 2010 gelten etwas höhere Beträge.

So beantragen Sie Kindergeld

Der Antrag auf Kindergeld sollte grundsätzlich schriftlich auf dem dafür vorgesehenen Formular gestellt werden. Er macht etwas Arbeit und das Ausfüllen ist nicht gerade vergnügungssteuerpflichtig. Dennoch lohnt sich die Mühe, denn genehmigt bringt er derzeit in der Regel pro Jahr mindestens 1968 Euro ein (12 mal 164). Die meisten Eltern stellen ihren Antrag bei der Familienkasse (www.familienkasse.de) und die ist gewöhnlich bei der örtlich zuständigen Dienststelle der Bundesagentur für Arbeit zu finden. Die Adresse steht im Telefonbuch oder lässt sich im Internet unter www.arbeitsagentur.de finden. Bei der Familienkasse und im Internet gibt es auch das erforderliche Formular mit der nachvollziehbaren Bezeichnung „KG1".

Wichtig! Angehörige des öffentlichen Dienstes beantragen Kindergeld bei ihrem Arbeitgeber. In der Regel ist dort die für die Bezüge verantwortliche Stelle zuständig. Sie hat auch das erforderliche Antragsformular.

Tipp

Steuerberater und Lohnsteuerhilfeverein dürfen im Auftrag ihrer Mandanten einen Kindergeldantrag stellen.

Die Kindergeldnummer ganz oben auf Seite eins trägt nur ein, wer sie kennt. Ansonsten bleibt das Feld frei. Unter die **Nummer eins** gehört der Elternteil, an den das Kindergeld gezahlt werden soll. Wer das ist, sollten die Elternteile vorher klären. Die **Nummern zwei**

und drei sind eher unproblematisch und erklären sich selbst. Der etwas seltsame Begriff „Kindschaftsverhältnis“ unter **Nummer vier** soll bezeichnen, in welchem Verhältnis der Antragsteller zu dem jeweils aufgeführten Kind steht, ob es beispielsweise das eigene oder ein Stiefkind des Antragstellers ist.

4 Kinder:

Vorname, Name nur, wenn abweichend von 1	Geburtsdatum und Geschlecht: Tag	Monat	Jahr	W = weiblich M = männlich	Kindschaftsverhältnis (eigenes Kind, Kind des Ehegatten [Stiefkind], Pflegekind, Enkelkind)	nur bei über 18 Jahre alten Kindern: Familienstand	In Schul- oder Berufsausbildung von ... bis ...
KONSTANZE	01	12	89	W	EIGENES KIND	LEDIG	01.09.09 BIS
							VORAUSSICHTLICH 2013

Wenn Sie über 18 Jahre alte Kinder eingetragen haben, bitte angeben:
Hat eines oder mehrere dieser eingetragenen Kinder über 18 Jahre selbst eigene Kinder **unter 3 Jahren**? ☐ ja ☒ nein

Wenn ja, welches Kind/welche Kinder hat/haben eigene Kinder? Vorname(n):

Wenn Sie
- eigene Kinder, mit deren anderem Elternteil Sie nicht verheiratet sind bzw. von dem Sie dauernd getrennt leben oder geschieden sind, oder
- Kinder des Ehegatten (Stiefkinder), Pflegekinder oder Enkelkinder eingetragen haben, bitte angeben:

Vorname des Kindes	Name, Vorname, Geburtsdatum und Anschrift des anderen Elternteils bzw. der Eltern
KONSTANZE	KINDERMANN, KARIN, GEB. 03.03.63,
	VERSTORBEN AM 11.11.03

Hier sollten Sie unbedingt auch auf die beigefügten Ausfüllhinweise achten, denn es werden Angaben verlangt, die sich aus dem Formular nicht ergeben, beispielsweise ob der andere Elternteil verstorben ist. Der schwer verständliche Satz: „Wenn Sie eigene Kinder...“ soll klären, ob außer dem angetrauten Ehegatten andere Menschen für die von Ihnen vorher aufgeführten Kinder eventuell einen Anspruch auf Kindergeld haben. Also tragen Sie die Kinder, auf die das zutrifft, dort ein, ebenso den jeweils anderen Elternteil dieser Kinder. **Nummer fünf** soll die Haushaltszugehörigkeit eines Kindes klären. Was darunter zu verstehen ist, finden Sie auf Seite 66. **Nummer sechs** lässt sich nur nach bestem Wissen beantworten. Wenn Sie es nicht wissen, sollten Sie das mit der Familienkasse besprechen. Gleiches gilt für die **Nummern sieben und acht**.

Unterhalb der **Nummer acht** lauern die Probleme, die erfahrungsgemäß den größten Ärger machen können. Dort werden Sie verpflichtet, der Familienkasse alle für den Kindergeldanspruch erheblichen Änderungen mitzuteilen. Welche Änderungen das sind, steht weder im Antrag noch in den Ausfüllhinweisen. Dort steht auch nicht, dass die Unterlassung einer solchen Mitteilung als Straftat oder als Ordnungswidrigkeit geahndet werden kann. Deshalb sollten Sie möglichst genau wissen, was die Familienkasse unter meldepflichtigen Veränderungen versteht. Das steht im Infokasten auf Seite 73. Es ist ein Auszug aus einem Originaltext von der Internetseite der Familienkasse und daher im Ton etwas bürokratisch. Die Anforderungen an die Änderungsmeldung finden sich auch im amtlichen „Merkblatt Kindergeld", das sollten sich Eltern ohnehin vor Antragstellung ansehen. Für Kinder über 18 Jahre gelten darüber hinaus weitere Anforderungen, beispielsweise im Zusammenhang mit ihren Einkünften und ihrer Ausbildung (→ Seite 134). Auf den Seiten 196 bis 197 finden Sie ein ausgefülltes (bundeseinheitliches) Antragsformular, das als Muster dienen kann.

Wichtig! Geben Sie fällige Änderungsmeldungen gegenüber der Familienkasse immer rechtzeitig ab. Das sollte am besten schriftlich (auch per E-Mail) oder auch telefonisch erfolgen. So können Sie Ärger und Rückforderungen vermeiden.

Neben die **Unterschrift** desjenigen, der das Kindergeld erhalten soll, gehört rechts die Unterschrift des Ehegatten, wenn der mit im Haushalt lebt. Dabei kommt es nicht darauf an, ob der Ehegatte auch leiblicher Elternteil eines der Kinder ist, um die es im Antrag geht. Bei nicht Verheirateten muss hier der andere Elternteil unterschreiben, wenn er mit im Haushalt lebt.

Zusätzlich zum ausgefüllten Formular will die Familienkasse weitere Unterlagen sehen. Für Kinder unter 18 Jahren sind das in der Regel die Geburtsurkunde (im Original), eine Haushaltsbescheinigung oder eine Lebensbescheinigung. Die Haushaltsbescheinigung ist eine Bescheinigung des Einwohnermeldeamts, in dem ein Elternteil erklärt, seit wann ein Kind in seinem Haushalt lebt. Die Lebensbescheinigung stellt die gleiche Behörde aus. Dort erklärt ein kindergeldberechtigter Elternteil, wo ein Kind wohnt, das nicht mehr zusammen mit ihm in einem Haushalt lebt. Das betrifft vor allem erwachsene Kinder, für die außerdem noch weitere Nachweise erforderlich sind (→ ab Seite 134).

Wollen Sie für ein weiteres Kind Kindergeld beantragen, zum Beispiel nach einem Familienzuwachs, müssen Sie kein neues Antragsformular KG1 ausfüllen. Es reicht der nur einseitige und deutlich übersichtlichere „Antrag auf Kindergeld für ein weiteres Kind". Formulare gibt es bei der Familienkasse und im Internet.

Wichtig! In der Regel gilt ein einmal gestellter Kindergeldantrag solange, bis das Kind seinen 18. Geburtstag feiert. Für ältere Kinder mit Kindergeldanspruch muss ein neuer Antrag gestellt werden (→ Seite 134).

Mitteilung an die Familienkasse

Wer über Änderungen in den Familienverhältnissen nicht richtig informiert, riskiert das Kindergeld. Vergessen Sie nicht, bei jeder Veränderungsmeldung die Kindergeldnummer anzugeben. Folgendes will die Behörde vor allem wissen (Originalton Familienkasse):

Wenn Sie Kindergeld beantragt haben oder schon beziehen, sind Sie verpflichtet (§ 68 Abs. 1 des Einkommensteuergesetzes) unverzüglich sämtliche Änderungen in Ihren Verhältnissen und denen Ihrer Kinder der zuständigen Familienkasse mitzuteilen. Dies gilt auch, wenn über Ihren Kindergeldantrag noch nicht entschieden ist. Ebenso müssen die Veränderungen, die Ihnen erst nach Ende des Kindergeldbezugs bekannt werden und die sich rückwirkend auf den Bezug des Kindergeldes auswirken können, mitgeteilt werden. Die Mitteilungen und Anträge müssen unbedingt schriftlich an Ihre zuständige Familienkasse gerichtet werden, da sich dort Ihre Kindergeldunterlagen befinden. Achtung: Es genügt nicht, Mitteilungen an eine andere Stelle der Agentur für Arbeit oder an eine andere Behörde (zum Beispiel Einwohnermeldeamt, Gemeindeverwaltung) zu richten.

Insbesondere muss die Familienkasse unverzüglich benachrichtigt werden, wenn

- sich Ihre Anschrift oder Bankverbindung ändert,
- Sie oder Ihr Ehegatte geschieden werden oder sich auf Dauer trennen,
- Sie oder eines Ihrer Kinder Ihren bisherigen Haushalt verlassen,
- ein Kind stirbt oder als vermisst gemeldet werden musste,
- sich die Anzahl Ihrer Kinder aus sonstigen Gründen vermindert,
- Sie eine Beschäftigung im öffentlichen Dienst für (voraussichtlich) mehr als sechs Monate aufnehmen,
- das Kindergeld von Ihrem Ehegatten bei seinem öffentlich-rechtlichen Arbeitgeber bzw. Dienstherrn beantragt wurde,
- Sie oder Ihr Ehegatte eine Berufstätigkeit im Ausland aufnehmen,
- Sie oder Ihr Ehegatte von Ihrem deutschen Arbeitgeber zur Beschäftigung ins Ausland entsandt werden,
- Sie, Ihr Ehegatte oder eines Ihrer Kinder ins Ausland verziehen,
- Sie eine andere kindbezogene Leistung erhalten, z.B. ausländische Familienbeihilfen (Quelle: www.familienkasse.de).

Freibeträge

Freibeträge sind, einfach gesagt, steuerfreie Pauschalen und werden deshalb oft auch als Pauschbeträge bezeichnet. Eltern mit Kindern können einige nutzen, die speziell für sie geschaffen wurden. Dazu gehören zum Beispiel der Kinderfreibetrag oder ein Freibetrag für Alleinerziehende. Auch mit anderen Freibeträgen können Eltern gezielt Steuern sparen, zum Beispiel mit dem Grundfreibetrag (8 004 Euro ab 2010) oder mit dem Sparerpauschbetrag von 801 Euro. Eltern, die Arbeitnehmer sind, haben zudem die Möglichkeit, mit Freibeträgen auf ihrer Lohnsteuerkarte das laufende Nettoeinkommen zu erhöhen. Manche Freibeträge stehen Eltern automatisch zu, Möglichkeiten der Einflussnahme gibt es kaum. Andere sind an Bedingungen und Voraussetzungen gebunden, die Eltern aktiv gestalten können. Mit Freibeträgen können Eltern nicht nur Steuern sparen, sondern manchmal auch andere Leistungen erhöhen, beispielsweise das Elterngeld (→ Seite 72).

Kinderfreibetrag

Der Kinderfreibetrag steht im Prinzip den Eltern zu, die auch Anspruch auf Kindergeld haben. Ab 2009 wurde er um 216 Euro erhöht und beläuft sich damit jetzt auf 3 864 Euro für ein Kind beziehungsweise auf 1 932 Euro pro Elternteil. Die einzelnen Voraussetzungen stehen ab Seite 62 für Kinder bis 18 und ab Seite 134 für Kinder über 18. Ein paar Unterschiede gibt es aber doch. So haben Stiefeltern und Großeltern grundsätzlich keinen Anspruch auf den Kinderfreibetrag. Sie können ihn aber erhalten, wenn er von den Eltern (beziehungsweise von einem Elternteil) übertragen wird. Das funktioniert aber nur für die Kinder, die in den Haushalt eines Stiefelternteils beziehungsweise in den Haushalt der Großeltern aufgenommen worden sind.

Auch bei den Voraussetzungen, die die Kinder erfüllen müssen, gibt es eine Abweichung. Kindergeld kann es in der Regel nur für Kinder geben, die in Deutschland, in der Schweiz, in einem EU- oder EWR- oder in einem „Abkommensstaat" wohnen (→ Seite 64). Wohnen Kinder anderswo, beispielsweise in Mexiko oder Ägypten, gibt es grundsätzlich kein Kindergeld. Für den Kinderfreibetrag gilt diese Einschränkung nicht. Er steht auch Eltern zu, deren Kinder außerhalb der oben genannten Gebiete wohnen. In Abhängigkeit vom Wohnsitz des Kindes kann er allerdings magerer ausfallen (→ Tabelle Seite 179).

Der Kinderfreibetrag wird immer gemeinsam mit dem sogenannten Betreuungsfreibetrag gewährt. Die Bedingungen und Voraussetzungen, Alters- oder Einkommensgrenzen von Kinderfreibetrag und Betreuungsfreibetrag sind im Prinzip identisch (→ Seite 76).

Der Kinderfreibetrag steht jedem Elternteil zur Hälfte zu. Eltern haben aber die Möglichkeit, ihn übertragen zu lassen. Der wohl häufigste Fall: Ein Elternteil beantragt die Übertragung des anderen halben Kinderfreibetrags auf sich selbst, weil der andere Elternteil seine Unterhaltsverpflichtungen nicht erfüllt. Das funktioniert, wenn weniger als 75 Prozent des Unterhalts ankommen. Zahlt der unterhaltspflichtige Partner beispielsweise nur die Hälfte des vereinbarten oder des nach der „Düsseldorfer Tabelle" (→ Seite 182) festgelegten Unterhalts, kann der andere Partner die Übertragung des anderen halben Kinderfreibetrags verlangen. Und er hat gute Aussichten, dass das Finanzamt mitspielt.

Zum Beispiel Martina M. *Die geschiedene Martina hat einen Sohn, den 14-jährigen Mirko. Vater Martin verdiente ordentlich. Er war 2008 laut „Düsseldorfer Tabelle" verpflichtet, für Mirko im Monat 420 Euro Unterhalt zu zahlen. Er durfte diesen Betrag um das halbe Kindergeld reduzieren, 2008 waren das 77 Euro (154 geteilt durch 2). Martin hatte also im Monat 343 Euro zu zahlen. Tatsächlich schickte er regelmäßig nur einen Hunderter. Martina beantragte deshalb die Übertragung von Martins halben Kinderfreibetrags und seines halben Betreuungsfreibetrags auf sich. Ihre Begründung: Martin leistete weniger als 257 Euro Unterhalt (75 Prozent von 343).*

Wichtig! Wenn der andere Elternteil nicht zum Unterhalt verpflichtet ist, weil er es finanziell nicht schafft, ist die Übertragung seiner Hälfte des Kinderfreibetrags nicht möglich. Eine Übertragung findet auch nicht statt, wenn das Kind so hohe eigene Einkünfte und Bezüge hat, dass es nicht als unterhaltsbedürftig gilt (→ ab Seite 136).

Eltern, die ihre Hälfte des Kinderfreibetrags durch eine Übertragung verlieren, sollten daran denken, dass ihnen damit auch

Tipp

Vor einer Übertragung des Kinderfreibetrags sollten sich Eltern bei einem Steuerprofi oder bei der Familienkasse über die möglichen Folgen informieren.

andere wichtige Kinderförderungen nicht mehr zustehen. Das betrifft beispielsweise die Kinderzulage bei der Förderung von selbstgenutztem Wohneigentum (→ Seite 102) oder bei der Riester-Rente (→ Seite 102), den Entlastungsbetrag (→ Seite 79) und den Ausbildungsfreibetrag (→ Seite 78).

Der Kinderfreibetrag wird mit der Abgabe der Steuererklärung (einschließlich der Anlage Kind) beantragt. Das Finanzamt berücksichtigt ihn in der Regel gemeinsam mit dem Betreuungsfreibetrag. Die Übertragung des Kinderfreibetrags (und des Betreuungsfreibetrags) erfolgt ebenfalls per Steuererklärung. Betroffene Eltern füllen dazu auf der Anlage „Kind" die Zeilen 31 bis 34 aus (Vordruck des Jahres 2008, → Seite 193). In Zeile 31 ist der Sachverhalt klar. In Zeile 32 geht es um die Übertragung des halben Betreuungsfreibetrags, weil das Kind nur beim Antragsteller selbst gemeldet ist.

31	Ich beantrage den vollen Kinderfreibetrag und den vollen Freibetrag für den Betreuungs- und Erziehungs- oder Ausbildungsbedarf, weil der andere Elternteil seine Unterhaltsverpflichtung nicht zu mindestens 75% erfüllt hat.	36	1	1 = Ja
32	Ich beantrage den vollen Freibetrag für den Betreuungs- und Erziehungs- oder Ausbildungsbedarf, weil das minderjährige Kind bei dem anderen Elternteil nicht gemeldet war.	39		1 = Ja

In Zeile 33 bestätigt der ausfüllende Elternteil durch Eintragung der Ziffer 1 in das Kästchen, dass er der Übertragung der halben Freibeträge auf Stief- beziehungsweise Großeltern zugestimmt hat. Die Übertragung selbst beantragt der übertragende Elternteil nicht hier, sondern auf der Anlage K.

Zeile 34 füllen nur Stief- beziehungsweise Großeltern aus. Sie beantragen damit, dass die Freibeträge auf sie übertragen werden. Voraussetzung ist aber, dass der betroffene Elternteil in der separaten Anlage K der Übertragung zugestimmt hat.

Freibetrag für Betreuung

Der Betreuungsfreibetrag nennt sich offiziell „Freibetrag für Betreuungs- und Erziehungs- oder Ausbildungsbedarf". Trotz dieser eindrucksvollen Bezeichnung ist er praktisch nur eine Aufstockung des Kinderfreibetrags um 1080 Euro für jeden Elternteil oder um 2160 Euro pro Kind für beide Eltern zusammen. Der Betreuungsfreibetrag wird immer gemeinsam mit dem Kinderfreibetrag gewährt. Die Bedingungen und Voraussetzungen, Alters- oder Einkommensgrenzen sind bei Betreuungsfreibetrag und Kinderfreibetrag im Prinzip identisch. Auch für die Übertragung gelten dieselben Regeln. Einen wichtigen Unterschied gibt es aber: Ein Elternteil kann sich den Betreuungsfreibetrag unabhängig vom Kinderfreibetrag vom anderen Elternteil übertragen lassen. Das funktioniert über die Zeile 32 der Anlage Kind und kann Steuern sparen. Voraussetzung ist, dass das Kind noch minderjährig ist und nur bei dem Elternteil gemeldet ist, bei dem es lebt. Der andere Elternteil muss einer Übertragung des Betreuungsfreibetrags nicht zustimmen.

Zum Beispiel Sabine S. *Sie hatte 2008 mit ihrem Ehemann zusammen ein zu versteuerndes Einkommen von 40 000 Euro. In der Familie lebt Senta, Sabines 16-jährige Tochter aus einer früheren Beziehung. Sabine bekommt für Senta normalerweise den halben Kinderfreibetrag und den halben Betreuungsfreibetrag. Beides zusammen bringt ihr eine geringere Entlastung als das Kindergeld, also erhält sie Kindergeld. Das ändert sich aber, wenn sie sich den halben Betreuungsfreibetrag übertragen lässt, den bisher Sentas Vater genutzt hat. Insgesamt kann sie dann 3 984 Euro geltend machen, den halben Kinderfreibetrag (1 824 Euro) plus den ganzen Betreuungsfreibetrag (2 160). Diese Übertragung bringt ihr 146 Euro mehr als das Kindergeld.*

Halber Kinderfreibetrag plus ganzer Betreuungsfreibetrag	3 984
Steuerermäßigung hierauf	1 070
minus Kindergeld (halbes Kindergeld 2008)	−924
Steuervorteil (1 070 minus 924, alle Angaben in Euro)	146

Wichtig! Die Übertragung des halben Betreuungsfreibetrags kann Steuervorteile bereits ab zu versteuernden Einkommen von 19 500 /37 000 Euro (ledig/verheiratet, 2009) bringen. Um hier alles richtig zu machen, sollte ein Steuerprofi (Steuerberater oder Lohnsteuerhilfeverein) unterstützen.

Wegen der einmaligen Erhöhung des Kindergeldes um 100 Euro fällt der Übertragungsvorteil 2009 in der Regel etwas geringer aus, ab 2010 steigt er aber wieder.

Freibetrag für Ausbildung

Amtlich nennt er sich etwas rätselhaft „Freibetrag zur Abgeltung eines Sonderbedarfs". Abgekürzt wird er auch „Bedarfsfreibetrag" oder „Ausbildungsfreibetrag" genannt und beläuft sich auf 924 Euro im Jahr. Dieser Freibetrag steht Eltern zu, wenn ihre Kinder vor allem folgende Bedingungen erfüllen: Sie müssen 18 oder älter sein, einer Berufsausbildung nachgehen, „auswärtig untergebracht" sein und es muss Anspruch auf Kindergeld bestehen.

Häufiger Streitpunkt ist die „auswärtige Unterbringung". Die bedeutet, dass das Kind außerhalb der elterlichen Wohnung lebt und wohnt. Das kann im gleichen Ort sein, bei der Freundin oder bei der Oma. Hier eröffnen sich Spielräume für Gestaltungen aller Art. Wohnt die Oma beispielsweise im Nachbarhaus, ist Vorsicht geboten. Dann vermutet die Verwaltung, dass das Kind praktisch weiterhin bei den Eltern lebt. Mietet das Kind ein möbliertes Zimmer am gleichen Ort, um ungestört lernen zu können, gilt es in der Regel als auswärtig untergebracht.

Tipp

„Auswärtig untergebracht" ist ein Kind auch dann, wenn es in der Woche am Ausbildungsort wohnt, etwa in einem Internat, und am Wochenende bei den Eltern.

Den Ausbildungsfreibetrag gibt es auch für Kinder, die sich im Ausland aufhalten. Allerdings kann er je nach Aufenthaltsland niedriger ausfallen. Besucht beispielsweise das Kind für ein Jahr eine Schule in den Vereinigten Staaten, steht er den Eltern auch während dieser Zeit in voller Höhe zu. Besucht das Kind eine Schule in der Türkei, wird er entsprechend der „Ländergruppeneinteilung" des Bundesfinanzministeriums auf 462 Euro gekürzt (→ Tabelle Seite 179).

Auch zeitanteilige Kürzungen sind möglich, denn es gibt den Freibetrag nur für die Monate, in denen alle Voraussetzungen zutreffen. Beendet zum Beispiel ein Azubi seine Lehre im Juli 2010, steht der Ausbildungsfreibetrag den Eltern nur für sieben Monate des Jahres 2010 zu, von Januar bis einschließlich Juli. Das sind sieben Zwölftel des Jahresbetrags, also 539 Euro (924 durch 12 mal 7).

Es gibt eine weitere Hürde, an der Eltern von Azubis oft scheitern, und das ist die Einkommensschwelle von 1 848 Euro im Jahr. Jeder Euro, den das Kind an Einkünften und Bezügen (→ Seite 136) mehr verdient als 1 848 Euro, reduziert den Ausbildungsfreibetrag um einen Euro. Spätestens bei Einkünften und Bezügen von 2 772 Euro ist er auf null reduziert (1 848 plus 924).

Zum Beispiel Annette A. *Die 21-jährige Annette lernte 2009 Floristin. Ihre Ausbildungsvergütung betrug 550 Euro im Monat, im Jahr waren es 6 600 Euro. Andere Einnahmen oder höhere Werbungskosten hatte sie nicht. Nach Abzug des Arbeitnehmerpauschbetrags (920 Euro) bleiben 5 680 Euro Einkünfte. Davon werden Beiträge zur Sozialversicherung (rund 20 Prozent von 6 600 ist 1 320) abgezogen. Es bleiben 4 360 Euro. Das ist zu viel, nur bei Einkünften und Bezügen bis 2 772 Euro (1 848 plus 924) hätten Anettes Eltern Aussicht auf den Ausbildungsfreibetrag.*

Eltern beantragen den Ausbildungsfreibetrag mit der Steuererklärung auf der Anlage Kind in den Zeilen 41 bis 43 (Vordruck des Jahres 2008, → Seite 194). Den Freibetrag von 924 Euro gibt es für ein Kind nur einmal, er kann aber übertragen und beliebig unter den Eltern aufgeteilt werden. Das geschieht mit einem formlosen Antrag und über die entsprechende Prozentzahl in Zeile 43.

41	Das Kind war auswärtig untergebracht	vom 01 01	bis 31 12
42	Anschrift 12345 LERNSTADT, PAUKSTR. 5		
	Nur bei geschiedenen oder dauernd getrennt lebenden Eltern oder bei Eltern eines nichtehelichen Kindes:		
43	Laut beigefügtem gemeinsamen Antrag ist der Freibetrag zur Abgeltung eines Sonderbedarfs bei Berufsausbildung in einem anderen Verhältnis als je zur Hälfte aufzuteilen. Der bei mir zu berücksichtigende Anteil beträgt		%

Wichtig! Der Ausbildungsfreibetrag ist umstritten. So reicht seine Höhe nach Auffassung von klagenden Eltern nicht aus. Der Steuerbescheid bleibt deshalb in diesem Punkt offen. Betroffene Eltern sollten kontrollieren, ob das auch auf ihren Steuerbescheid zutrifft, und wenn nicht, Einspruch einlegen.

Freibetrag für Alleinerziehende

Amtlich heißt dieser Freibetrag „Entlastungsbetrag für Alleinerziehende" und er beläuft sich auf 1 308 Euro im Jahr. Den Entlastungsbetrag können alleinstehende Eltern nutzen, wenn zu ihrem Haushalt mindestens ein Kind gehört, für das ihnen Kindergeld zusteht. Sind mehr Kinder im Haushalt, ändert das nichts, denn dieser Freibetrag gilt pro Haushalt und nicht pro Kind.

Wichtig! Der Entlastungsbetrag steht nur dem Elternteil zu, in dessen Wohnung das Kind lebt.

Knackpunkt beim Entlastungsbetrag ist der Begriff „alleinstehend". Nach dem Einkommensteuergesetz (§ 24b) sind das Menschen, die neben anderen Bedingungen „... keine Haushaltsgemeinschaft mit einer anderen volljährigen Person bilden"... dürfen. Ausdrücklich ausgenommen vom „Haushaltsgemeinschaftsverbot" sind erwachsene Kinder, die zum Haushalt gehören und für die den Eltern Kindergeld zusteht beziehungsweise die Zivil- oder Wehrdienst leisten.

Zum Beispiel Sieglinde S. *Sie hat sich im Mai 2008 von ihrem Ehemann Siegbert getrennt. Seit dem lebt sie allein mit ihren beiden Kindern. Die 14-jährige Tochter Sarah geht zur Schule, der 21-jährige Sohn Sven macht eine Banklehre. In Sachen Entlastungsbetrag sind die Dinge soweit klar: Sieglinde bekommt ihn als Alleinstehende mit mindestens einem Kind, für das ihr auch Kindergeld zusteht, ab 2009 (also nach dem Trennungsjahr 2008). Sven ist zwar erwachsen, aber in diesem Fall noch kein Hindernis, denn für ihn als Azubi bekommt Sieglinde noch Kindergeld.*

Wichtig! Jede erwachsene Person, die mit Haupt- oder Nebenwohnsitz in der Wohnung gemeldet ist, gefährdet den Entlastungsbetrag. Prüfen Sie deshalb ihre Meldeverhältnisse und tilgen Sie gegebenenfalls verflossene Untermieter, Exlover oder andere Abgänge.

Den Entlastungsbetrag gibt es nur für die Monate, in denen alle Voraussetzungen zutreffen. Er wird entsprechend gezwölftelt. Im Beispiel oben könnte Sieglinde den Freibetrag von Januar bis Dezember 2009 bekommen. Aber es gibt ein Zusatzproblem: Sven beendet seine Banklehre im Juli 2009, fährt zwei Monate zum Tauchen ans Rote Meer und wird im September von seiner Bank als Mitarbeiter übernommen. Er gehört aber weiter zum Haushalt der Mutter. Für Sieglinde heißt das: Entlastungsbetrag ade! Sie und ihr erwachsener Sohn Sven, für den ihr nach Abschluss seiner Ausbildung kein Kindergeld mehr zusteht, bilden ab August eine „Haushaltsgemeinschaft" und das kippt den Entlastungsbetrag von August bis Dezember. Das Beispiel zeigt, wie tückisch diese Regelung sein kann.

Tipp

Wenn das erwachsene Kind nicht mehr zuhause wohnt, sondern beispielsweise bei der Freundin, in einer WG oder bei der Oma, kann der Entlastungsbetrag für minderjährige Geschwister gerettet werden.

Wichtig! Streicht die Verwaltung den Entlastungsbetrag, weil eine andere erwachsene Person mit im Haushalt lebt, sollten Sie Einspruch einlegen und ein „Ruhen des Verfahrens" beantragen, weil dazu eine Verfassungsbeschwerde vorliegt (2 BvR 266/08).

In vielen Fällen gehen Alleinerziehende neue Partnerschaften ein. „Ist die andere Person mit Haupt- oder Nebenwohnsitz in der Wohnung des Steuerpflichtigen gemeldet, wird vermutet, dass sie mit dem Steuerpflichtigen gemeinsam wirtschaftet (Haushaltsgemeinschaft)", meint das Gesetz. Diese Vermutung ist zwar widerlegbar, aber das ist nicht so einfach. Ein neuer Partner sollte deshalb mit einer Ummeldung nichts überstürzen. Auch wenn keine Meldung mit Haupt- oder Nebenwohnsitz vorliegt, vermutet die Verwaltung eine Haushaltsgemeinschaft, wenn offensichtlich gemeinsam gewohnt und gewirtschaftet wird.

Haushaltsgemeinschaften entstehen übrigens nicht nur bei der Aufnahme neuer Partner. Selbst wenn beispielsweise die alte, kranke Mutter in den Haushalt der alleinerziehenden Tochter kommt, wackelt der Entlastungsbetrag. Pardon wird nur gegeben, wenn die aufgenommene Person weder finanziell, noch durch Mithilfe zum Haushalt beitragen kann. Das schaffen aber die wenigsten. Die Mutter müsste in diesem Fall nahezu einkommenslos und ohne Vermögen sein, darüber hinaus blind oder in einer der drei Pflegestufen.

Wichtig! Alleinerziehende angestellte Arbeitnehmer haben Anspruch auf die Lohnsteuerklasse II. Sie zahlen dadurch im Jahresverlauf etwas weniger Lohnsteuer als Singles ohne Kinder. Die Klasse II trägt für Kinder bis 18 Jahre in der Regel die zuständige Gemeindeverwaltung ein. Für Kinder über 18 Jahre ist das Finanzamt zuständig.

Entlastungsbetrag für Alleinerziehende

							vom	bis
35	Das Kind war mit mir in der gemeinsamen Wohnung gemeldet					42	0101	3112
36	Für das Kind wurde mir Kindergeld ausgezahlt					44	0101	3112
37	Außer mir war(en) in der gemeinsamen Wohnung eine / mehrere volljährige Person(en) gemeldet, für die keine Anlage(n) Kind beigefügt ist / sind	46	2	1 = Ja 2 = Nein	Falls ja	47	T T M M	T T M M
38	Es bestand eine Haushaltsgemeinschaft mit mindestens einer weiteren volljährigen Person, für die keine Anlage(n) Kind beigefügt ist / sind	49	2	1 = Ja 2 = Nein	Falls ja	50	T T M M	T T M M
	Name, Vorname (weitere Personen bitte auf besonderem Blatt angeben)							

Tipp

Geschiedene oder getrennt lebende Eltern mit zwei oder mehr Kindern können beide jeweils einen Entlastungsbetrag von 1 308 Euro erhalten, wenn mindestens eins der Kinder bei ihnen lebt.

Eltern beantragen den Entlastungsbetrag mit der Steuererklärung auf der Anlage Kind in den Zeilen 35 bis 40 (Vordruck des Jahres 2008, → Seite 194). Besonders kritisch sind die Zeilen 37 und 38. Wer dort in den entsprechenden Kästchen eine 1 (ja) vermerken muss, weil weitere Erwachsene in der Wohnung gemeldet waren, beziehungsweise eine „Haushaltsgemeinschaft" bestand, hat für die Gewährung des Entlastungsbetrags schlechte Karten. Wenn es sich bei der „volljährigen Person" aber um ein eigenes erwachsenes Kind handelt, für das dem allein erziehenden Elternteil Kindergeld zusteht oder das gerade seinen Wehrdienst oder einen gleichgestellten Dienst ableistet (→ Seite 135), besteht für den Freibetrag keine Gefahr.

Freibetrag für Sparer

Der so genannte Sparerpauschbetrag von 801 Euro und der Grundfreibetrag von 7 834 Euro (2009) stehen auch Kindern zu, aber sie können die Freibeträge oft nicht nutzen, weil sie kaum eigenes Einkommen haben. Wenn aber Eltern oder Großeltern Vermögen auf den Nachwuchs übertragen, zum Beispiel Geld oder Immobilien, können Familien ihre Steuerbelastung verringern. Es kann sogar noch mehr steuerfreie Zinsen geben.

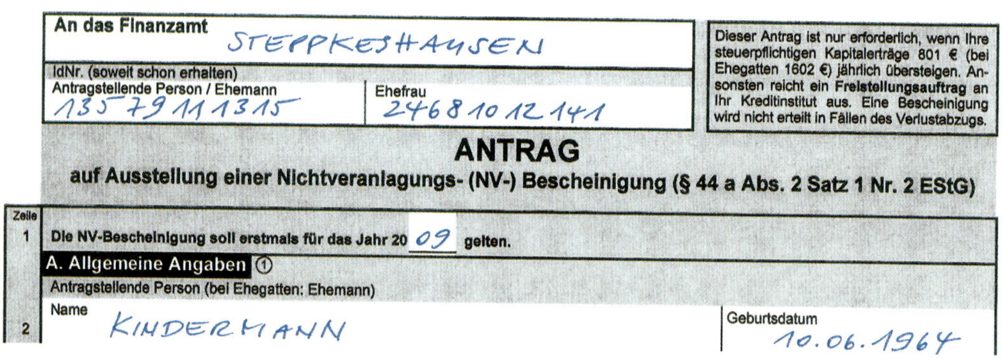
An das Finanzamt STEPPKESHAUSEN

IdNr. (soweit schon erhalten)
Antragstellende Person / Ehemann 13579111315
Ehefrau 2468101214 1

Dieser Antrag ist nur erforderlich, wenn Ihre steuerpflichtigen Kapitalerträge 801 € (bei Ehegatten 1602 €) jährlich übersteigen. Ansonsten reicht ein **Freistellungsauftrag** an Ihr Kreditinstitut aus. Eine Bescheinigung wird nicht erteilt in Fällen des Verlustabzugs.

ANTRAG
auf Ausstellung einer Nichtveranlagungs- (NV-) Bescheinigung (§ 44 a Abs. 2 Satz 1 Nr. 2 EStG)

Zeile
1 Die NV-Bescheinigung soll erstmals für das Jahr 20 09 gelten.
A. Allgemeine Angaben ①
Antragstellende Person (bei Ehegatten: Ehemann)
2 Name KINDERMANN Geburtsdatum 10.06.1964

Liegt der Bank eine so genannte „Nichtveranlagungsbescheinigung" (NV-Bescheinigung) vor, zahlt sie Kapitalerträge oberhalb des Sparerpauschbetrags von 801 Euro ohne Steuerabzug sofort aus. Die NV-Bescheinigung gilt in der Regel drei Jahre.

Zum Beispiel Grit und Gerd G. *Das Ehepaar hat Zinseinnahmen oberhalb des Sparerpauschbetrags (zusammen über 1 602 Euro). Eine Erbschaft bescherte ihnen 100 000 Euro Bargeld. Die Eltern beschließen, das Geld für die Ausbildung ihrer zwölfjährigen Tochter Gabriela in sicheren Anleihen mit vier Prozent Zinsen anzulegen. Das bringt 4 000 Euro Zinsen (im Jahr 2009). Die Eltern schenken Gabriela die Papiere. Die noble Aktion erfreut den Nachwuchs und führt dazu, dass Familie G. im Jahr rund 1 000 Euro weniger Einkommensteuern zahlt. Der Grund: Die Eltern müssten für die 4 000 Euro Zinsen 1 000 Euro Abgeltungsteuer (25 Prozent) zahlen. Dank des Sparerpauschbetrags zahlt die ansonsten einkommenslose Gabriela zunächst nur 800 Euro Abgeltungsteuer. Die kann sie sich aber mithilfe einer Steuererklärung komplett vom Finanzamt zurückholen, denn ihr steht der Grundfreibetrag von 7 834 Euro zu. Bis zu dieser Höhe bleibt ihr Einkommen steuerfrei. Berücksichtigt man Solidaritätszuschlag und Kirchensteuer, fällt die Steuerersparnis der Familie sogar noch etwas höher aus.*

Zusätzliche Zinseinnahmen (4 Prozent von 100 000)	**4 000**
minus Sparerpauschbetrag Gabriela	– 801
steuerpflichtig (4 000 minus 801)	3 199
Abgeltungsteuer (25 Prozent von 3 199)	800
Einkommensteuer Gabriela (alle Angaben in Euro)	0
Steuererstattung Gabriela	**800**

Im Beispielfall kassiert die Bank die Abgeltungsteuer (plus Soli) zunächst ein und überweist sie an das Finanzamt. Gabriela holt sie sich später per Steuererklärung zurück. Das Ganze geht per NV-Bescheinigung einfacher. Sie wird beim Finanzamt mit einem relativ überschaubaren Vordruck beantragt. Der ist eine Art „Mini-Steuererklärung", in der die voraussichtlichen Einkünfte abgefragt werden. Eine NV-Bescheinigung stellt das Finanzamt 2009 allen aus, deren zu versteuerndes Einkommen voraussichtlich unterhalb des Grundfreibetrags von 7 834/15 669 Euro (ledig/verheiratet) liegen wird. Das ist bei Kindern überwiegend der Fall. Eltern, die die Bescheinigung nutzen, sparen sich damit Steuererklärungen für ihre Kinder. Sie können außerdem eine bessere Rendite erzielen, wenn sie dank NV-Bescheinigung die Zinsen in voller Höhe sofort wieder anlegen, anstatt ein Jahr lang auf die Steuerrückzahlung vom Finanzamt warten zu müssen.

Unter Berücksichtigung von Grundfreibetrag (7 834 Euro), Sparerpauschbetrag (801 Euro) und Sonderausgabenpauschale (36 Euro) kann 2009 ein Kind 8 671 Euro Zinsen und andere Kapitalerträge steuerfrei kassieren. Voraussetzung ist aber, dass es keine weiteren steuerpflichtigen Einkünfte hat.

Tipp

Mit einer Nichtveranlagungsbescheinigung zahlt die Bank auch Zinsen oberhalb des Sparerpauschbetrags von 801 Euro steuerfrei aus.

Eine Vermögensübertragung auf den Nachwuchs hat natürlich nicht nur steuerliche Seiten, sondern sie muss in die gesamte Finanzplanung der Familie passen und auch alle „nichtfinanziellen" Aspekte berücksichtigen. Es gilt außerdem, einige Stolpersteine zu meiden. Das Finanzamt erkennt eine Schenkung von Eltern an minderjährige Kinder nur an, wenn sie endgültig ist und etwa so erfolgte, wie es auch unter Fremden üblich wäre. Entsteht der Eindruck, es handele sich bei einer Schenkung nur um eine Vermögensverschiebung aus steuerlichen Gründen, bei der die Eltern weiterhin uneingeschränkt über Vermögen und Einkommen des Kindes verfügen können, spielt das Finanzamt nicht mit. Wenn Eltern eine Verfügungsberechtigung über Konten oder Depots ihrer volljährigen Kinder haben, läuten im Amt die Alarmglocken.

Wichtig! Die Einschaltung einer dritten Person, eines sogenannten „Ergänzungspflegers", kann bei Schenkungen an minderjährige Kinder amtliche Vorbehalte zerstreuen. In einigen Fällen, zum Beispiel bei Grundstücksübertragungen, ist ein Ergänzungspfleger sogar erforderlich.

Vermögensübertragungen an Kinder können aber auch ein ganz spezielles finanzielles Risiko bergen. Fallen die Erträge aus diesem Vermögen zu hoch aus, können Eltern das Kindergeld und damit die gesamte steuerliche Förderung für erwachsene Kinder verlieren. Die kritische Grenze liegt 2009 bei 7 680 Euro. Hat das Kind einen Euro mehr an Einkünften und Bezügen, gibt es kein Kindergeld mehr. Das gilt aber nur für erwachsene Kinder zwischen 18 und 25, jüngere und ältere haben das Problem nicht (zu Einkünften und Bezügen → Seite 136). Hier sollten Eltern genau rechnen und abwägen zwischen der Steuerersparnis durch die Vermögensübertragung einerseits und andererseits dem möglichen Verlust von Kindergeld (mindestens 1968 Euro im Jahr) und weiteren Kinderförderungen (etwa bei Riester-Rente oder Eigenheimzulage). Dabei sollte ein Steuerexperte helfen. Der kann auch eventuelle Auswirkungen im Bereich der Erbschaft- und Schenkungsteuer mit in die Berechnung einbeziehen (→ Infokasten Seite 89 und Tabellen Seite 183).

Tipp

Wenn es um die Schenkung größerer Beträge geht, sollten Eltern vorher unbedingt steuerlichen und juristischen Rat einholen.

Wichtig! Die Möglichkeiten und Probleme einer Vermögensübertragung gelten in ähnlicher Weise für Transaktionen zwischen Großeltern und Enkeln. Durch die Erhöhung der Freibeträge für Enkel bei der Erbschaft- und Schenkungsteuer auf 200 000 Euro (→ Tabelle Seite 183) besteht dafür ab 2009 deutlich mehr Spielraum.

Behinderung

Der Behindertenpauschbetrag steht auch behinderten Kindern zu. Je nach Grad der Behinderung beträgt er zwischen 310 und 1420 Euro im Jahr (→ Tabelle Seite 88). Blinde Kinder (Merkzeichen „Bl“ im Schwerbehindertenausweis) und ständig hilflose Kinder (Merkzeichen „H“) haben unabhängig vom Grad ihrer Behinderung pauschal Anspruch auf 3700 Euro. Den Behindertenpauschbetrag gewährt das Finanzamt grundsätzlich erst ab einem Behinderungsgrad von 50 Prozent. Ausnahmen bestätigen aber auch diese Regel: Besteht zum Beispiel wegen der Behinderung Anspruch auf eine gesetzliche Rente, gibt es den Pauschbetrag auch bei einem geringeren Behinderungsgrad.

Tipp

Um alle Steuervorteile für behinderte Kinder voll ausschöpfen zu können, ist professionelle steuerliche Hilfe empfehlenswert, zumindest beim erstmaligen Ausfüllen einer Steuererklärung.

Wichtig! Betroffene Eltern sollten sich im Finanzamt oder bei einem Steuerexperten schlau machen, ob ihrem Kind auch mit einem Behinderungsgrad unter 50 ein Behindertenpauschbetrag zusteht. Besonderer Beratungsbedarf besteht auch für behinderte Kinder, die im Ausland leben und für beschränkt steuerpflichtige Eltern (→ Seite 63).

Den Behindertenpauschbetrag beantragen Eltern mit dem Mantelbogen der Steuererklärung des Kindes (Zeilen 91 bis 94 der Formulare des Jahres 2008), wenn das Kind selbst eine Steuererklärung machen muss. Ansonsten erfolgt der Antrag per Anlage Kind der elterlichen Steuererklärung.

Außergewöhnliche Belastungen 53

Behinderte und Hinterbliebene

Ausweis / Rentenbescheid / Bescheinigung ausgestellt am — gültig von — bis — unbefristet gültig — Grad der Behinderung — Nachweis: ist beigefügt. / hat bereits vorgelegen.

91 Stpfl. / Ehemann 02082004 12 0804 14 18 1 1 = Ja 56 50 % X

92 hinterblieben 16 1 = Ja blind / ständig hilflos 20 1 = Ja geh- u. stehbehindert 22 1 = Ja

Weil behinderte Kinder oftmals keine nennenswerten eigenen Einkünfte haben, bringt ihnen der Pauschbetrag in der Regel nichts. Deshalb kann er unter bestimmten Voraussetzungen auf andere Personen übertragen werden.

Tipp

Prüfen Sie, wie sich der Behindertenpauschbetrag bei Ihrem Kind und bei Ihnen auswirkt, und beantragen Sie gegebenenfalls eine Übertragung.

Grundsätzlich ist die Übertragung des Behindertenpauschbetrags von Kindern auf Eltern, Groß- oder Stiefeltern möglich, wenn denen für das Kind ein Kinderfreibetrag (→ Seite 74) oder Kindergeld (→ Seite 62) zusteht. Der umgekehrte Weg der Übertragung eines Behindertenpauschbetrags der Eltern auf ein Kind funktioniert dagegen nicht.

Getrennt lebende oder geschiedene Eltern können den Behindertenpauschbetrag für ein Kind unter sich aufteilen. Das erfolgt in der Regel so, dass jeder Elternteil die Hälfte bekommt. Mit einem formlosen gemeinsamen Antrag, der der Anlage Kind beigefügt wird, können beide Eltern den Pauschbetrag aber auch beliebig unter sich aufteilen.

Übertragung des Behinderten- oder Hinterbliebenen-Pauschbetrags

45 Das Kind ist (Kz 26) hinterblieben X behindert (Kz 55) blind / ständig hilflos geh- und stehbehindert Grad der Behinderung 25 %

Ausweis / Rentenbescheid / Bescheinigung — von — bis — unbefristet gültig — Nachweis

46 ausgestellt am 020804 gültig 0804 X ist beigefügt. X hat bereits vorgelegen.

Nur bei geschiedenen oder dauernd getrennt lebenden Eltern oder bei Eltern eines nichtehelichen Kindes:

47 Laut beigefügtem gemeinsamen Antrag sind die für das Kind zu gewährenden Pauschbeträge für Behinderte / Hinterbliebene in einem anderen Verhältnis als je zur Hälfte aufzuteilen. Der bei mir zu berücksichtigende Anteil beträgt 28 100 %

Den Antrag für die Übertragung und Aufteilung des Pauschbetrags stellen Eltern auf der Anlage Kind (Zeilen 45 bis 47 der Formulare des Jahres 2008, → Seite 194). Eltern, die den gesamten Kinderfreibetrag bekommen, erhalten automatisch auch den gesamten Behindertenpauschbetrag.

Zusätzlich zum Behindertenpauschbetrag dürfen Behinderte weitere Ausgaben geltend machen, zum Beispiel Krankheitskosten aller Art, wenn sie nicht unmittelbar mit der Behinderung zu tun haben, oder Kfz-Kosten pauschal bis 900 Euro (ab 80 Prozent Behinderungsgrad oder ab 70 Prozent mit Merkzeichen „G"). Die Steuererleichterungen für ein Beschäftigungsverhältnis im Haushalt (→ Seite 48) oder für haushaltsnahe Dienstleistungen (→ Seite 46) können ebenfalls neben dem Pauschbetrag voll genutzt werden.

Wenn der Behindertenpauschbetrag nicht gewährt wird, oder wenn die Kosten der Behinderung über der Pauschale liegen, sollten Eltern die tatsächlichen behinderungsbedingten Kosten an das Finanzamt weitergeben. Das Amt übernimmt dabei aber nicht alle Ausgaben, sondern nur die, die oberhalb eines Betrags liegen, den die Eltern selbst schultern müssen. Der nennt sich „zumutbare Belastung" und beläuft sich je nach Familienstand, Anzahl der Kinder und Höhe des Einkommens auf einen Betrag zwischen einem und sieben Prozent der Einkünfte (→ Tabelle Seite 117). Die tatsächlichen Behinderungskosten können Eltern auf dem Mantelbogen zur Steuererklärung (Zeilen 103 bis 105, → auch Seite 192) geltend machen. Dazu empfiehlt sich die formlose Auflistung sämtlicher behinderungsbedingter Kosten in einer separaten Anlage zum Mantelbogen.

Behindertenpauschbetrag

Blinde Kinder mit Merkzeichen „Bl" im Schwerbehindertenausweis und ständig hilflose Kinder (Merkzeichen „H") haben unabhängig vom Grad ihrer Behinderung pauschal Anspruch auf 3 700 Euro.

Grad der Behinderung	Pauschbetrag jährlich in Euro
von 25 und 30	310
von 35 und 40	430
von 45 und 50	570
von 55 und 60	720
von 65 und 70	890
von 75 und 80	1 060
von 85 und 90	1 230
von 95 und 100	1 420

Zum Beispiel Karin und Klaus K. *Das Ehepaar verdiente zusammen 40 000 Euro. Ihr 20-jähriger Sohn Kevin hat einen Behinderungsgrad von 60 Prozent. Im Jahresverlauf gaben sie für ihren Sohn behinderungsbedingt 2 500 Euro aus. Der Pauschbetrag beläuft sich bei Kevins Behinderungsgrad auf 720 Euro (→ Tabelle auf Seite 87). Die Eltern entscheiden sich dafür, die tatsächlichen Kos-*

ten geltend zu machen, denn das bringt ihnen nach Berücksichtigung der zumutbaren Belastung mehr. Laut Tabelle auf Seite 117 sind das drei Prozent von 40 000, also 1 200 Euro zumutbare Belastung. Familie K errechnet einen Abzugsbetrag als außergewöhnliche Belastung von 1 300 Euro (2 500 minus 1 200). Das ist fast das Doppelte des Pauschbetrags.

Pflegebedürftigkeit

Eltern eines pflegebedürftigen Kindes können den Pflegepauschbetrag von 924 Euro im Jahr nutzen, wenn sie ihr Kind persönlich, im eigenen Haushalt und unentgeltlich pflegen. Voraussetzung für den Pauschbetrag ist außerdem, dass das Kind hilflos ist (Merkzeichen „H" im Schwerbehindertenausweis), oder dass es die Pflegestufe III der Pflegeversicherung hat.

Wichtig! Eltern steht der Pflegepauschbetrag ebenfalls zu, wenn sie das Kind nur an den Wochenenden in ihrer Wohnung betreuen, es ansonsten aber im Heim lebt.

Tipp

Erhält ein Kind Pflegegeld, gilt die Pflege durch die Eltern trotzdem als unentgeltlich.

Den Pflegepauschbetrag beantragen Eltern auf dem Mantelbogen der Steuererklärung (Zeilen 100 bis 101 der Formulare 2008, → Seite 192). Eltern können anstelle der Pauschale auch die tatsächlichen Kosten absetzen. Das funktioniert wie bei den Krankheitskosten (→ „Hilfe bei Krankheit", Seite 112). Sie füllen auf dem Mantelbogen der Steuererklärung unter der Rubrik „Andere außergewöhnliche Belastungen" Zeile 103 bis 105 aus (Formulare des Jahres 2008, → Seite 192). In diesem Fall kürzt das Finanzamt die Ausgaben um eine Eigenbeteiligung, die die Eltern selbst schultern müssen (→ Tabelle Seite 117).

Erbschaft und Schenkung

Für die Erbschaft- und Schenkungsteuer gelten die Regeln und Einschränkungen der Einkommensteuer nicht. Es kommt bei einem Kind also nicht auf Altersbeschränkungen oder Einkommenshöhen an.

Wer den Vermögensübergang langfristig angeht, kann die Freibeträge bei der Erbschaft- und Schenkungsteuer alle zehn Jahre neu nutzen, denn sie gelten immer für einen zusammenhängenden Zehnjahreszeitraum. Außerdem lassen sich diese Freibeträge glatt verdoppeln, beispielsweise wenn Mutter und Vater aus ihrem jeweiligen Vermögen etwas an den Nachwuchs weitergeben. In diesem Fall kann ein Kind im Zehnjahreszeitraum vom Vater 400 000 Euro steuerfrei erhalten und von der Mutter noch mal 400 000 Euro. Bei mehreren Kindern gelten diese Freibeträge für jedes der Kinder. Geht es um solche Größenordnungen, sollte aber immer ein Steuerprofi helfen.

Für Großeltern hat sich der Freibetrag bei der Erbschaft- und Schenkungsteuer von 51 200 auf 200 000 Euro fast vervierfacht Auch das gilt für jeden Großelternteil einzeln und für jeden einzelnen Enkel. Geben Großmutter oder Großvater Vermögen an Enkel weiter, deren Eltern bereits verstorben sind, erhöht sich der Freibetrag sogar von 200 000 Euro auf 400 000 Euro (→ Infokasten unten und Tabelle Seite 183).

Freibeträge bei Erbschaft und Schenkung

Auch außerhalb der Einkommensteuer können Eltern und Kinder Freibeträge nutzen. So stiegen zum Beispiel die Freibeträge für Kinder und Enkel bei der Erbschaft- und Schenkungsteuer ab 2009 kräftig an.

Eltern können ihren Kindern jetzt Vermögenswerte von 400 000 Euro steuerfrei schenken beziehungsweise vererben. Vorher lag der persönliche Freibetrag bei 205 000 Euro. Zusatzplus: Eltern dürfen ihr Eigenheim unter bestimmten Voraussetzungen ab sofort steuerfrei an ihre Kinder vererben. Es muss sich um selbstgenutztes Wohneigentum handeln, darunter fallen Ein- und Zweifamilienhäuser sowie Eigentumswohnungen. Das geht steuerfrei an die nächste Generation über, egal ob es sich um eine Millionenvilla oder um eine bescheidene Hütte handelt. Die Steuerfreiheit der Immobilie wird aber nur erreicht, wenn die Voraussetzungen stimmen. So sind nur Eigenheime begünstigt, die den Mittelpunkt des familiären Lebens darstellen, keine Ferienwohnungen oder Zweitwohnsitze. Der Erblasser muss bis zu seinem Tod dort gewohnt haben und die begünstigten Erben müssen die Immobilie tatsächlich selbst zu eigenen Wohnzwecken nutzen. Gibt der Erbe die Selbstnutzung innerhalb von zehn Jahren auf, beispielsweise durch den Verkauf der Immobilie, durch Vermietung oder eine Umwidmung zum Zweitwohnsitz, wird in der Regel rückwirkend Erbschaftsteuer fällig. Für Kinder gibt es eine zusätzliche Einschränkung: Die Wohnfläche pro Kind ist auf 200 qm begrenzt. Der Wert der darüber liegenden Wohnflächen muss versteuert werden.

Freibeträge auf der Lohnsteuerkarte

Arbeitnehmer können mit Freibeträgen auf der Lohnsteuerkarte ihre laufende Steuerbelastung senken. Das funktioniert für Eltern jetzt sogar besser als früher. Stichworte dafür sind die Kinderbetreuungskosten (→ Seite 93) und die Tatsache, dass ab 2009 mehr Ausgaben für haushaltsnahe Dienstleistungen abgesetzt werden dürfen (→ Seite 46). Positiv wirkt auch die Wiederherstellung der alten Vorteile bei der Pendlerpauschale. Einige Eltern erwachse-

Diese Ausgaben schaffen Freibeträge

Hier finden Sie eine Übersicht der Ausgaben, die sich Arbeitnehmer als Freibeträge auf ihre Lohnsteuerkarte eintragen lassen können, wenn alle Voraussetzungen stimmen.

Werbungskosten

Fahrtkosten zwischen Wohnung und Betrieb (30 Cent ab dem ersten Entfernungskilometer), **Fortbildungskosten** ,

Arbeitsmittel wie Berufsbekleidung, Fachliteratur oder Werkzeug,

Ausgaben für ein **häusliches Arbeitszimmer** (bei einem Telearbeitsplatz), Aufwendungen für eine **doppelte Haushaltsführung**, für **Dienstreisen** und für **Kinderbetreuungskosten** erwerbstätiger Eltern.

Sonderausgaben

Dazu gehören **Ausbildungskosten** zum Beispiel für ein Erststudium, **Kinderbetreuungskosten** unter bestimmten Voraussetzungen, **Schulgeldzahlungen** an Privatschulen, **Spenden und Mitgliedsbeiträge** an gemeinnützige Organisationen und Parteien, die **Kirchensteuer**, **Unterhaltszahlungen** an den geschiedenen oder dauernd getrennt lebenden Ehegatten (bis 13 805 Euro). Achtung: Eigene Beiträge zur Sozialversicherung können keine Freibeträge auf der Lohnsteuerkarte bilden, sie werden bereits in den Lohnsteuertabellen berücksichtigt.

Außergewöhnliche Belastungen

Dazu gehören **Ausbildungsfreibeträge** für Kinder über 18, **Unterhaltszahlungen** an bedürftige und unterhaltsberechtigte Angehörige, **Kosten für Behinderung und Pflege**, einschließlich der Pauschbeträge, **Krankheitskosten**.

Weitere Freibeträge

Dazu gehören beispielsweise Freibeträge für **Verluste** aus Vermietung und Verpachtung sowie für Verluste aus anderen Einkunftsarten, Ausgaben für **haushaltsnahe Dienstleistungen, Beschäftigungsverhältnisse und Handwerkerleistungen**.

ner Kinder dürften dadurch sogar wieder Kindergeld erhalten (→ Seite 134).

Bei der Lohnsteuer ist der Staat vor allem großzügig mit sich selbst. In vielen Fällen kassiert das Finanzamt zunächst nämlich mehr als ihm zusteht und gibt, wenn überhaupt, erst im Rahmen der Steuererklärung wieder etwas zurück. Der Fiskus „borgt" sich auf diese Weise von jedem Arbeitnehmer durchschnittlich ein paar Hunderter im Jahr, ohne dafür einen Cent Zinsen zu zahlen. Arbeitnehmer haben dagegen nur ein wirksames Mittel: Sie lassen sich auf ihrer Lohnsteuerkarte Freibeträge eintragen. Die reduzieren nämlich die Lohnsteuer schon im Jahresverlauf auf das tatsächlich geschuldete Maß und sorgen so für einen höheren monatlichen Nettolohn. Unter dem Strich zahlt ein Arbeitnehmer damit zwar nicht weniger Steuern, aber er muss nicht ein Jahr oder länger auf eine Steuererstattung warten und kann gleich über sein Geld verfügen.

Zum Beispiel Andrea und Andreas A. *Beide sind Arbeitnehmer mit Lohnsteuerklasse IV. Andreas verdient 2500 Euro brutto im Monat, Andrea 2000 Euro. Sie sind verheiratet und haben zwei Kinder. Für Kindergarten, Tagesmutter, Hort und Hausaufgabenbetreuung muss Familie A. 2009 voraussichtlich 5400 Euro Kinderbetreuungskosten zahlen. Das Finanzamt trägt auf Antrag zwei Drittel davon, also 3600 Euro, als Jahresfreibetrag auf die Lohnsteuerkarte von Andreas ein. Ohne Freibetrag zahlt Familie A. 649 Euro Lohnsteuer und Solidaritätszuschlag im Monat, mit Freibetrag rund 88 Euro weniger. Dank Freibetrag sind im Jahresverlauf gut 1000 Euro mehr in der Haushaltskasse.*

Freibeträge auf der Lohnsteuerkarte sind etwas anderes als die oben behandelten Frei- oder Pauschbeträge. Einige von denen können zwar auch direkt auf der Lohnsteuerkarte eingetragen werden, zum Beispiel der Ausbildungsfreibetrag oder der Behindertenpauschbetrag. Aber grundsätzlich werden Freibeträge auf der Lohnsteuerkarte anders gebildet: Sie setzen sich aus absetzbaren Aufwendungen zusammen, die in der Regel auch per Steuererklärung abgerechnet werden dürfen. So lassen sich etwa Werbungskosten, zum Beispiel die Fahrtkosten zur Arbeit, bestimmte Sonderausgaben, etwa die Kirchensteuer, oder außergewöhnliche Belastungen, zum Beispiel Krankheitskosten, in Freibeträge auf der Lohnsteuerkarte verwandeln.

Um Aufwand zu sparen, trägt das Finanzamt keine Kleinbeträge ein. Es spielt grundsätzlich erst mit, wenn im Jahr insgesamt mehr als 600 Euro an Freibeträgen aller Art zusammenkommen. Diese so genannte „allgemeine Antragsgrenze" hat aber Löcher, denn sie gilt für bestimmte Positionen nicht. So dürfen beispielsweise der Behindertenpauschbetrag, Ausgaben für haushaltsnahe Dienstleistungen, für angestellte Haushaltshilfen oder Verluste auch dann als Freibetrag berücksichtigt werden, wenn sie unter 600 Euro bleiben. Die Antragsgrenze von 600 Euro gilt übrigens für Alleinstehende und Ehepaare gleichermaßen.

Wichtig! Werbungskosten von Arbeitnehmern können nur dann zu einem Freibetrag auf der Lohnsteuerkarte führen, wenn mehr als der Arbeitnehmerpauschbetrag von 920 Euro zusammenkommt.

Kinderbetreuungskosten

Für Kinder bis 14 Jahre dürfen erwerbstätige Eltern Kinderbetreuungskosten „wie" Werbungskosten geltend machen. Welche Bedingungen dafür im Einzelnen gelten, steht ab Seite 39. Zwei Drittel der Aufwendungen, höchstens 4000 Euro pro Kind, trägt das Finanzamt als Freibetrag auf der Lohnsteuerkarte der Eltern ein. Dass es „wie" Werbungskosten heißt und nicht „als" Werbungskosten, ist keine bürokratische Spitzfindigkeit sondern eine echte Hilfe für Eltern: Wären es uneingeschränkt Werbungskosten, müsste der Arbeitnehmerpauschbetrag von 920 Euro abgezogen werden. Entsprechend weniger Ausgaben würden dann als Kinderbetreuungskosten die Lohnsteuer drücken. Dank des Wörtchens „wie" unterbleibt der Abzug des Arbeitnehmerpauschbetrags, wie auf Seite 91 im Beispiel der Familie A. gezeigt. Auch als Sonderausgaben können Sie einen Freibetrag bilden. Das Finanzamt erkennt die Kinderbetreuungskosten aber nur bei dem Elternteil an, der sie auch gezahlt hat.

Ausbildungsfreibetrag

Der Ausbildungsfreibetrag für erwachsene Kinder, die wegen ihrer Ausbildung zeitweilig oder dauerhaft nicht mehr bei den Eltern wohnen (→ Seite 78), kann mit maximal 924 Euro im Jahr als Freibetrag auf der Lohnsteuerkarte berücksichtigt werden. Wird er hälftig unter den Eltern aufgeteilt, können beide an der 600-Euro-Eintragungshürde scheitern. Die Eltern sollten auch das bei einer Aufteilung bedenken. Bei der Steuererklärung sind sie übrigens nicht an die Aufteilung auf der Lohnsteuerkarte gebunden und können eine andere wählen.

Schulgeld

Schulgeld für Privatschulen dürfen sich Eltern ab 2009 bis zu einer Höhe von 5 000 Euro als Freibetrag eintragen lassen. Der Fiskus übernimmt aber nur maximal 30 Prozent des gezahlten Schulgeldes (→ Seite 164). Um auf den Höchstbetrag von 5 000 Euro zu kommen, müssen Eltern mindestens etwa 16 667 Euro Schulgeld ausgegeben haben. Kosten für Unterkunft (zum Beispiel in einem Internat), Betreuung und Verpflegung des Kindes berücksichtigt das Finanzamt aber nicht.

Tipp

Begünstigt sind ab sofort auch Schulen im EU- und EWR-Ausland (→ Länderaufzählung Seite 64).

Haushaltsnahe Dienstleistungen

Für haushaltsnahe Dienstleistungen können ab 2009 wesentlich höhere Freibeträge genutzt werden (→ Seite 46). Wer sein Kind im eigenen Haushalt betreuen lässt, kann bis zu 4 000 Euro Steuernachlass erreichen. Der Freibetrag, der dafür eingetragen werden kann, erreicht das Vierfache des Steuernachlasses, also maximal 16 000 Euro. Bis 2008 lag der höchstmögliche Freibetrag bei 2 400 Euro.

Kinderbetreuungskosten als haushaltsnahe Dienstleistungen berücksichtigt das Finanzamt aber nur, wenn kein Anspruch auf erwerbsbedingte Kinderbetreuungskosten besteht (→ Seite 39). Die Neuregelung kann zu ziemlich absurden Ergebnissen führen. Beauftragt beispielsweise ein Einverdienerehepaar ein Kindermädchen mit der Betreuung ihres zweijährigen Sohnes, kann es sich dafür einen Freibetrag von bis zu 16 000 Euro eintragen lassen (4 000 mal 4). Wird der Sohn drei Jahre alt, berücksichtigt das Finanzamt die Kinderbetreuungskosten nur noch als Sonderausgaben mit maximal 4 000 Euro Freibetrag (→ Seite 41). Zusätzlich zu den haushaltsnahen Dienstleistungen können private Ausgaben für Handwerker ab 2009 in einen Freibetrag von maximal 4 800 Euro (1 200 mal 4) umgewandelt werden.

Beschäftigungsverhältnisse im Haushalt

Eltern, die für die Betreuung ihres Kindes oder für die Besorgung des Haushalts jemanden einstellen, schaffen ein so genanntes haushaltsnahes Beschäftigungsverhältnis (→ Seite 48). Wenn es ein Minijob bis 400 Euro Lohn im Monat ist, erhalten Eltern dafür eine Steuererstattung bis 510 Euro im Jahr. Das bringt ihnen einen Freibetrag auf der Lohnsteuerkarte von maximal 2 040 Euro (510 mal 4). Engagieren Eltern eine sozialversicherungspflichtige Betreuungs- oder Haushaltshilfe, gibt es dafür einen Freibetrag bis zu 16 000 Euro (4 000 mal 4). Das Finanzamt akzeptiert den Steuervorteil auch, wenn Angehörige, die nicht zum Haushalt gehören, den Job erledigen.

Tipp

Freibeträge für haushaltsnahe Dienstleistungen und Beschäftigungsverhältnisse sowie für Handwerkerleistungen trägt das Finanzamt auch unterhalb der Antragsgrenze von 600 Euro auf der Lohnsteuerkarte ein.

Zum Beispiel Dona und Dirk D. *Für die Betreuung ihres Sohnes Daniel hat das Ehepaar Donas Mutter Dagmar als geringfügig Beschäftigte mit 400 Euro Monatslohn eingestellt. Mit 20 Prozent der Lohnkosten sowie der pauschalen Steuer- und Versicherungsaufwendungen (maximal 510 Euro), kann das Ehepaar seine Steuerschuld drücken. Auf der Lohnsteuerkarte dürfen sie sich das Vierfache davon, also 2 040 Euro, als Freibetrag eintragen lassen.*

Unterhalt für das Kind

Wenn Eltern einem Kind Unterhalt zahlen, ist das steuerlich uninteressant, solange ihnen für das Kind Kindergeld zusteht. Gesetzgeber und Verwaltung sind der Auffassung, dass mit Kindergeld und Kinderfreibetrag der Unterhalt des Kindes abgesichert ist. Die Lage ändert sich aber sofort, wenn Eltern ihren Kindergeldanspruch verlieren, beispielsweise weil das Kind nicht mehr in einer Ausbildung ist oder etwa als Student über 25 ist. Wenn alle Voraussetzungen stimmen (→ Seite 169), trägt das Finanzamt für Unterhaltszahlungen der Eltern an das Kind einen Freibetrag bis maximal 7 680 Euro ein. Ab 2010 sind es bis 8 004 Euro.

Wichtig! Die Absenkung der Altersgrenze für das Kindergeld auf 25 Jahre eröffnet Eltern früher als bisher die Möglichkeit, Unterhaltszahlungen auf der Lohnsteuerkarte eintragen zu lassen.

Krankheit, Behinderung und Pflege

Eltern können sich auch Aufwendungen für Krankheit, Behinderung und Pflege von Kindern als Freibetrag vermerken lassen. Bei Behinderung und Pflege haben sie die Wahl zwischen einem

Pauschbetrag und den tatsächlichen Kosten. Der Pauschbetrag liegt je nach Grad der Behinderung zwischen 310 und 3700 Euro (plus zusätzlich absetzbare Aufwendungen, → Seite 88). Der Pflegepauschbetrag beläuft sich auf 924 Euro. Machen Eltern die nachgewiesenen tatsächlichen Kosten geltend, werden die um die so genannte „zumutbare Belastung" (→ Tabelle Seite 117) gekürzt. Für Krankheitskosten eines Kindes gibt es keine Pauschale, die tatsächlich erwarteten Kosten dürfen als Freibetrag auf die Lohnsteuerkarte (gekürzt um die zumutbare Belastung.

Freibetrag für Alleinerziehende

Der sogenannte Entlastungsbetrag für Alleinerziehende (1308 Euro, → Seite 74) erscheint in der Regel nicht als Freibetrag auf der Lohnsteuerkarte, weil er bereits in der Steuerklasse II enthalten ist. Die steht Alleinerziehenden mit mindestens einem minderjährigen Kind zu und wird von der Gemeinde beziehungsweise vom Finanzamt auf der Lohnsteuerkarte eingetragen. Nur in Ausnahmefällen, zum Beispiel, wenn nach dem Tod des Ehepartners Anspruch auf die Steuerklasse III besteht, ist eine zusätzliche Eintragung des Entlastungsbetrags möglich.

Wichtig! Wenn im Jahresverlauf die Voraussetzungen für die Steuerklasse II entfallen, zum Beispiel, weil das Kind 18 geworden ist, sind Alleinerziehende verpflichtet, von Gemeinde oder Finanzamt eine Korrektur der Steuerklasse vornehmen zu lassen.

Kinder- und Betreuungsfreibetrag

Der Kinderfreibetrag von 3864 Euro (ab 2009, → Seite 74) und der Betreuungsfreibetrag von 2160 Euro (→ Seite 76) wirken sich auf den laufenden Lohnsteuerabzug in der Regel nicht aus. Die Entlastung der Eltern erfolgt ja zunächst über die monatliche Kindergeldzahlung. Trotzdem sollten Eltern darauf achten, dass die richtige Zahl der Kinderfreibeträge auf die Lohnsteuerkarte steht. Jedes Kind wird dort mit dem „Zähler" 0,5 für den halben Freibetrag oder mit 1 für den ganzen Freibetrag berücksichtigt. Das sorgt wenigstens für etwas Entlastung beim Solidaritätszuschlag und bei der Kirchensteuer. Beide Freibeträge werden ausnahmsweise extra eingetragen, wenn Eltern kein Kindergeld zusteht, beispielsweise, weil die Sprösslinge im Ausland leben (→ Seite 74).

Freibeträge auf der Lohnsteuerkarte können übrigens nicht nur Eltern nutzen, sondern auch Kinder, wenn sie einen Job als Arbeitnehmer haben oder wenn sie Azubi sind. Sie können Werbungskosten und andere steuerlich wirksame Ausgaben in Form von Freibeträgen auf ihre Lohnsteuerkarte eintragen lassen, beispielsweise Kosten für Bewerbungen, für Erstausbildung (bis 4 000 Euro) oder für Fortbildung (unbegrenzt) im ausgeübten Beruf (→ ab Seite 161). Ab 2009 dürfen auch Azubis wieder die Fahrtkosten zur Arbeitsstelle vom ersten Kilometer an geltend machen, und das sogar rückwirkend ab 2007. Das kann bei einigen sogar einen positiven Doppeleffekt haben: Der Freibetrag auf der Lohnsteuerkarte des Kindes kann sich erhöhen und den Eltern steht wieder Kindergeld zu, wenn die Einkünfte und Bezüge des Kindes dadurch unter die Einkommensgrenze von 7 680 Euro rutschen (→ Seite 136).

Wer erstmals einen Freibetrag beantragt, muss grundsätzlich den sechsseitigen „Antrag auf Lohnsteuer-Ermäßigung" ausfüllen. Den gibt es beim Finanzamt und er ist eine bürokratische Zumutung. Da kann es sich lohnen, einen Steuerexperten um Hilfe zu bitten. Fragen beantworten auch die Finanzbeamten. Die Gemeindeverwaltung kann ebenfalls manches klären, sie weiß normalerweise, ob das Finanzamt oder die Gemeinde einen bestimmten Freibetrag eintragen darf oder muss. Da gibt es nämlich eine festgelegte (und einigermaßen unübersichtliche) Arbeitsteilung. Wer sich für 2009 Freibeträge eintragen lassen will, hat dafür bis 30. November 2009 Zeit. Dann hat er zwar schon eine ganze Weile zu viel Steuern bezahlt. Aber vielleicht bleibt wenigstens das Weihnachtsgeld steuerfrei, wenn das gesamte Freibetragspotenzial mit einem Schlag auf den Dezember fällt.

Tipp

Azubis, die arbeitstäglich für die Fahrt von der Wohnung zum Betrieb 14 Kilometer zurücklegen, kommen in der Regel allein damit über den Arbeitnehmerpauschbetrag von 920 Euro.

Tipp

Wird im folgenden Jahr der gleiche oder ein geringerer Freibetrag beantragt, reicht ein zweiseitiger Antrag, und dann ist auch klar, wie es funktioniert.

Wichtig! Wer sich einen Freibetrag auf der Lohnsteuerkarte eintragen lässt, ist grundsätzlich verpflichtet, eine Steuererklärung abzugeben. Nur Behindertenpauschbeträge lösen diese Verpflichtung nicht aus.

Zulagen, Zuschläge & Co.

Familien mit Kindern haben Anspruch auf Zulagen, Zuschläge und Prämien verschiedenster Art. Einige davon gibt es ausschließlich für Eltern, zum Beispiel die Kinderzulage bei der Riester-Rente. Andere gibt es grundsätzlich für alle, aber Eltern können dabei besondere Vorteile nutzen, zum Beispiel bei der Wohnungsbauprämie. Um von diesen Fördermaßnahmen profitieren zu können, muss den Eltern in der Regel Kindergeld und der Kinderfreibetrag zustehen (→ ab Seite 62 und 134).

Sparzulage für Arbeitnehmer

Von der sogenannten Arbeitnehmersparzulage können Eltern und Kinder profitieren, wenn sie Arbeitnehmer beziehungsweise Azubis sind. Eltern haben sogar ein paar spezielle Vorteile, und um die geht es hier vor allem.

Arbeitnehmer erhalten die Sparzulage, wenn sie über ihren Arbeitgeber sogenannte „vermögenswirksame Leistungen" (VL) anlegen. Das sind beispielsweise Einzahlungen in Wertpapiersparverträge oder Bausparverträge. Manchmal zahlt der Arbeitgeber die VL allein. Der Arbeitnehmer kann aber auch VL ganz oder teilweise aus eigener Tasche einzahlen. Wie das funktioniert, ist in Tarifverträgen oder betrieblichen Vereinbarungen geregelt. Besonders „wirksam" in Sachen Vermögen sind die Zulagen nicht, anders als ihre Bezeichnung vermuten lässt. Aber längerfristig polieren sie die Rendite von Kapitalanlagen etwas auf. Die Zulage vom Finanzamt beläuft sich derzeit auf 9 Prozent im Jahr für VL, die in Bausparverträge und ähnliche wohnungswirtschaftliche Anlagen fließen, und auf 20 Prozent, wenn in Aktien, Fonds, andere Wertpapiere und Beteiligungen investiert wird. Das klingt zunächst nach guter Rendite, ernüchternd wirkt aber sofort, dass im ersten Fall maximal 470 Euro im Jahr förderfähig sind und im zweiten Fall höchstens 400 Euro. Unter dem Strich bedeutet das, dass ein Arbeitnehmer für einen Bausparvertrag im Jahr maximal 42,30 Euro Zulage (470 mal 9 Prozent) erhalten kann und für eine Wertpapieranlage 80 Euro (400 mal 20 Prozent).

Wichtig! Die Arbeitnehmersparzulage kann für beide Anlagenbereiche, also zum Beispiel für Bausparen und Wertpapiersparen, nebeneinander genutzt werden. Das bedeutet pro Arbeitnehmer maximal 122,30 Euro Zulage im Jahr (42,30 plus 80).

Zum Beispiel das Ehepaar Serena und Siegbert S. *Siegbert arbeitet als angestellter Physiotherapeut, seine Frau Serena als Bürokraft in einem Verlag. Zusammen haben sie ein zu versteuerndes Einkommen von 45 000 Euro. Beide zahlen VL über ihren Arbeitgeber in Wertpapiersparverträge ein. Für Siegbert spendiert der Arbeitgeber laut Betriebsvereinbarung 15 Euro im Monat, Siegbert selbst legt noch 15 Euro aus eigener Tasche drauf, sodass im Jahr 360 Euro zusammen kommen (15 plus 15 mal 12). Das ergibt vom Finanzamt 72 Euro Zulage im Jahr (20 Prozent von 360). Serena bekommt von ihrem Arbeitgeber nichts, zahlt über ihn aber selbst 200 Euro VL ein und erhält dafür 40 Euro Zulage (20 Prozent von 200). Sohn Sven ist 16 und Azubi in einem Handwerksbetrieb. Er bekommt von seinem Meister 160 Euro VL im Jahr, die in einen Bausparvertrag fließen. Dafür gibt es vom Finanzamt eine Zulage von 14,40 Euro (9 Prozent von 160).*

Tipp

Arbeitnehmer können VL auch auf Verträge einzahlen (lassen), die ihr Ehepartner oder ihre Kinder (bis zum 17. Geburtstag) abgeschlossen haben.

Wichtig! Beamte, Richter und Soldaten können vermögenswirksame Leistungen wie Arbeitnehmer nutzen. Kindern, die ihren Wehr- oder Zivildienst leisten, ein freiwilliges soziales Jahr oder Entwicklungshilfe, stehen sie nicht zu.

Die Arbeitnehmersparzulage bekommt nur, wer nicht zu viel verdient. Die Grenze des zu versteuernden Einkommens liegt derzeit bei 20 000 Euro im Jahr, bei Ehepaaren sind es 40 000 Euro. Sie gilt für den Erwerb von Wertpapieren und Beteiligungen ab 2009. Für Bausparer gilt die vorherige Grenze von 17 900/35 800 Euro (ledig/verheiratet) weiter. Eltern haben bei der Berechnung der Einkommensgrenze einen besonderen Vorteil: Bei ihnen werden für jedes Kind der Kinderfreibetrag und der Betreuungsfreibetrag (→ Seite 74 und Seite 76) berücksichtigt. Im Beispielfall der Familie S. würde das Finanzamt 6 024 Euro vom Einkommen der Familie abziehen (3 864 Euro Kinderfreibetrag plus 2 160 Euro Betreuungsfreibetrag). Dadurch ist Familie S. unter die Einkommensgrenze von 40 000 Euro gerutscht und erfüllt die Einkommensvoraussetzungen für die Arbeitnehmersparzulage (45 000 minus 6 024 ist 38 976).

Eine weitere Voraussetzung für die Zulage ist, dass die Anlagen in der Regel sieben Jahre gehalten werden müssen. Wer nicht durchhält, verliert die Zulage, es sei denn, es liegen sogenannte „zulagenunschädliche" Faktoren vor, beispielsweise Erwerbsunfähigkeit, Dauerarbeitslosigkeit, Heirat oder ein Tausch von Wertpapieren in andere Wertpapiere. Arbeitnehmer sollten sich beim Arbeitgeber, bei der Gewerkschaft oder bei der Bank vor Vertragsabschluss über Sperrfristen und andere Einzelheiten sachkundig machen.

Werden Bausparbeiträge als vermögenswirksame Leistungen angelegt, erfolgt ihre Förderung vorrangig per Arbeitnehmersparzulage. Die Wohnungsbauprämie (→ Seite 109) gibt es dafür nicht. Wer aber wegen Überschreitung der Einkommensgrenze von 17 900/35 800 Euro (ledig/verheiratet) keine Arbeitnehmersparzulage für diese Bausparbeiträge erhält, kann dafür die Wohnungsbauprämie nutzen. Voraussetzung ist dabei aber, dass er unterhalb der für die Wohnungsbauprämie entscheidenden Einkommensgrenze von 25 600/51 200 Euro (ledig/verheiratet) bleibt .

Der Antrag auf vermögenswirksame Leistungen erfolgt in der Regel im Rahmen der Einkommensteuererklärung. Auf dem Mantelbogen (Zeile 1) wird das entsprechende Kästchen angekreuzt. In die Anlage N (Zeile 83 der Formulare für 2008) gehört die Anzahl der der Steuererklärung beigefügten Anlagen VL. Die werden vom Anlageinstitut ausgefüllt und dem Arbeitnehmer zugeschickt, also zum Beispiel von der Bank, Bausparkasse oder Versicherungsgesellschaft.

	Angaben zum Antrag auf Festsetzung der Arbeitnehmer-Sparzulage	Anzahl
83	Beigefügte Bescheinigung(en) vermögenswirksamer Leistungen (Anlage VL) des Anlageinstituts / Unternehmens	01

Die Zulage wird jährlich beantragt. Dafür ist neuerdings längstens vier Jahre lang Zeit. Beispielsweise muss die Zulage des Jahres 2008 bis zum 31.12.2012 beantragt werden.

Wichtig! Der Antrag muss zwar für jedes Jahr einzeln gestellt werden, die Auszahlung erfolgt aber grundsätzlich erst nach Ablauf von sieben Jahren.

Tipp

Wer keine Steuererklärung abgeben muss, kann die Zulage für vermögenswirksam angelegte Bausparkassenbeiträge in einem vereinfachten Verfahren über die Bausparkasse beantragen.

Arbeitslosengeld I

Wer als Vater oder Mutter Arbeitslosengeld I aus der gesetzlichen Arbeitslosenversicherung bezieht, bekommt von der Agentur für Arbeit mehr als Menschen ohne Kinder. Die Behörde erhöht den sogenannten „allgemeinen Leistungssatz“ von 60 Prozent des bisherigen Nettogehalts auf 67 Prozent. Auf die Zahl der Kinder kommt es dabei nicht an. Das Amt will nur den Nachweis für ein zu berücksichtigendes Kind sehen.

Eltern können das für Kinder unter 18 Jahren am einfachsten mit der Lohnsteuerkarte nachweisen, auf der mindestens ein Kinderfreibetrag eingetragen sein muss. Für Kinder ab 18 Jahren akzeptiert die Behörde als Nachweis nur die Kindergeldnummer der Familienkasse, bei der Eltern das Kindergeld beantragt haben.

Wichtig! Das erhöhte Arbeitslosengeld I gibt es immer nur für die Monate, für die Eltern Kindergeld zusteht.

Arbeitslosengeld II

Wenn arbeitslose Eltern bedürftig und erwerbsfähig sind, erhalten sie sogenannte pauschalierte Regelleistungen, die ihren Lebensunterhalt absichern sollen (ALG II). Alleinstehende Elternteile bekommen 100 Prozent der Regelleistung, das sind derzeit 359 Euro pro Monat. Elternpaare erhalten 90 Prozent der Regelleistung, das sind jeweils 323 Euro, zusammen also 646 Euro. Zusätzlich werden Kosten für Wohnung und Heizung übernommen, soweit sie aus Sicht der Verwaltung angemessen sind und sogenannte „Mehrbedarfe“, etwa für Alleinerziehende, Schwangere oder Behinderte.

Das Amt zahlt für jedes Kind zusätzlich das sogenannte „Sozialgeld“: Für Kinder bis 6 Jahre 215 Euro im Monat, ab dem 6. bis zum 14. Geburtstag 251 Euro, bis maximal zum 25. Geburtstag 287 Euro.

Wichtig! Vom Sozialgeld wird das Kindergeld von 164 Euro abgezogen, so kommen bei Eltern für Kinder unter 6 Jahren nur 51 Euro Sozialgeld an, bei älteren Kindern 87 beziehungsweise 123 Euro.

Genauso wie das Kindergeld werden auch Unterhaltszahlungen, zum Beispiel solche vom getrennt lebenden Vater, auf das Sozialgeld angerechnet.

Mehrbedarf für Alleinerziehende

Alleinerziehenden zahlt das Amt zum Arbeitslosengeld II und dem Sozialgeld einen weiteren Zuschlag, der je nach Alter und Anzahl der minderjährigen Kinder gestaffelt ist.

Anzahl der Kinder	Alter der Kinder Jahre	Anteil von der Regelleistung In Prozent	Zuschlag in Euro
1	unter 7	36	129
1	ab 7	12	43
2	unter 16	36	129
1	ab 16	24	86
2	ab 16	24	86
3	bis 18	36	129
4	bis 18	48	172
ab 5	bis 18	60	215

Extra Zuschläge für Empfänger von ALG II

Alleinerziehende Mütter und Väter erhalten für Kinder bis zum 18. Lebensjahr zusätzlich zu Regelleistung und Sozialgeld einen Zuschlag, der sich nach Anzahl und Alter der Kinder richtet. Die Arbeitsagentur bezeichnet diese Zuschläge als Mehrbedarf (→ Tabelle oben).

Für werdende Mütter gibt es ab der 13. Schwangerschaftswoche einen Zuschlag von 17 Prozent der Regelleistung. Das sind für Singles 60 Euro im Monat und für Elternpaare 54 Euro. Zudem werden Ausgaben für Schwangerschaftskleidung und Babyausstattung übernommen. Behinderte Menschen erhalten einen Zuschlag von 35 Prozent der Regelleistung. Wenn Eltern oder Kinder sich aus gesundheitlichen Gründen mit speziellen Diäten ernähren müssen, übernimmt die Agentur für Arbeit die Kosten.

Einstige Bezieher von Arbeitslosengeld I bekommen für eine Übergangszeit von zwei Jahren einen Zuschlag zum Arbeitslosengeld II. Er beträgt im ersten Jahr für Elternpaare bis 320 Euro im Monat plus 60 Euro für ein Kind. Im zweiten Jahr werden alle Zuschläge halbiert. Alleinerziehende erhalten im ersten Jahr maximal 160 Euro plus 60 Euro für ein Kind. Im zweiten Jahr gibt es nur die Hälfte.

Empfänger von ALG II oder Sozialgeld können ab 2009 mit einer zusätzlichen „Leistung für Schulbedarf" für ihre Kinder rechnen. Zum Schulbeginn am 1. August gibt es 100 Euro, die der persönlichen Schulausstattung der Kinder von der 1. Klasse bis zum Abitur dienen sollen. Anspruch auf das „Schulpaket" haben Eltern, beziehungsweise Elternteile, die am 1. August des betreffenden Jahres ALG II oder Sozialgeld bekommen.

Kinderzulage für Eigenheimer

Eltern, die eine Eigenheimzulage für die eigenen vier Wände kassieren, erhalten pro Kind eine Zulage. Sie können weiter auf die Kinderzulage bauen, solange ihre Kinder noch nicht 27 Jahre alt sind. Die Absenkung der Altersgrenze beim Kindergeld auf 25 Jahre (→ Seite 134) gilt für die Eigenheimzulage nicht. Damit können Häuslebauer und Wohnungskäufer bis zum Ende ihrer achtjährigen Förderzeit pro Kind und Jahr 800 Euro Kinderzulage erhalten, wenn der Anspruch auf Kindergeld (oder auf einen Kinderfreibetrag) für mindestens einen Monat im Jahr besteht und auch alle anderen Bedingungen stimmen.

Tipp

Auch wenn die Kinder ausziehen, gibt es die Kinderzulage weiter, solange Kindergeld gezahlt wird.

Wichtig! Erwachsene Kinder in Ausbildung dürfen Fahrten zum Ausbildungsbetrieb wieder ab dem ersten Kilometer als Werbungskosten von ihren Einnahmen abziehen. Dadurch rutschen einige wieder unter die Einkommensgrenze von 7 680 Euro (2009). Ihren Eltern steht erneut Kindergeld zu und damit auch die Kinderzulage, die dann aber wieder neu beantragt werden muss (→ Seite 134).

Riester-Rente

Mit einem Riester-Vertrag können die meisten Eltern eine eigene Altersvorsorge aufbauen, egal ob sie verheiratet oder alleinerziehend, berufstätig mit einem Teilzeit- oder Minijob oder arbeitslos sind. Die Riester-Förderung gibt es auch für Hausfrauen und -männer, für Eltern in der Elternzeit, und sie lohnt sich besonders für kinderreiche Familien, da „Vater Staat" für Kinder eine Zulage spendiert. Neben der Grundzulage von je 154 Euro legt er für jedes kindergeldberechtigte Kind bis zum 25. Geburtstag jährlich 185

Euro obendrauf. Für Erwerbstätige unter 25 gibt es ab 2008 einen einmaligen Bonus von 200 Euro zusätzlich zur Grundzulage.

Um die Zulagen ungekürzt zu erhalten, müssen Mütter oder Väter vier Prozent ihres Bruttoeinkommens vom Vorjahr in einen Riester-Vertrag einzahlen, maximal 2100 Euro. Die staatlichen Zulagen dürfen sie von den vier Prozent jedoch abziehen, nur den Rest zahlen sie selbst.

Tipp

Für alle ab dem 01.01.2008 geborenen Kinder beträgt die Kinderzulage bei der Riester-Rente 300 Euro.

Zum Beispiel Almut A. *Die alleinerziehende Mutter mit zwei Schulkindern verdient im Jahr 40 000 Euro brutto. Davon investiert sie 4 Prozent in einen Riester-Vertrag. Dank der Zulagen braucht sie nur 1 076 Euro als eigenen Mindestbeitrag zahlen.*

Erforderliche Einzahlung (4 Prozent von 40 000)	1 600
minus Grundzulage	– 154
minus Kinderzulagen (2 mal 185)	– 370
eigene Sparleistung (alle Angaben in Euro)	1 076

Auch wer weniger verdient, kann die volle Förderung kassieren, wenn er einen Mindestbeitrag von 60 Euro jährlich einzahlt.

Zum Beispiel Sabine S. *Die verheiratete Mutter von drei Kindern arbeitet halbtags an ihrem Telearbeitsplatz zu Hause. Für den Teilzeitjob bekommt sie 15 000 Euro Bruttolohn. Sie hat einen staatlich geförderten Altersvorsorgevertrag und zahlt nur den Mindestbeitrag von 60 Euro. Sie erhält trotzdem die volle Zulage.*

Erforderliche Einzahlung (4 Prozent von 15 000)	600
minus Grundzulage	– 154
minus Kinderzulagen (3 mal 185)	– 555
Verbleibende Einzahlung	0
eigene Sparleistung (alle Angaben in Euro)	60

Wichtig! Die Riester-Förderung läuft auch im Mutterschutz und in der anschließenden Elternzeit weiter. Wer allerdings nach der

Elternzeit die Berufstätigkeit aufgibt, um die Kinder als Hausfrau (oder Hausmann) ohne eigenes Einkommen zu Hause zu betreuen, hat keine eigene Förderberechtigung mehr und kann nur weiter „riestern", wenn der Ehepartner einen Riester-Vertrag abgeschlossen hat.

Väter oder Mütter ohne eigenes Einkommen müssen für ihren Riester-Vertrag oft gar nichts ausgeben. Zum Beispiel erhalten Hausfrauen oder Hausmänner die Grund- und Kinderzulage ohne Eigenbeitrag, wenn der erwerbstätige Ehepartner einen entsprechenden Vertrag abgeschlossen hat.

Bei verheirateten leiblichen Eltern steht die Kinderzulage automatisch der Mutter zu, unabhängig davon, wer das Kindergeld erhält. Auf Antrag beider Eltern kann aber auch der Vater die Kinderzulage erhalten. Eine Übertragung sollte für den Vater beantragt werden, wenn die Mutter keinen Altersvorsorgevertrag abgeschlossen hat. Auch verheiratete Adoptiv- und Pflegeltern müssen die Zuordnung der Kinderzulage an den Adoptiv – oder Pflegevater extra beantragen.

Bei geschiedenen Eltern bekommt die Kinderzulage nur der Elternteil, dem das Kindergeld ausgezahlt wird. Sie sollten darauf achten, dass das Kindergeld gegebenenfalls an denjenigen gezahlt wird, der die Kinderzulagen nutzen kann und will. Wenn das Kindergeld im Jahr nacheinander an verschiedene Personen ausgezahlt wurde, erhält die Kinderzulage automatisch derjenige, dem das Kindergeld zuerst ausgezahlt wurde. Eine Übertragung der Kinderzulage auf den Exehepartner, der kein Kindergeld erhält, funktioniert nicht.

Wichtig! Wird das Kindergeld nicht den Eltern, sondern dem Kind selbst ausgezahlt, haben die Eltern keinen Anspruch auf die Kinderzulage oder Riester-Förderung.

Die Antragsformulare erhalten Riester-Sparer vom Anbieter (etwa von Versicherungen oder Banken). Jeder Elternteil muss einen eigenen Zulagenantrag für seinen Riester-Vertrag stellen und auf einem Ergänzungsbogen pro Kind eine Kinderzulage beantragen. Die Zulage erhält entweder die Mutter oder der Vater. Dafür sind die zuständige Familienkasse und die Kindergeldnummer einzutragen. Die Kindergeldnummer erscheint bei Überweisung des Kindergelds auf dem Kontoauszug, außerdem steht sie auf dem Kindergeldbescheid. Zahlt der Arbeitgeber das Kindergeld aus, entspricht die Kindergeldnummer in der Regel der Personalnummer. Ist alles eingetragen, geht es zusammen mit dem „Antrag auf Altersvorsorge" zum Anbieter. Der leitet die Anträge an die „Zentrale Zulagenstelle für Altersvermögen" weiter und die berechnet, in welcher Höhe der Staat den einzelnen Riester-Vertrag fördert (→ Adressenverzeichnis ab Seite 203).

Die Riester-Förderung besteht aber nicht nur aus Zulagen, sondern auch aus Steuervorteilen. Während es die Zulagen per vorgeschriebenen Antrag gibt, kommt der Steuervorteil nachträglich über die Steuererklärung, bei 2008 per „Anlage AV", ab 2009 per neuer „Anlage Altersvorsorge".

Das Finanzamt rechnet aus, ob die Riester-Förderung nur aus den gezahlten Zulagen besteht oder ob es zusätzlich eine Steuerersparnis gibt. Ist die Steuerersparnis höher als die Zulagen, sinkt das zu versteuernde Einkommen des Riester-Sparers entsprechend.

Wichtig! Wer den Zulagenantrag nicht stellt, kann viel Geld verlieren. Die Beamten verrechnen nämlich die Grund- und Kinderzulagen mit einem eventuellen Steuervorteil, egal ob die Zulagen auf den Sparvertrag überwiesen wurden oder nicht.

Häuslebauer dürfen die Riester-Förderung seit 2008 auch zur Rückzahlung von Krediten für ihr Eigenheim nutzen. Nach dem „Eigenheimrentengesetz" darf das angesparte Geld aus einem Riester-Vertrag komplett entnommen werden, um die eigenen vier Wände zu bauen oder zu kaufen. Im Gegenzug werden die Entnahmen im Rentenalter besteuert.

Kinderzuschlag für Geringverdiener

Familien mit Kindern unter 25 Jahren und sehr geringem Einkommen steht in bestimmten Fällen ein Kinderzuschlag von maximal 140 Euro zu. Diese Förderung soll verhindern, dass Eltern, die nur wenig verdienen, wegen ihrer Kinder zum Sozialfall werden. Aufgrund der engen Voraussetzungen konnten zunächst nur rund zehn Prozent der gestellten Anträge bewilligt werden. Seit Oktober 2008 gelten etwas verbesserte Bedingungen, die sollen dazu führen, dass zu den rund 90 000 Kindern, die bis dahin vom Zuschlag profitierten, weitere 150 000 hinzukommen. Ob das funktioniert, bleibt abzuwarten. Fest steht dagegen jetzt schon, dass der Kinderzuschlag als Musterbeispiel dafür gelten kann, was Förderung nicht sein sollte: Riesenaufwand mit Mini-Ergebnis.

Der Zuschlag steht leiblichen Elternpaaren mit und ohne Trauschein zu, ebenso eingetragenen Lebenspartnern und Adoptiveltern. Eltern, die Arbeitslosengeld II, Sozialgeld oder Sozialhilfe beziehen und daneben kein Einkommen oder Vermögen haben, erhalten keinen Kinderzuschlag.

Wichtig! Wer einen Kinderzuschlag beantragt, darf weder zuviel noch zu wenig verdienen. Nur wenn das maßgebliche Familieneinkommen in einem relativ engen Korridor zwischen einer Mindest- und einer Höchsteinkommensgrenze liegt, besteht überhaupt Aussicht auf Kinderzuschlag.

Bevor Eltern sich mit dem Antrag auf Kinderzuschlag herumplagen, sollten sie zunächst das Einkommen der Kinder prüfen. Zum Einkommen der Kinder zählen beispielsweise Lohn, Unterhalt, eine Ausbildungsvergütung oder auch eine Halbwaisenrente. Stellt sich dabei heraus, dass ein Kind mehr als 140 Euro eigenes Einkommen im Monat hat, steht Eltern kein Kinderzuschlag zu. Erhält zum Beispiel eine alleinerziehende Mutter für ihre Tochter (14 Jahre alt) im Monat 150 Euro Unterhalt vom Vater, zieht die Behörde den vollen Unterhaltsbetrag vom höchstmöglichen Kinderzuschlag ab (140 minus 150). Für diese Mutter hat sich damit der Antrag auf Kinderzuschlag gleich erledigt, weil das Ergebnis der Rechnung unter null liegt.

Wer verstehen will, wie der Kinderzuschlag funktioniert, muss sich durch mehrere finanzielle Grenzen kämpfen. Eine davon ist die sogenannte **„Mindesteinkommensgrenze“**. Sie ist einigermaßen übersichtlich, weil sie seit Oktober 2008 einheitlich auf monatlich 900 Euro für Elternpaare und 600 Euro für Alleinerziehende (jeweils brutto) festgelegt wurde. Um einen Kinderzuschlag zu erhalten, müssen die monatlichen Einnahmen der Eltern mindestens diese Beträge erreichen. Wer darunter bleibt, bekommt Hartz IV oder Sozialgeld und keinen Kinderzuschlag. Wer darüber liegt, muss weiter rechnen.

Haben Kinder kein eigenes Einkommen oder Einkommen unter 140 Euro im Monat, nimmt die Familienkasse als nächsten Schritt die sogenannte **„Bemessungsgrenze“** unter die Lupe. Die errechnet sich aus der Regelleistung von ALG II (Grundbedarf) plus Kosten für Unterkunft und Heizung (Wohnbedarf) plus eventuelle sogenannte „Mehrbedarfe". Das sind Leistungen zum Beispiel für Alleinerziehende, für Behinderte oder bei Schwangerschaft (→ Infokasten Seite 101). Bei zusammenlebenden Eltern mit einem Kind werden 83,11 Prozent des Wohnbedarfs berücksichtigt, bei zwei Kindern 71,10 Prozent, bei drei Kindern 62,12 Prozent. Alleinerziehenden Müttern oder Vätern stehen andere Anteile ihrer Warmmiete zu: bei einem Kind 75,90 Prozent, bei zwei Kindern 61,16 Prozent, bei drei Kindern 51,21 Prozent.

Zum Beispiel Merja und Mesud M. *Merja ist Hausfrau und Mesud Arbeitnehmer. Sein Einkommen (berechnet nach Hartz-IV-Kriterien) beträgt 1 242 Euro. Die Kinder haben kein eigenes Einkommen. Für das Ehepaar mit zwei schulpflichtigen Kindern und 610 Euro Warmmiete errechnet sich der Grund- und Wohnbedarf aus 90 Prozent der Hartz-IV-Bezüge (646 Euro) plus 71,10 Prozent der Warmmiete (434 Euro). Das sind zusammen 1 080 Euro und das gilt für das Elternpaar M. als Bemessungsgrenze.*

Im nächsten Schritt wird eine sogenannte **„Höchsteinkommensgrenze"** ermittelt. Die setzt sich aus der Bemessungsgrenze (1 080 Euro im Beispiel) plus dem maximal möglichen Kinderzuschlag zusammen (im Beispiel 280 Euro für zwei Kinder). Das ergibt 1 360 Euro und wird dem monatlichen Einkommen der Eltern gegenübergestellt.

Zum Einkommen der Eltern gehören Einnahmen aus Erwerbstätigkeit, Arbeitslosen- und Krankengeld, Sozialversicherungsrenten, Kapital- und Zinserträge, Elterngeld, Einnahmen aus Vermietung und Verpachtung. Vom Einkommen abzuziehen sind Lohnsteuer, Sozialversicherung und die besonderen Freibeträge, die bei der Einkommensermittlung von Hartz-IV-Empfängern gelten. Das Nettoeinkommen der Familie M. liegt nach dieser Berechnung mit 1 242 Euro unter der Höchsteinkommensgrenze von 1 360 Euro und über der Mindesteinkommensgrenze von 900 Euro (→ Seite 106). Damit sind wichtige Voraussetzungen für den Kinderzuschlag erfüllt.

Jetzt geht es darum, wie viel Kinderzuschlag es unter dem Strich tatsächlich gibt, und das ist wieder eine mehrstufige Rechenoperation. Zunächst wird ermittelt, ob und um wie viel das Elterneinkommen die Bemessungsgrenze übersteigt. Liegt das Einkommen über der einheitlichen Mindesteinkommensgrenze von 900 beziehungsweise 600 Euro (Elternpaare/Alleinerziehende) und unter der jeweils individuell errechneten Bemessungsgrenze, gibt es pro Kind den vollen Kinderzuschlag von 140 Euro. Liegt das Einkommen über der Bemessungsgrenze, wird der Kinderzuschlag gekürzt.

Das trifft auch das Beispiel-Ehepaar M. Sein Einkommen überschreitet die Bemessungsgrenze um 162 Euro (1 242 minus 1 080). Die Familienkasse teilt zunächst das Elterneinkommen oberhalb der Bemessungsgrenze durch 10, also 162 durch 10 ist 16,2. Das wird mit 5 multipliziert, weil bei der Kürzung nicht das gesamte Einkommen oberhalb der Bemessungsgrenze berücksichtigt wird, sondern nur die Hälfte davon. Also ergibt sich ein Kürzungsbetrag von 81 Euro (16,2 mal 5). Das heißt für Familie M., der höchstmögliche Gesamtkinderzuschlag von 280 Euro (140 mal 2) wird um 81 Euro gemindert, statt 280 Euro klimpern 199 Euro in der Haushaltskasse.

Mit steigendem Elterneinkommen schmilzt der Kinderzuschlag wie Schnee in der Sonne. Übersteigt das Einkommen von Eltern mit einem Kind die Bemessungsgrenze um 280 Euro, hat sich der Kinderzuschlag auf jeden Fall komplett erledigt. Wenn eigenes Einkommen von einem oder mehreren Kindern hinzukommt, wird die Rechnung noch komplexer, denn Kindereinkommen geht voll in die Berechnung ein und nicht nur teilweise wie das Elterneinkommen.

Wichtig! Weil die Grundlagen für die Berechnung des Kinderzuschlags extrem unübersichtlich sind, sollten sich Eltern mit geringem Einkommen immer bei der Familienkasse beraten lassen, ob ihnen der Kinderzuschlag zusteht. Alleinerziehende und Behinderte können sich in bestimmten Fällen zwischen Kinderzuschlag und ALG II/Sozialgeld entscheiden. Sie sollten sich bei der Familienkasse schlau machen, was für sie vorteilhafter ist.

Tipp

Mithilfe des Kinderzuschlagsrechners beim Bundesfamilienministerium (www.kinderzuschlag.de) können Eltern prüfen, ob sie eventuell mit einem Kinderzuschlag rechnen können.

Der Kinderzuschlag wird bei der zuständigen Familienkasse schriftlich beantragt. Eltern müssen sich durch sieben Seiten Formulare kämpfen. Vor allem wird nach Einkommen, Miete, Steuern, Sozialabgaben, Vermögen und den entsprechenden Nachweisen gefragt. Die Familienkassen helfen beim Ausfüllen. Veränderungen bei Einkommen und Vermögen will die Familienkasse immer sofort wissen, anderenfalls drohen Rückforderungen.

Prämie für Wohneigentum

Mit der Wohnungsbauprämie fördert der Fiskus Sparleistungen, die vorrangig auf den Bau, auf den Kauf und auf die Erhaltung von Wohneigentum gerichtet sind. Eltern und Kinder haben dabei ein paar besondere Vorteile, und vor allem um die geht es hier. Wer in einen Bausparvertrag einzahlt, kann dafür auf Antrag eine Prämie vom Finanzamt bekommen. Auf die höchstmöglich geförderte Bausparleistung von 512 Euro/1 024 Euro im Jahr (ledig/verheiratet) zahlt der Staat 8,8 Prozent Prämie, wenn alle Voraussetzungen stimmen. Die Bausparprämie beläuft sich somit auf maximal 46 Euro im Jahr (8,8 Prozent von 512). Ehepaare können mit dem Doppelten rechnen. Das ist zwar nicht üppig, aber auch kein Grund, auf die Prämie zu verzichten. Sie bringt während einer siebenjährigen Förderperiode bis 644 Euro Prämie (92 mal 7), steuerfrei und zusätzlich zu den Bausparzinsen. Auch längere Zeiträume werden gefördert.

Tipp

Die Wohnungsbauprämie gibt es grundsätzlich schon ab 16.

Wichtig! Um die Förderung zu bekommen, müssen bei Bausparverträgen im Jahr mindestens 50 Euro gespart werden.

Anspruch auf die Wohnungsbauprämie hat grundsätzlich jeder „unbeschränkt steuerpflichtige" Bürger und damit fast jeder, der in Deutschland lebt (→ ab Seite 62). Er darf aber nicht zu viel verdienen und muss mindestens 16 Jahre alt sein. Vollwaisen steht die Wohnungsbauprämie übrigens auch dann zu, wenn sie jünger als 16 Jahre sind.

Die Prämie fließt nur, wenn das zu versteuernde Einkommen 25 600/51 200 Euro (ledig/verheiratet) nicht übersteigt. Ob das so ist, ergibt sich in der Regel aus dem Steuerbescheid. Für alle, die keine Steuererklärung abgeben müssen, weil sie zu wenig verdienen, ist die Einkommensgrenze ohnehin keine Hürde. Partner einer eingetragenen Lebenspartnerschaft werden bei der Wohnungsbauprämie nicht wie Ehegatten, sondern wie Alleinstehende behandelt.

Beispiel Rita und Reinhard R. *Das Ehepaar bewohnt ein Eigenheim und hat ein zu versteuerndes Einkommen von 55 000 Euro. Reinhard zahlt 1 500 Euro jährlich in einen Bausparvertrag ein. Das angesparte Geld will Familie R. für eine Dachsanierung verwenden, die in ein paar Jahren notwendig wird. Sohn Robert ist 17 und Azubi, ob er später Wohneigentum haben will, weiß er noch gar nicht. Einen eigenen Bausparvertrag hat er aber abgeschlossen, in den er jeden Monat 50 Euro einzahlt. Das Geld dafür bekommt er überwiegend von Mutter Rita. Das Ehepaar R. hat Anspruch auf 90,11 Euro Prämie im Jahr, Sohn Robert kann zusätzlich mit 45,05 Euro rechnen.*

Auf den ersten Blick hat Familie R. die Grenze von 51 200 Euro zu versteuerndes Einkommen klar überschritten. Trotzdem steht ihnen die Wohnungsbauprämie zu, denn Eltern haben den Vorteil, dass bei der Berechnung ihrer Einkommensgrenze der Kinderfreibetrag und der Betreuungsfreibetrag (→ Seite 74 und Seite 76) berücksichtigt werden. Im Beispielfall würde das Finanzamt 6 024 Euro vom zu versteuernden Einkommen der Familie abziehen, danach ist Familie R. mit 48 976 Euro zu versteuerndem Einkommen (55 000 minus 6 024) prämienberechtigt.

Für nach 2008 abgeschlossene Verträge macht der Fiskus die Bausparprämie nur noch locker, wenn die angesparten Mittel „wohnungswirtschaftlich“ verwendet werden, also für den Bau, Kauf oder die Modernisierung von Wohnraum. Vorher konnte der Bausparer frei über sein Bausparguthaben und die Prämie verfügen. Für Bausparverträge, die vor 2009 abgeschlossen wurden, bleibt die freie Verfügung auch weiterhin erhalten. Nur für später abgeschlossene gilt die wohnungswirtschaftliche Zweckbindung. Ausnahmen bestätigen aber auch diese Regel. In sozialen Härtefällen wie Erwerbsunfähigkeit oder längerer Arbeitslosigkeit kann die Förderung nämlich auch ohne Zweckbindung erhalten bleiben. Über Einzelheiten sollten sich Betroffene unbedingt bei ihrer Bausparkasse informieren.

Tipp

Auch wenn ein Kind ab 16 Jahren geschenktes Geld in einen eigenen Bausparvertrag einzahlt, kann es die Wohnungsbauprämie erhalten.

Wichtig! Bausparer, die bis zum Alter von 25 einen Vertrag abschließen, können frei über ihr Guthaben verfügen, auch wenn ihr Bausparvertrag 2009 und später abgeschlossen wurde.

Grundsätzlich gibt es die Prämie nur, wenn mindestens sieben Jahre in den Bausparvertrag eingezahlt wurde. Wer diese Frist nicht durchhält, kann nur in Ausnahmefällen mit dem Staatsbonus rechnen, beispielsweise bei Arbeitslosigkeit oder Erwerbsunfähigkeit. Wenn die Bausparsumme direkt und sofort für wohnungswirtschaftliche Zwecke eingesetzt wird, bleibt die Prämie ebenfalls erhalten, egal ob die Siebenjahresfrist geschafft wurde oder nicht.

Die Wohnungsbauprämie müssen Bausparer auf einem amtlichen Vordruck beantragen. Den gibt es in der Regel bei der Bausparkasse und die hilft auch beim Ausfüllen des zum Glück einigermaßen übersichtlichen Formulars.

Wer einen Vertrag mit einer Bausparkasse hat, füllt das entsprechende Formular aus. Dafür ist zwei Jahre Zeit, die Prämie für 2009 kann also bis 31.12.2011 bei der zuständigen Bausparkasse beantragt werden. Nur wenn die Frist unverschuldet versäumt wurde (zum Beispiel wegen schwerer Krankheit), kann die Prämie später beantragt werden. Geht es nicht um einen üblichen Bausparvertrag, sondern beispielsweise um einen geförderten Sparvertrag mit einer Bank oder mit einem Wohnungsbauunternehmen, ist ein anderer Antrag erforderlich und der geht dann an die entsprechende Bank oder an das Unternehmen. Einzelheiten und Formulare gibt es dort.

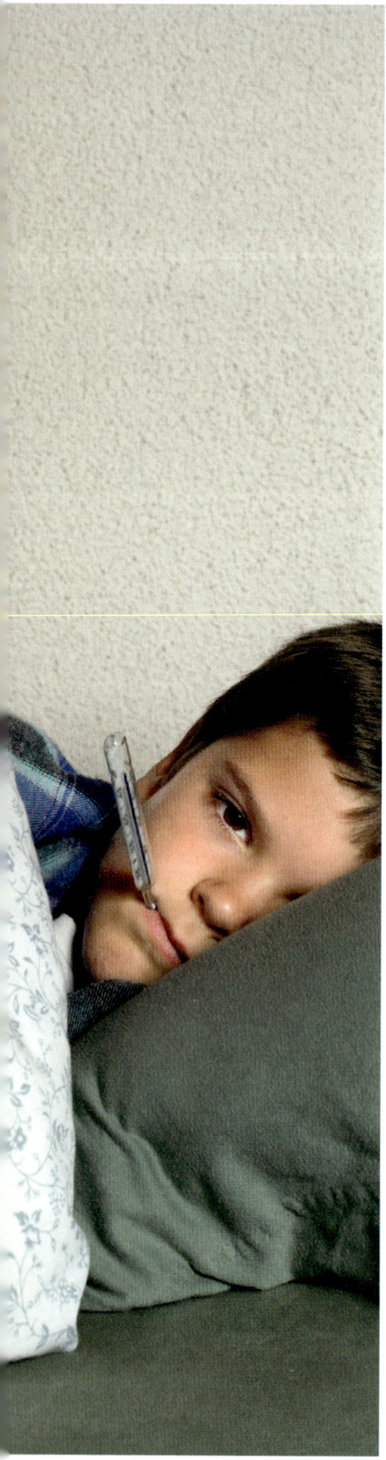

Hilfe bei Krankheit

Kranke Kinder gehören zum Familienalltag. Hat die Krankheit aber erst zugeschlagen, funktioniert vieles gar nicht mehr alltäglich und Unterstützung wird dringend gebraucht. Dazu gehört die Freistellung berufstätiger Eltern durch den Arbeitgeber. Manchmal zahlt der für ein paar Tage auch den Lohn weiter. Für die meisten Eltern gibt es Kinderkrankengeld von der Krankenkasse. Außerdem organisiert und finanziert die Kasse in besonderen Situationen eine Haushaltshilfe. Auch das Finanzamt kann nachträglich etwas unterstützen.

Freistellung von der Arbeit

Berufstätige Arbeitnehmer dürfen in der Regel zehn Tage im Jahr zu Hause bleiben, um ein erkranktes Kind zu pflegen. Der Arbeitgeber ist zu einer Freistellung von der Arbeit verpflichtet, wenn das Kind jünger als zwölf ist. Außerdem müssen Eltern und Kind gesetzlich krankenversichert sein und ein Arzt muss die Krankheit des Kindes bescheinigt haben. Für behinderte Kinder gibt es keine Altersbegrenzung. Eine weitere Voraussetzung: Im Haushalt darf sonst niemand leben, der sich um das kranke Kind kümmern kann. Könnten beispielsweise ein nicht erwerbstätiger Ehepartner oder die rüstige Oma, oder andere Menschen, die zum Haushalt gehören, die Betreuung übernehmen, besteht kein Anspruch auf Freistellung.

Wichtig! Die Freistellung von zehn Tagen gilt für jeden Elternteil, sodass ein Elternpaar zusammen 20 Tage nutzen kann.

Wenn Eltern mehrere Kinder haben, stehen jedem Elternteil maximal 25 Tage Freistellung zu. Alleinerziehende dürfen mit einem Kind 20 Tage fehlen, bei mehreren Kindern maximal 50 Tage. Sind Eltern wegen einer eigenen Erkrankung selbst krankgeschrieben, können sie sich während dieser Zeit natürlich auch um ihre kranken Kinder kümmern. Eine Anrechnung auf die „Kinderkrankentage" findet nicht statt. Im öffentlichen Dienst gelten zum Teil abweichende Regeln. So können Arbeitnehmer neben den genannten Freistellungszeiten bei längerer Krankheit des Kindes Anspruch auf unbezahlten Sonderurlaub haben.

Beamte dürfen sich bis zu 19 Arbeitstage im Jahr bei vollen Bezügen beurlauben lassen. Das funktioniert allerdings nur, wenn ihr Gehalt nicht über der Beitragsbemessungsgrenze in der gesetzlichen Krankenversicherung liegt (2009: 3 675 Euro im Monat) und der Dienstherr zustimmt. Wer mehr verdient, bekommt nur vier Tage bezahlte Dienstfreistellung. Darüber hinaus können Beamte unabhängig von der Höhe ihrer Bezüge unbezahlten Sonderurlaub beantragen.

Tipp

Hat ein Elternteil seine Frist bereits ausgeschöpft, kann es sich Freistellungstage des anderen Elternteils übertragen lassen. Wie das funktioniert, weiß die Krankenkasse.

Freiwillig gesetzlich versicherten Eltern kann auch Kinderkrankengeld zustehen, wenn sie einen Vertrag mit Krankengeldbezug abgeschlossen haben. Was sie kriegen, hängt auch vom abgeschlossenen Vertrag ab. Wer Krankengeld nicht vom ersten Tag der Krankheit an vereinbart hat, bekommt auch das Kinderkrankengeld entsprechend später. Eltern sollten unter diesem Aspekt überlegen, ob ihr bestehender Versicherungsvertrag optimal ist.

Privat versicherte Eltern haben grundsätzlich keinen Anspruch auf Kinderkrankengeld. Ausnahme: Wer im Basistarif versichert ist, wird in der Regel so behandelt wie in der gesetzlichen Versicherung. Leistungen der einzelnen Versicherer fallen aber ziemlich unterschiedlich aus, Eltern sollten sich deshalb auch in Sachen Kinderkrankengeld beim Versicherungsunternehmen informieren, bevor sie einen Versicherungsvertrag unterschreiben.

Bezahlung während der Krankheit

Die gesetzlichen Krankenkassen zahlen während der begünstigten Tage in der Regel 70 Prozent des Bruttoverdienstes als Kinderkrankengeld.

Manchmal bekommen Eltern bei Krankheit des Kindes auch Geld vom Arbeitgeber. Ist der Arbeitgeber laut Arbeits- oder Tarifvertrag zur Zahlung verpflichtet, muss er Mütter oder Väter maximal fünf Tage lang voll weiterbezahlen. Erst danach springt die Krankenkasse ein und bezahlt für weitere Freistellungstage.

Wichtig! Der Anspruch auf bezahlte Freistellung durch den Arbeitgeber geht in der Regel vor. Der gesetzliche Anspruch auf unbezahlte Freistellung und Krankengeld durch die Kasse schließt sich an.

Zum Beispiel Melanie und Mario M. *Melanie ist im öffentlichen Dienst als Angestellte beschäftigt und gesetzlich krankenversichert. Ihr stehen tarifrechtlich für vier Tage im Jahr die vollen Bezüge zu, wenn sie ihre kranke Tochter zu Hause pflegt. Ist längere Pflege notwendig, muss sie der Arbeitgeber zunächst für weitere sechs Tage freistellen. Die Krankenkasse zahlt dann für diese sechs Tage Kinderkrankengeld.*

Ist nur ein Ehepartner gesetzlich versichert, kommt es darauf an, bei welchem Ehepartner die Kinder mitversichert sind. Wenn zum Beispiel ein Kind mit bei der Mutter gesetzlich familienversichert ist, gibt es Kinderkrankengeld (→ Infokasten Seite 117).

Nothilfe von der Kasse

In bestimmten Fällen organisiert und bezahlt die gesetzliche Krankenversicherung eine Hilfskraft für den Haushalt. Wenn Not am Mann oder an der Frau ist, übernimmt die Hilfskraft die Aufgaben, die üblicherweise im Haushalt anfallen, zum Beispiel Putzen, Kochen oder Kinderbetreuung. Voraussetzung ist, dass der Haushalt nicht wie bisher geführt werden kann, etwa wegen einer Erkrankung von Eltern, einem Krankenhausaufenthalt, einer Rehabilitationsmaßnahme, einer Müttergenesungskur, einer Vorsorgekur für Mütter oder wegen Schwangerschaft und Entbindung. Voraussetzung ist außerdem, dass zum Haushalt mindestens ein Kind gehört. In der Regel darf das nicht älter als zwölf sein, manche Kassen ziehen die Altersgrenze aber auch erst bei 14 Jahren. Für behinderte Kinder gibt es keine Altersgrenze. Entsteht wegen einer medizinischen Rehabilitationsmaßnahme der Eltern Betreuungsbedarf für Kinder, gibt es mehrere Unterstützungsmöglichkeiten: entweder fährt das Kind mit in die Reha-Klinik oder die Kasse übernimmt bis 130 Euro im Monat.

Wichtig! Wird eine Haushaltshilfe wegen Schwangerschaft oder Entbindung benötigt, muss kein weiteres Kind zum Haushalt gehören, um die Hilfe zu bekommen. Auch die Zuzahlung zwischen fünf und zehn Euro pro Tag entfällt.

Die Kasse stellt eigene Hilfskräfte oder engagiert Helfer über soziale Dienste. Es ist auch möglich, dass Verwandte oder Bekannte, diese Arbeit übernehmen. Als angemessene Kosten gelten 7,75

Euro pro Stunde beziehungsweise 62 Euro pro Tag. Das variiert aber stark von Kasse zu Kasse.

Springen Verwandte und Verschwägerte ersten und zweiten Grades als Hilfskraft ein, zahlen die Kassen grundsätzlich nicht. Sollen beispielsweise der Ehepartner, Großmutter oder Schwester „den Laden schmeißen", gibt es keine Stunden- oder Tagessätze. Fahrtkosten oder einen eventuellen Verdienstausfall übernehmen die Kassen aber auch für so nah verwandte Hilfskräfte. Einige Krankenkassen bieten den „Antrag auf Haushaltshilfe" zum Herunterladen auf ihrer Homepage an, er kann aber auch telefonisch angefordert werden. Die privaten Krankenkassen übernehmen die Kosten für eine Haushaltshilfe nur für Eltern, die mit dem Basistarif versichert sind.

Tipp

Erkundigen Sie sich bei Ihrer Kasse, in welchen Fällen und in welchem Umfang Anspruch auf eine Haushaltshilfe besteht.

Hilfe vom Finanzamt

Eltern dürfen Krankheitskosten für sich und ihre Kinder als „außergewöhnliche Belastung" steuerlich geltend machen. Dazu gehören Zuzahlungen für vom Arzt oder Heilpraktiker verordnete Medikamente, Zahnspangen, Brillen, Hörgeräte, Rollstühle, orthopädische Hilfsmittel, Schuheinlagen, die Praxisgebühr oder Entbindungskosten. Anerkannt werden auch Kosten für Legasthenie- und logopädische Behandlungen, wenn der Amtsarzt das (vorher!) befürwortet hat. Die Notwendigkeit von Kuren für Kinder muss der Amtsarzt ebenfalls bestätigen, es sei denn, die Krankenkasse zahlt einen Zuschuss zu den Kurkosten. Das reicht dem Finanzamt als Bestätigung.

Wichtig! Eltern können nur die Ausgaben geltend machen, die sie selbst getragen haben. Was Krankenkassen oder Arbeitgeber übernommen haben, zählt nicht als Belastung der Eltern, schon gar nicht als außergewöhnliche.

Zu den Krankheitskosten gehören übrigens auch Krankentransportkosten, Kosten für Fahrten mit öffentlichen Verkehrsmitteln ins Krankenhaus, zum Arzt, zur Heilbehandlung oder zu Selbsthilfegruppen. Übrigens dürfen Besuchsfahrten der Eltern zu einem Kleinkind

Tipp

Das Finanzamt will für Krankheitskosten in der Regel Nachweise sehen. Sammeln Sie übers Jahr alle diesbezüglichen Belege.

bis zu einem Jahr, das über längere Zeit stationär behandelt wird, ohne besonderen Nachweis geltend gemacht werden.

Bevor sich das Finanzamt an den Krankheitskosten der Familie beteiligt, verlangt es eine Eigenbeteiligung der Eltern. Die nennt sich „zumutbare Belastung“. Nur Ausgaben, die darüber hinausgehen, senken die Steuerlast. Ob und in welcher Höhe der eigene Geldbeutel geschont werden kann, richtet sich nach Einkünften, Familienstand und Familiengröße (→ Tabelle Seite 117).

Die Beteiligung des Finanzamts an den Krankheitskosten beantragen Eltern per Steuererklärung. Die Ausgaben gehören auf den Mantelbogen, Seite 4, Zeilen 103 bis 105 (Formular des Jahres 2008, → auch Seite 192) unter „Andere außergewöhnliche Belastungen“. Tragen Sie in die Steuererklärung immer die vollen Krankheitskosten ohne Abzug der zumutbaren Belastung ein, ansonst wird die doppelt berücksichtigt und das verringert Ihre Steuerersparnis.

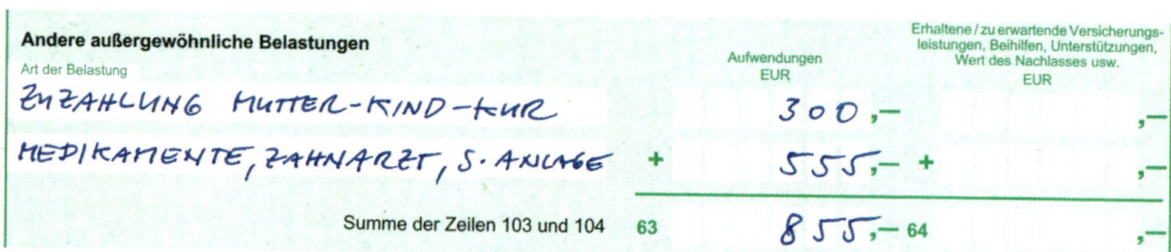

	Andere außergewöhnliche Belastungen Art der Belastung	Aufwendungen EUR	Erhaltene / zu erwartende Versicherungsleistungen, Beihilfen, Unterstützungen, Wert des Nachlasses usw. EUR
103	ZUZAHLUNG MUTTER-KIND-KUR	300,–	,–
104	MEDIKAMENTE, ZAHNARZT, S. ANLAGE	+ 555,–	+ ,–
105	Summe der Zeilen 103 und 104	63 855,–	64 ,–

Auch Hausangestellte können sich um die Betreuung erkrankter Kinder kümmern. Dabei hilft das Finanzamt auf verschiedene Weise. Wer für Haushalt und Kinder eine Hilfskraft mit Minijob anstellt, kann seine Einkommensteuer um bis zu 510 Euro im Jahr drücken. Eine versicherungspflichtig angestellte Haushaltshilfe bringt bis zu 4 000 Euro Steuerersparnis. Nehmen Eltern einen externen Betreuungsservice in Anspruch, kann das die Steuerschuld ebenfalls um bis zu 4 000 Euro reduzieren. Wie das genau funktioniert, finden Sie ab der Seite 46. Man muss nicht Krösus sein, um sich eine angestellte Betreuungshilfe leisten zu können. Wenn beispielsweise die Oma den kranken Enkel hütet, was sie ja ohnehin öfter und kostenlos tut, lässt sich das auch im Rahmen eines Minijobs organisieren. Vorteile haben alle: Das Kind ist gut betreut, die Oma sinnvoll beschäftigt, die Eltern sparen Steuern und gehen ruhiger zur Arbeit.

Zumutbare Belastung

Einkünfte in Euro*	Ohne Kinder		Mit Kindern**	
	Ledig	Ehepaar	1 bis 2	3 und mehr
Bis 15 340	5 %	4 %	2 %	1 %
15 341 bis 51 130	6 %	5 %	3 %	1 %
mehr als 51 130	7 %	6 %	4 %	2 %

* Es geht um den sogenannten „Gesamtbetrag der Einkünfte". Den ermittelt das Finanzamt, in dem es von den steuerpflichtigen Einnahmen die Werbungskosten, Betriebsausgaben und verschiedene Freibeträge abzieht. Wie hoch der Gesamtbetrag der Einkünfte war, steht auf dem letzten Einkommensteuerbescheid.
** Gilt für Ledige und Ehepaare

Versicherungsplus fürs Kind

Sind Eltern in einer gesetzlichen Krankenkasse pflichtversichert, können sie ihr Kind kostenlos mitversichern lassen. Die meisten Arbeitnehmer haben diese Möglichkeit.

Bis zum 18. Geburtstag des Kindes gibt es in der Regel keine Probleme. Das gilt auch für Eltern von Stief-, Pflege- und Adoptivkindern, wenn sie Kindergeld erhalten. Darüber hinaus kann der Nachwuchs bis zum 23. Lebensjahr kostenlos mitversichert bleiben, wenn er nicht erwerbstätig ist. Absolvieren Kinder eine Ausbildung oder leisten ein freiwilliges soziales oder ökologisches Jahr oder arbeiten sie beim Jugendfreiwilligendienst im Ausland, können sie bis zum 25. Geburtstag beitragsfrei mitversichert werden. Über das 25. Lebensjahr hinaus ist eine Familienversicherung nur möglich, wenn die Ausbildung durch den Grundwehr- oder Zivildienst unterbrochen wurde (→ auch Seite 135). Für behinderte Kinder gibt es keine Altersgrenze.

Beitragsfrei mitversicherte Kinder dürfen 2009 höchstens ein regelmäßiges Gesamteinkommen von 360 Euro im Monat haben, für Minijobber beträgt die zulässige Grenze 400 Euro.

Ist bei verheirateten Eltern zum Beispiel der leibliche Vater privat versichert und die Mutter gesetzlich pflichtversichert, kann das Kind bei der Mutter kostenlos mitversichert bleiben, wenn der Vater mit seinem Gesamteinkommen unter der sogenannten „Jahresarbeitsentgeltgrenze" bleibt. Das sind 48 600 Euro im Jahr 2009. Verdient er mehr, endet die kostenfreie Mitversicherung.

Rentenvorteil

Für die meisten Eltern ist Rente ein eher in der Ferne liegendes Thema. Aber sie sollten trotzdem wissen, welche finanziellen Vorteile ihnen die gesetzliche Rentenversicherung bietet, denn nur so können sie sie optimal nutzen. Dazu gehören beispielsweise die Rentenerhöhung durch Zeiten der Kindererziehung, die Zahlung von Waisenrenten an Kinder oder die Besserstellung von Eltern, die Witwen- beziehungsweise Witwerrenten beziehen. Genauer besehen ist das Thema oft näher als man denkt.

Zeit der Kindererziehung

Derzeit gelten die ersten drei Jahre nach der Geburt eines Kindes als sogenannte „Kindererziehungszeit". Für jedes dieser Jahre kann ein Elternteil sein Rentenkonto um je einen rentenwirksamen Entgeltpunkt erhöhen und zwar ohne selbst einen Cent in die Rentenkasse zu zahlen. Ob dieser Elternteil erwerbstätig ist oder nicht, spielt keine Rolle. Ein Entgeltpunkt bringt 26,56 Euro Rente im Monat in den alten Bundesländern, in den neuen 23,34 Euro (Stand 2009). Die Kindererziehungszeit beginnt im Monat nach der Geburt des Kindes und dauert maximal 36 Monate. Für Kindererziehungszeiten zahlt der Bund jährlich etwa 11,5 Milliarden Euro in die Rentenkasse ein.

Zum Beispiel Birgit B. *Die 24-jährige ledige Arzthelferin hat am 3. Mai 2008 ihren Sohn Benny geboren. Vater Björn lebt mit den beiden zusammen in Hamburg. Birgits Kindererziehungszeit dauert vom 1. Juni 2008 bis zum 31. Mai 2011. Sie bringt ihr drei Entgeltpunkte in der Rentenversicherung und das bedeutet nach heutigem Punktwert eine monatliche Rentenerhöhung von fast 80 Euro (3 mal 26,56).*

Wichtig! Bis zu drei Jahren Kindererziehungszeit gibt es für Kinder, die nach dem 31. 12. 1991 geboren sind, für früher geborene Kinder höchstens 12 Monate.

Die Kindererziehungszeit gilt für jedes Kind. Hätte Birgit B. beispielsweise Zwillinge geboren, würde sich die Zeit auf sechs Jahre, also bis zum 31. Mai 2014 verlängern. Auch wenn während der dreijährigen Kindererziehungszeit ein weiteres Kind geboren wird, geht nichts verloren. Die begünstigte Zeit verlängert sich um weitere drei Jahre.

Alle Jahre und Monate der Kindererziehungszeit gelten voll als reguläre Beitragszeit. Schon mit zwei Kindern (und damit sechs Jahren Kindererziehungszeit) kann ein Elternteil auf diese Weise die fünf Beitragsjahre schaffen, die erforderlich sind, um überhaupt eine Leistung aus der gesetzlichen Rentenversicherung zu bekommen.

Kindererziehungszeit erhält immer nur einer von beiden Elternteilen. Haben beide gleichermaßen erzogen, steht sie automatisch der Mutter zu. Per Antrag (Formular V820) können beide Eltern einvernehmlich festlegen, dass dem Vater die Kindererziehungszeit zugutekommen soll. Das sollte aber gleich zu Beginn der Erziehung erfolgen, weil sonst Förderzeit verloren gehen kann. Anspruch auf den Bonus haben übrigens nicht nur leibliche Eltern, sondern auch Adoptiv-, Stief-, Pflege-, Großeltern und andere Verwandte. Voraussetzung ist, dass sie ein Kind in Deutschland in ihrem Haushalt erzogen haben. Eltern, die sich während der Kindererziehungszeit mit (oder ohne) Nachwuchs nicht in Deutschland aufgehalten haben, steht unter bestimmten Voraussetzungen ebenfalls Kindererziehungszeit zu. Ob das so ist und welche Bedingungen im Einzelfall zu erfüllen sind, kann letztlich nur eine ausführliche Beratung bei der Deutschen Rentenversicherung (DRV) klären.

Keinen Anspruch auf Kindererziehungszeit aus der gesetzlichen Rentenversicherung haben Beamte, Richter, Berufssoldaten, Angehörige berufsständischer Versorgungswerke (etwa Anwälte, Ärzte) oder Minister. Gleiches gilt für Menschen, die während der ersten zwölf beziehungsweise der ersten 36 Lebensmonate des Kindes bereits Altersrentner oder Pensionäre waren. Auch wer während der Kindererziehungszeit so viel verdient hat, dass er oberhalb der Beitragsbemessungsgrenze in der gesetzlichen Rentenversicherung lag, muss auf den Bonus verzichten. Im Jahr 2009 ist das ein Monatsbrutto von 5400 Euro in den alten Bundesländern und 4550 Euro in neuen. Beamte und gleichgestellte Berufsgruppen gehen aber trotzdem nicht leer aus. Sie erhalten einen so genannten „Kindererziehungszuschlag“, der in Umfang und Bedingungen etwa der Kindererziehungszeit

Tipp

Seit 2005 kann Kindererziehungszeit auch eingetragenen Lebenspartnern zustehen.

entspricht. Auch in einigen Versorgungswerken sind Kindererziehungszeiten vorgesehen.

Der Antrag auf Kindererziehungszeit (Formular V800) ist auf vier Seiten Länge eine ziemliche Herausforderung, er wird aber auf weiteren acht Seiten relativ ausführlich erläutert. Bei Unklarheiten sollten sich Eltern von Mitarbeitern der DRV beraten lassen. Die Mühe lohnt sich allemal: Wer zum Beispiel zwei Kinder geltend machen kann, stockt seine Rente im Jahr 2008 per Kindererziehungszeit um maximal bis zu 159 Euro auf, Monat für Monat (26,56 Euro mal drei Jahre mal 2 Kinder).

Berücksichtigung von Kindern

Zusätzlich zur Kindererziehungszeit gibt es eine „Kinderberücksichtigungszeit". Das klingt zwar so ähnlich, funktioniert aber ganz anders. Kinderberücksichtigungszeit heißt der Zeitraum von der Geburt des Kindes bis zu seinem 10. Geburtstag. Diese Jahre zählen als Versicherungsjahre bei der Berechnung verschiedener Wartezeiten mit. Sie werden beispielsweise bei den 35 Versicherungsjahren berücksichtigt, die erforderlich sind, um eine Altersrente für langjährig Versicherte zu erhalten. Praktisch geht es dabei um die sieben Jahre vom 3. Geburtstag des Kindes bis zum 10. Geburtstag, denn die ersten drei Jahre werden ja in der Regel bereits im Rahmen der Kindererziehungszeit als Beitragszeit berücksichtigt.

Wichtig! Auch bei der „Rente mit 67" kann sich die Kinderziehung bis zum 10. Lebensjahr positiv auswirken, denn wer mit Pflichtbeiträgen und Kindererziehung 45 Jahre nachweisen kann, erhält Altersrente für besonders langjährig Versicherte mit 65 ohne Abschläge.

Zum Beispiel Simone und Simon S. *Das Kölner Ehepaar hat seit dem 6. Juni 2008 die Tochter Susi. Beide sind durchschnittlich verdienende Arbeitnehmer. Bei Simone berücksichtigt die Versicherung drei Jahre Kindererziehungszeit vom 1. Juli 2008 bis zum 30. Juni 2011. Sie erhält darüber hinaus ab Susis Geburt eine Berücksichtigungszeit vom 6. Juni 2008 bis zum 5. Juni 2018.*

Die Kinderberücksichtigungszeit kann sich in vielen Fällen auch direkt auf die Rentenhöhe auswirken. Wenn der erziehende Elternteil in der Zeit zwischen dem 4. und dem 10. Geburtstag des Kindes erwerbstätig ist, aber unterdurchschnittlich verdient, kann sein Rentenanspruch um 50 Prozent erhöht werden. Wenn etwa Mutter Simone aus dem Beispiel von Seite 120 zwischen dem 4. und 10. Geburtstag ihrer Tochter halbtags arbeitet und dafür im Jahr 0,5 Entgeltpunkte erhält, liegt sie unter dem durchschnittlichen Entgeltpunkt von eins. Dank Kinderberücksichtigungszeit kann Simone ihre Entgeltpunkte um die Hälfte aufstocken. Sie bekommt also statt der 0,5 Punkte 0,75 Punkte auf ihrem Rentenkonto gutgeschrieben. Der Viertelpunkt würde Simone aus heutiger Sicht rund 6,50 Euro Rentenzuwachs im Monat bescheren (0,25 mal 26 Euro für einen Entgeltpunkt). Würde er für alle sieben Jahre zwischen Susis 4. und 10. Geburtstag gutgeschrieben, wären das 45,50 Euro monatliche Rentenerhöhung. Zusammen mit den rund 80 Euro aus der Kindererziehungszeit könnte Tochter Susi ihrer Mutter somit eine Rentenerhöhung von etwa 125 Euro im Monat bescheren.

Wichtig! Kinderberücksichtigungszeiten für mehrere Kinder addieren sich nicht wie Kindererziehungszeiten. So gibt es für Zwillinge nicht 20 Jahre, sondern 10 Jahre. Kommen während einer Kinderberücksichtigungszeit weitere Kinder hinzu, beginnt die Kinderberücksichtigungszeit mit der Geburt des ältesten Kindes und endet mit dem 10. Geburtstag des jüngsten Kindes.

Eltern, die während der Berücksichtigungszeit gleichzeitig mindestens zwei Kinder unter 10 erziehen, können pro Jahr 0,33 Entgeltpunkte auf ihr Rentenkonto erhalten. Das gilt für erwerbstätige wie für nichterwerbstätige Elternteile. Erwerbstätige bekommen dann aber die oben beschriebene Aufstockung ihres Rentenbeitrags um die Hälfte nicht zusätzlich. Die Versicherung wählt die für die Eltern günstigste der beiden Varianten aus.

Wichtig! Entgeltpunkte, die während der Berücksichtigungszeit angesammelt wurden, wirken sich nur rentenerhöhend aus, wenn insgesamt mindestens 25 Jahre rentenrechtliche Zeiten zusammenkommen.

Die Förderbedingungen für die Kinderberücksichtigungszeit entsprechen etwa denen der Kindererziehungszeit. Sie werden auch mit dem gleichen Formular (V800) beantragt.

Waisenrente

Ist ein Elternteil verstorben, zahlt die gesetzliche Rentenversicherung eine Halbwaisenrente, nach dem Tod beider Elternteile eine Vollwaisenrente. Ausnahme: Ist der Vater eines Kindes nicht bekannt, und die Mutter verstirbt, gilt das Kind nicht als Halb-, sondern als Vollwaise. Die Halbwaisenrente beläuft sich in der Regel auf rund 10 Prozent der Rente oder des Rentenanspruchs des verstorbenen Elternteils, die Vollwaisenrente auf 20 Prozent der Renten oder der Rentenansprüche beider Elternteile. Im Durchschnitt zahlt die DRV jedem Empfänger monatlich 158 Euro Waisenrente.

Rentenberechtigt sind leibliche Kinder von Verstorbenen, aber auch Adoptiv-, Stief- und Pflegekinder, wenn sie in den Haushalt des Verstorbenen aufgenommen waren. Gleiches kann für Enkelkinder und Geschwister Verstorbener gelten, wenn sie zum Haushalt des Verstorbenen gehört haben oder wenn sie von ihm unterhalten worden sind.

Tipp

Die Waisenrente wird unverändert weitergezahlt, wenn die Waise adoptiert wird oder heiratet.

Eine Waisenrente zahlt die DRV zunächst nur für Kinder bis 18. Sie kann aber bis zum 27. Geburtstag verlängert werden, wenn sich das Kind in einer Ausbildung oder in einer Übergangszeit zwischen zwei Ausbildungsabschnitten befindet (→ ab Seite 146), wenn es ein freiwilliges soziales oder ökologisches Jahr ableistet (→ Seite 135) oder wenn es behindert ist (→ Seite 150). Eine Waisenrente kann auch über den 27. Geburtstag hinaus gezahlt werden, wenn die Ausbildung des Kindes durch den gesetzlichen Wehr- oder Zivildienst unterbrochen wurde und zwar maximal um die Länge dieser Dienstzeit. Achtung: Während des Wehr- oder Zivildienstes gibt es keine Waisenrente!

Wichtig! Um Probleme zu vermeiden, sollten Eltern und Kinder die DRV über alle wichtigen Veränderungen zügig informieren. Wenn zum Beispiel eine erwachsene Waise nicht darüber informiert, dass sie ihre Ausbildung abgebrochen hat, muss Rente zurückgezahlt werden.

Die DRV zahlt eine Waisenrente grundsätzlich nur, wenn der Verstorbene mindestens fünf Jahre Versicherungszeit hatte. Diese „allgemeine Wartezeit“ ist aber nicht erforderlich, wenn ein

Arbeitsunfall oder eine Wehr- beziehungsweise Zivildienstbeschädigung die Todesursache waren. Sonderregelungen gelten auch für verstorbene Berufsanfänger, die noch nicht fünf Jahre lang Pflichtbeiträge eingezahlt haben.

Solange das Kind noch nicht 18 ist, spielt sein eigenes Einkommen bei der Berechnung der Waisenrente keine Rolle. Danach kann Erwerbseinkommen des Kindes (etwa Arbeitslohn oder Gewinn aus selbstständiger Tätigkeit) oder können Kapitalerträge, zum Beispiel Zinsen, die Höhe der Waisenrente drücken. Hier sind auch verschiedene Freibeträge, unterschiedliche Anrechnungshöhen für einzelne Einkommensarten und einige Fristen zu beachten. Betroffene sollten sich darüber bei der DRV eingehend beraten lassen.

Tipp

Waisenrente gibt es grundsätzlich bis zum 27. Geburtstag. Die Altersgrenze wurde nicht wie beim Kindergeld von 27 auf 25 herabgesetzt.

Wichtig! Waisenrenten sind teilweise steuerpflichtig. Ihr steuerpflichtiger Anteil richtet sich nach dem Jahr des Rentenbeginns. Lag der vor 2006, sind und bleiben 50 Prozent der Rente steuerpflichtig. Bei Rentenbeginn im Jahr 2009 sind 58 Prozent steuerpflichtig. Der steuerpflichtige Anteil steigt jedes Jahr zunächst um zwei, später um ein Prozent und erreicht 2040 volle 100 Prozent.

Eine Waisenrente muss bei der DRV beantragt werden (Formular R 610). Dazu sind einige Nachweise erforderlich, etwa eine Geburtsurkunde. Den Antrag erledigen für Waisen bis 18 in der Regel der hinterbliebene Elternteil oder andere gesetzliche Vertreter. Grundsätzlich kann die Waise ab 15 selbst eine Rente beantragen. Für Kinder von Beamten, Richtern, Soldaten und Angehörigen bestimmter Versorgungswerke gelten andere Regeln. Sie können anstelle einer Waisenrente ein sogenanntes „Waisengeld" erhalten. Auskünfte dazu erteilen die Versorgungsstellen bzw. Versorgungswerke, bei denen der verstorbene Elternteil versichert war.

Witwen- und Witwerrente

Kinder können sich auf die Rente von Witwen und Witwern vorteilhaft auswirken. Das gilt verstärkt seit der Reform der Hinterbliebenenrenten 2002.

Hinterbliebene erhalten nach dem Tod des Ehegatten die sogenannte „große Witwen- oder Witwerrente", wenn sie mindestens

45 Jahre alt sind. Nach neuem Recht bedeutet „groß", dass ihnen grundsätzlich 55 Prozent der Rente zustehen, die der verstorbenen Ehepartner erhalten hätte. Das ist deutlich mehr als die 25 Prozent bei einer „kleinen" Rente, die noch dazu auf zwei Jahre befristet wurde. Erzieht aber ein Hinterbliebener mindestens ein Kind, das noch nicht 18 Jahre alt ist, steht ihm die große Rente zu, auch wenn er jünger als 45 ist. Es kann sich dabei um eigene Kinder oder um Kinder des Verstorbenen handeln, um Stief- und Pflegekinder, Enkel und Geschwister, die die Voraussetzungen für eine Waisenrente erfüllen (→ Seite 122). Behinderte Kinder werden übrigens auch berücksichtigt, wenn sie älter als 18 sind.

Zum Beispiel Brigitte B. *Die 40-jährige Angestellte lebt zusammen mit ihrer 12-jährigen Tochter Barbara in Braunschweig. Sie verdient im Monat 1800 Euro brutto. Ehemann Bernd, mit dem sie seit 2003 verheiratet war, ist 2007 nach einem Verkehrsunfall gestorben. Brigitte hat Anspruch auf eine große Witwenrente, obwohl sie noch nicht 45 ist, weil sie Tochter Barbara erzieht.*

Wenn Witwen oder Witwer ein Kind unter drei Jahren erziehen, haben sie nach neuem Recht Anspruch auf einen monatlichen „Zuschlag für Kindererziehung". Der richtet sich nach Anzahl der Kinder, Wohnort und Art der Rente (→ Tabelle unten). Hätte Brigitte B. aus dem Beispiel oben noch ein Kind unter drei Jahren, würde ihr ein Kinderzuschlag von 26,56 Euro zustehen, denn sie erhält eine große Witwenrente, lebt in den alten Bundesländern und es handelt sich nicht um das erste, sondern um ein „weiteres" Kind (dritte Zeile, dritte Spalte).

Zuschlag für Kindererziehung

	große Witwen-/Witwerrente		kleine Witwen-/Witwerrente	
	erstes Kind	jedes weitere Kind	erstes Kind	jedes weitere Kind
Alte Bundesländer	53,11 Euro	26,56 Euro	24,14 Euro	12,07 Euro
Neue Bundesländer	46,68 Euro	23,34 Euro	21,22 Euro	10,61 Euro

Wichtig! Anspruch auf Kinderzuschlag haben Witwen/Witwer nur nach dem neuen, ab 2002 reformierten Recht. Das gilt in der Regel, wenn der Ehepartner nach dem 1. Januar 2002 verstorben ist oder wenn die Ehe danach geschlossen wurde. Lassen Sie sich bei der DRV beraten, ob für Sie altes oder neues Recht gilt.

Freibeträge

Wohnort	Freibetrag für Witwen und Witwer	Zusätzliche Freibeträge pro Kind
Alte Bundesländer	701,18 Euro	148,74 Euro
Neue Bundesländer	616,18 Euro	130,70 Euro

Wer neben seiner Witwen- oder Witwerrente bestimmte andere Einkünfte hat, zum Beispiel Arbeitslohn, muss damit rechnen, dass dadurch seine Rente verringert wird. Das passiert, wenn diese Einkünfte einen Freibetrag überschreiten, und der richtet sich nach dem Wohnort (alte oder neue Bundesländer) und danach, ob und wie viele Kinder zu berücksichtigen sind (→ Tabelle oben). Im Beispiel oben hätte Brigitte B. einen Freibetrag von 701,18 Euro, weil sie in den alten Bundesländern lebt. Für Tochter Barbara steht ihr zusätzlich ein Freibetrag von 148,74 Euro zu. Ohne die Tochter, würde ihre Witwenrente um rund 150 Euro gekürzt, dank des Kindes beträgt die Kürzung rund 90 Euro und das bedeutet monatlich etwa 60 Euro mehr Rente.

Rente für Erziehung

Ein geschiedener Elternteil, der mindestens ein Kind erzieht, kann eine besondere Rente erhalten, nachdem der Expartner gestorben ist. Die nennt sich „Erziehungsrente", ist im Durchschnitt gut 150 Euro höher als eine Witwen- oder Witwerrente und funktioniert auch anders. Die Erziehungsrente ist an eine Reihe von Voraussetzungen gebunden. Vor allem muss der geschiedene Elternteil mindestens ein Kind erziehen. Es kann sich dabei um ein eigenes Kind oder ein Kind des Verstorbenen handeln oder um Stief- und Pflegekinder, Enkel und Geschwister. Das Kind darf grundsätzlich nicht älter als 18 Jahre sein, für behinderte Kinder gilt die Altersgrenze nicht. Wichtig ist weiterhin, dass der geschiedene Elternteil nicht wieder geheiratet hat und auch keine eingetragene Lebenspartnerschaft eingegangen ist.

Zum Beispiel Isolde I. *Die 50-jährige Isolde I. lebt zusammen mit ihrer 15-jährigen Tochter Ines in Ingolstadt. Ingo, ihr geschiedener Ehemann und Vater von Isolde, ist im Alter von 60 Jahren am 15. Juni 2008 gestorben. Isolde hat Anspruch auf eine Erziehungsrente. Die bekommt sie ab 1. Juli 2008, wenn sie den Antrag innerhalb von drei Monaten stellt.*

Die Erziehungsrente gibt es nur, wenn der Expartner verstorben ist, sie beruht aber auf dem eigenen Rentenanspruch des überlebenden Elternteils. Dieser Elternteil bekommt die Rente, die er auch im Fall voller Erwerbsminderung erhalten würde. Voraussetzung ist aber, dass mindestens fünf Jahre auf seinem Rentenkonto stehen, zum Beispiel durch eigene Einzahlungen in die Rentenkasse oder durch Kindererziehungszeit (→ Seite 118).

Wichtig! Im Zusammenhang mit der Erziehungsrente sind einige Fristen zu beachten. So wird die Rente nur gezahlt, wenn die Ehe nach dem 30. Juni 1977 geschieden oder aufgelöst wurde. Die Rente endet regelmäßig, wenn das Kind das 18. Lebensjahr vollendet oder Sie wieder heiraten, spätestens aber wenn Sie das Regelaltersrentenalter erreicht haben. Ab 2012 gibt es übrigens länger Erziehungsrente, denn die Altersgrenze verschiebt sich schrittweise von 65 auf 67 Jahre.

Tipp

Auch frühere eingetragene Lebenspartner können eine Erziehungsrente erhalten, genauso wie Exehepartner.

Die Erziehungsrente muss auf einem besonderen Formular bei der DRV beantragt werden. Es ist eine Anlage zum eigentlichen Rentenantrag (R100) und nennt sich R220. Geschiedene Elternteile sollten bei der DRV nachfragen, ob Ihnen eine Erziehungsrente zusteht und ob die für sie vorteilhafter als eine Witwen- oder Witwerrente ist. Weitere Details sind auch in der kostenlosen Broschüre der Deutschen Rentenversicherung „Hinterbliebenenrente: Hilfe in schweren Zeiten“ enthalten (→ Adressenverzeichnis ab Seite 203).

Vorschuss auf den Unterhalt

Der Unterhaltsvorschuss ist eine staatliche Hilfe für alleinerziehende Eltern. Der Staat springt ein, wenn der andere Elternteil seiner Unterhaltspflicht nicht nachkommt. Das Instrument nennt sich „Vorschuss", weil der Staat hofft, sein vorgestrecktes Geld beim zahlungspflichtigen Elternteil später wieder eintreiben zu können. Es ist allerdings ein Notprogramm, denn der Unterhaltsvorschuss deckt nur einen Bruchteil dessen, was an Unterhalt nach der Düsseldorfer Tabelle (→ Seite 182) fällig wäre. Außerdem sind die Vorschusszahlungen nach dem Alter der Kinder gestaffelt und befristet. Für Kinder bis zum 6. Geburtstag gibt es seit Januar 2009 maximal 117 Euro im Monat. Für Kinder von sechs bis zwölf Jahren sind es maximal 158 Euro. Vorher waren es 125 beziehungsweise 168 Euro. Spätestens mit dem 12. Geburtstag des Kindes läuft der Vorschuss aus.

Wichtig! Der Unterhaltsvorschuss wird maximal sechs Jahre lang gezahlt. Wie hoch das Einkommen des Alleinerziehenden oder des Kindes ist, spielt keine Rolle.

Um den Vorschuss zu bekommen, müssen Alleinerziehende Anspruch auf Kindergeld oder auf den Kinderfreibetrag haben. Außerdem muss das Kind in Deutschland wohnen, und zwar bei dem alleinerziehenden Elternteil, oder es muss hier seinen „gewöhnlichen Aufenthalt" haben. Was diese Begriffe genau bedeuten, finden Sie ab Seite 63. Wer den Vorschuss haben (und behalten) will, muss die Verwaltung informieren. Dazu gehören Auskünfte über den anderen unterhaltspflichtigen Elternteil oder Mithilfe bei der Feststellung des Aufenthalts oder der Vaterschaft des anderen Elternteils. Wer sich dabei verweigert, kann den Vorschuss verlieren.

Mütter und Väter, die den Unterhaltsvorschuss beanspruchen, müssen tatsächlich alleinerziehend sein. Für diesen „Zustand" gelten nach amtlicher Auffassung feste Regeln: Alleinerziehende dürfen nicht verheiratet sein, und wenn sie es doch sind, müssen sie vom Ehegatten getrennt leben. Sie dürfen außerdem nicht mit dem anderen Elternteil zusammenleben, egal ob sie mit diesem verheiratet sind oder nicht. Nach soviel Verboten kommt eine positive Nachricht: Alleinerziehende Mütter oder Väter, die mit einem Partner zusammenleben, der nicht der andere Elternteil ist, haben gute Aussichten auf den Vorschuss. Das gilt aber nur, solange sie den neuen Partner nicht heiraten.

Zum Beispiel Paula P. *Die alleinerziehende Paula lebt mit ihrer vierjährigen Tochter Pia in Paderborn. Pias Vater Paul soll jetzt in Peru leben. Er zahlt keinen Cent Unterhalt. Weder Paula noch das Jugendamt konnten seine Adresse ausfindig machen. Paulas neuer Freund Peter ist 2008 bei ihr eingezogen. Paula bekommt 2009 für Pia monatlich 117 Euro Unterhaltsvorschuss (→ Rechnung unten).*

Tipp

Auch Alleinerziehende, die mit einem Partner ohne Trauschein zusammenleben, können Anspruch auf Unterhaltsvorschuss haben.

Seit 2009 gibt es etwas weniger Unterhaltsvorschuss, da das höhere Kindergeld die Rechnung leicht verändert hat. Dies ist meist aber keine Verschlechterung, denn die Kindergelderhöhung gleicht den Nachteil zumindest aus. Empfänger von Arbeitslosengeld II (Hartz IV) und von Sozialhilfe sind benachteiligt: Die Kindergelderhöhung kommt bei ihnen nicht an, die Unterhaltsvorschusskürzung schon.

Ausgangspunkt für die Berechnung des Vorschusses ist der sogenannte „Mindestunterhalt". Der beträgt laut Düsseldorfer Tabelle 2009 für Kinder bis zum sechsten Geburtstag 281 Euro (vorher 279 Euro, → Seite 182). Für Kinder zwischen sechs und zwölf Jahren beläuft er sich unverändert auf 322 Euro. Vom Mindestunterhalt wird das Kindergeld abgezogen und das Ergebnis ist die Höhe des maximalen Unterhaltsvorschusses.

Mindestunterhalt für ein erstes oder zweites Kind bis zum 6. Geburtstag	281
minus Kindergeld	– 164
Unterhaltsvorschuss (alle Angaben in Euro)	= 117

Wichtig! Beim dritten, vierten und bei jedem weiteren Kind, fällt der Unterhaltsvorschuss noch etwas geringer aus, weil dann nicht 164 Euro Kindergeld den Mindestunterhalt reduzieren, sondern das 2009 auch für diese Kinder erhöhte Kindergeld von 170 Euro beziehungsweise 195 Euro.

Tipp

Anspruch auf Unterhaltsvorschuss haben nicht nur Trennungskinder, sondern auch Halbwaisen, wenn deren Rente unterhalb des Vorschusses liegt.

Den Antrag auf Unterhaltsvorschuss stellen Alleinerziehende beim Jugendamt. Die Anträge unterscheiden sich von Gemeinde zu Gemeinde und sind nicht ganz einfach. Wer Probleme damit hat, sollte Mitarbeiter des Amts um Hilfe bitten. Die helfen in der Regel auch im eigenen Interesse. Wenn Eltern den Vorschuss bekommen, müssen sie das Jugendamt von sich aus über wichtige Veränderungen informieren. Das Amt will vor allem benachrichtigt werden, wenn das Kind nicht mehr im Haushalt lebt, wenn der bislang Alleinerziehende heiratet, mit dem anderen Elternteil zusammenzieht oder wenn er umzieht. Auch weitere Informationen zum anderen Elternteil sind meldepflichtig, zum Beispiel, wenn dessen Adresse bekannt wird, wenn er regelmäßig Unterhalt zahlt oder wenn er gestorben ist.

Wichtig! Das Jugendamt hilft auch, wenn Alleinerziehende weitergehende Ansprüche gegenüber dem anderen Elternteil haben. Auf Antrag macht das Amt den gesamten Unterhaltsanspruch geltend und übernimmt seine Durchsetzung.

Betreuungshilfen

Für viele Eltern von Schulkindern ist Kinderbetreuung eine teure Angelegenheit. Erwerbstätige Elternpaare und Alleinerziehende dürfen für Kinder bis 14 Jahre sogenannte „erwerbsbedingte Kinderbetreuungskosten" steuerlich geltend machen. Das Finanzamt akzeptiert 6 000 Euro pro Kind und Jahr. Zwei Drittel davon, also 4 000 Euro, drücken wie Werbungskosten oder Betriebsausgaben das zu versteuernde Einkommen. Für Einverdienerpaare, Eltern in Ausbildung, kranke oder behinderte Eltern gelten jeweils besondere Bedingungen. Die wichtigsten Einzelheiten dazu finden Sie ab Seite 39.

Neben den erwerbsbedingten Kinderbetreuungskosten gibt es weitere Möglichkeiten, das Finanzamt an der Nachwuchsbetreuung zu beteiligen, beispielsweise im Rahmen der haushaltsnahen Dienstleistungen beziehungsweise durch die Beschäftigung von Hausangestellten. Ab 2009 gelten hier teilweise deutlich verbesserte Förderbedingungen (→ Seite 46).

Auch wer keine Einkommensteuern zahlt, kann Betreuungshilfen nutzen, zum Beispiel von Arbeitgebern, Krankenkassen oder Jugendämtern (→ Seite 50).

Ausbildungshilfen

Staatliche Ausbildungshilfen können vor allem Eltern mit erwachsenen Kindern nutzen, aber auch Eltern von Schulkindern profitieren. Beispielsweise gibt es unter bestimmten Voraussetzungen Schüler-BAföG schon ab 16 (→ Seite 152).

Wenn Eltern ihren Nachwuchs auf eine private Schule schicken, dürfen sie 30 Prozent des Schulgelds, maximal 5 000 Euro im Jahr, als Sonderausgaben absetzen. Auch der Besuch von Schulen im EU-Ausland und von Deutschen Schulen in Drittländern ist jetzt auf diese Weise begünstigt. Der Fiskus beteiligt sich außerdem an bestimmten Aus- und Weiterbildungskosten. Die wichtigsten Einzelheiten dazu finden Sie ab Seite 161.

Generation 18 plus

Erwachsene Kinder

Wenn Kindern 18 werden, haben die Eltern in Sachen Kinderförderung schon viel erlebt, aber noch lange nicht alles. Die staatliche Unterstützung kann nämlich bis zum 25. Geburtstag weitergehen, in einigen Fällen auch darüber hinaus. Es gelten aber zum Teil veränderte Bedingungen und neue Förderbereiche tun sich auf. Die bürokratischen Hürden steigen, zugleich können Eltern und Kinder in diesem Lebensabschnitt besonders viel gestalten, wenn sie wissen, worauf es ankommt.

Kindergeld ab 18

Für erwachsene Kinder gibt es Kindergeld nur, wenn das Kind zusätzliche Voraussetzungen erfüllt. Es muss zum Beispiel eine Ausbildung durchlaufen und darf nicht zu viel verdienen. Eltern können aktiv darauf Einfluss nehmen, dass die Einkünfte und Bezüge des Kindes den Grenzbetrag von 7 680 Euro (2009) nicht überschreiten. Ab 2010 sind es 8004 Euro. Die Wiedereinführung der alten Pendlerpauschale und der neue Sparerpauschbetrag können dabei helfen, unter der Grenze zu bleiben. Die Altersgrenze für das Kindergeld wurde zwar auf 25 Jahre gesenkt, aber sie bleibt durchlässig. Manche Leistungen gibt es generell bis 27 und länger. Sonderbedingungen gelten für erwachsene Kinder, die arbeitslos und/oder behindert sind (→ ab Seite 149).

Ausbildungshilfen

Beim BAföG gelten seit 2008 erhöhte Freibeträge für Eltern und höhere Einkommensgrenzen für den Nachwuchs. Dennoch bleibt der Antrag eine erhebliche Herausforderung, die konkrete Ausfüllhilfen erleichtern sollen. Daneben gibt es eine ganze Reihe von Stipendien, Studienkredite und anderen interessanten Förderinstrumenten wie zum Beispiel „Meister-BAföG" und die Berufsausbildungsbeihilfe. Auch das Finanzamt hilft mit der Übernahme von beschränkten Ausbildungs- und unbeschränkten Fortbildungskosten. Die Bestimmungen dafür sind in ständiger Bewegung. Seit 2008 dürfen Eltern jährlich bis 5 000 Euro Schulgeld absetzen, und zwar auch dann, wenn die Schule in einem anderen EU-Land steht (→ ab Seite 164).

Unterhalt

Zahlungen von Unterhalt an den erwachsenen Nachwuchs können Eltern (und Großeltern) in der Regel früher absetzen, seit die allgemeine Altersgrenze für den Kindergeldbezug auf 25 Jahre gesenkt wurde. Sachleistungen wie mietfreies Wohnen werden steuerlich auch als Unterhalt anerkannt (→ ab Seite 169).

Weitere Hilfen

Die bis hierher genannten Förderungen werden in diesem dritten Kapitel ausführlich dargestellt. Die meisten davon betreffen Eltern erwachsener Kinder vorrangig. Darüber hinaus sind für diese Elterngruppe weitere Hilfen besonders interessant.

Dazu gehört der Bereich der steuerlichen **Freibeträge**. So steht etwa der Ausbildungsfreibetrag ausschließlich erwachsenen Kindern zu. Um den Entlastungsbetrag für alleinerziehende Eltern ausschöpfen zu können, sind Altersgrenzen, Einkommensgrenzen und das Melderecht zu bedenken. Vermögensübertragung auf Kinder können die steuerliche Gesamtbelastung der Familie auch dank der neuen Erbschaft- und Schenkungsteuer weiter senken. Wer dabei aber nicht auf die Einkommensgrenzen des erwachsenen Nachwuchses achtet, riskiert die gesamte Kinderförderung. Freibeträge auf der Lohnsteuerkarte können deutlich höhere Nettolöhne für Eltern und Kinder bewirken (→ ab Seite 90).

Zulagen, Zuschläge & Co. bleiben für Eltern erwachsener Kinder interessant, solange ihnen Kindergeld zusteht. So können sie einen Kinderbonus bei der Riester-Rente oder bei der Eigenheimzulage bekommen. Außerdem haben sie leichteren Zugang zu einkommensabhängigen Förderungen wie der Arbeitnehmersparzulage (→ ab Seite 97).

Rentenvorteile wirken sich für viele Eltern erwachsener Kinder unmittelbar aus. Stichworte sind hier die Hinterbliebenenrenten für Waisen, Witwen und Witwern sowie die Nutzung von Erziehungsrenten oder Kindererziehungszeiten für die eigene Altersrente der Eltern (→ ab Seite 118).

Für manche Eltern erwachsener Kinder lohnt sich zudem schon wieder ein sehr langer Blick zurück. Wenn der eigene Nachwuchs selbst Nachwuchs bekommt, können für diese Eltern die Kapitel eins und zwei dieses Buches wieder interessant werden, und zwar in ihrer neuen Rolle als Großeltern.

Kindergeld ab 18

Wird ein Kind 18 Jahre alt, gelten für das Kindergeld zusätzliche Voraussetzungen. Zunächst ist ein neuer Antrag erforderlich. Der kann sich beispielsweise lohnen, wenn das Kind noch in einer Ausbildung ist (→ Seite 144) oder arbeitslos (→ Seite 149) oder behindert (→ Seite 150). Wenn Eltern erwachsener Kinder weiterhin Kindergeld zusteht, wirkt sich das über die Kindergeldzahlung hinaus positiv aus, denn Kindergeld ist die Grundlage für viele andere Kinderförderungen, etwa bei der Riester-Rente, bei der Eigenheimzulage oder bei der Nutzung verschiedener Freibeträge.

Flexible Altersgrenze

„Die allgemeine Altersgrenze ... liegt bei der Vollendung des 18. Lebensjahres", steht in der entsprechenden Dienstanweisung der Familienkasse. Auf den ersten Blick ist das eine ziemlich unübersichtliche Lagebeschreibung. Etwas schlichter formuliert: Mit dem 18. Geburtstag hat ein Kind sein 18. Lebensjahr „vollendet". Das bedeutet unter anderem: Bis 24 Uhr des Vortages gibt es Kindergeld, Punkt null Uhr des 18. Geburtstages fällt der Hammer und ab dann gibt es erst mal kein Kindergeld mehr.

Zum Beispiel Marie M. *Sie wurde am 1. Juni 1991 geboren, am 1. Juni 2009 feierte sie also ihren 18. Geburtstag. Der 31. Mai 2009 war für Maries Eltern der letzte Tag mit Kindergeldanspruch. Folge: Für den Monat Mai 2009 gab es noch Kindergeld, für Juni nicht mehr. Hätte sich Marie bei ihrer Geburt etwas mehr Zeit gelassen und wäre erst am 2. Juni 1991 auf die Welt gekommen, hätten ihre Eltern auch noch für Juni Kindergeld erhalten. Aber Marie hatte damals natürlich keine Ahnung, dass es ausreicht, Kindergeld zu erhalten, wenn die Bedingungen dafür an nur einem Tag im Monat zutreffen.*

Wichtig! Stellen Sie rechtzeitig vor dem 18. Geburtstag eines Kindes einen neuen Kindergeldantrag. Die notwendigen Unterlagen übersendet die Familienkasse in der Regel rechtzeitig vorher.

Die große Koalition hat die Höchstgrenze für den Kindergeldanspruch von 27 auf 25 Jahre gedrückt. Nach der neuen Altersgrenze erhalten Kinder, die am 2. Januar 1983 oder später geboren wurden, höchstens bis zu ihrem 25. Geburtstag Kindergeld. Kinder, die vor dem 2. Januar 1982 geboren wurden, bekommen die Förderung weiterhin bis zu ihrem 27. Geburtstag, also gegebenenfalls bis Ende 2009. Für Kinder, die vom 2. Januar 1982 bis einschließlich 1. Januar 1983 auf die Welt kamen, gibt es Kindergeld bis zum 26. Geburtstag.

Verlängerte Förderung

Ausnahmen bestätigen aber auch diese Regel. So können der gesetzliche Grundwehrdienst und der Zivildienst den Kindergeldbezug verlängern. Der Umfang der Verlängerung richtet sich nach der Länge des tatsächlich geleisteten Wehr- beziehungsweise Zivildienstes. Das bedeutet je nach Datum des Dienstantritts eine Verlängerung um 9 bis 13 Monate. Freiwillige Dienste im In- und Ausland, etwa ein freiwilliges soziales Jahr oder ein freiwilliges ökologisches Jahr, verlängern zwar den Anspruch auf Kindergeld nicht, aber es gibt während dieser Dienste weiter Kindergeld.

Wichtig! Beraten Sie sich mit der Familienkasse, bevor das Kind einen freiwilligen Dienst antritt. Nur für festgelegte Aufgabenbereiche und anerkannte Träger gibt es Kindergeld. Seit 2009 ist auch der „Freiwilligendienst aller Generationen" begünstigt.

Veränderter Anspruch

Mit dem 18. Geburtstag ändert sich noch mehr. So kann das Kind ab diesem Zeitpunkt beantragen, dass das Kindergeld ihm selbst zufließt. Wenn Eltern für das Kind keinen Unterhalt zahlen (wollen oder können), hat beispielsweise ein volljähriges Kind, das eine Ausbildung macht, gute Aussichten, das Kindergeld selbst zu bekommen.

Eltern eines volljährigen Kindes steht weiterhin Kindergeld zu, wenn sie ihrem Kind Unterhalt zahlen beziehungsweise wenn das Kind weiterhin in ihrem Haushalt lebt und wenn alle anderen Voraussetzungen stimmen. Sie können mit einer einfachen Mitteilung an die Familienkasse das Kindergeld direkt auf das Konto des Nachwuchses auszahlen lassen. In diesem Wechsel lauern aber auch Probleme. Wenn zum Beispiel die „verbummelte" Tochter ihre Ausbildung schmeißt, die Eltern davon nichts mitbekommen und die Familienkasse der Tochter weiterhin Kindergeld überweist, haben irgendwann die Eltern ein Problem. Weil sie weiter diejenigen sind, die bei der Familienkasse als Leistungsempfänger gelten, müssen sie das Geld am Ende auch zurückzahlen.

Wenn jemand ein Kind bis 18 in seinen Haushalt aufgenommen hat, ist klar, dass ihm in der Regel vorrangig das Kindergeld für dieses Kind zusteht (→ Seite 62). Mit dem 18. Geburtstag ändert sich das grundsätzlich nicht. Wenn allerdings das Kind nicht mehr zum Haushalt eines Elternteils gehört, steht das Kindergeld demjenigen Elternteil vorrangig zu, der den höchsten Geldunterhalt leistet. Für zusammenlebende Eltern ändert sich dadurch praktisch nichts, für getrennt lebende Eltern manchmal schon.

Auch für Pflege-, Stief- oder Großeltern kann sich die Lage ändern, wenn der Nachwuchs nicht mehr zu ihrem Haushalt gehört. Dann steht nämlich wieder den leiblichen Eltern das Kindergeld zu. Das kann ziemlich problematisch werden. Beispiel: Die Großeltern zogen ein Kind auf, weil die Eltern nicht bereit oder nicht in der Lage dazu waren. Dann kann es sinnvoll sein, dass das Kind eine so genannte „Abzweigung“ des Kindergeldes auf sich selbst beantragt. Dieser Antrag sollte bei der für den Wohnort der Eltern (beziehungsweise des entsprechenden Elternteils) zuständigen Familienkasse gestellt werden.

Einkommen entscheidet

Sind die sogenannten „Einkünfte und Bezüge“ des Kindes zu hoch, streicht die Familienkasse das gesamte Kindergeld und alle anderen Kinderförderungen sind gleich mit verloren. Die Grenze liegt bei 7 680 Euro im Jahr (Stand 2009) und ist schnell erreicht, wenn Azubis eine ordentliche Ausbildungsvergütung erhalten, Studenten nebenbei kellnern, ein paar Zinsen oder eine Waisenrente hinzukommen. Die Berechnung der Einkünfte und Bezüge eines Kindes sollten Eltern in den Grundzügen verstehen, denn die Höhe des Einkommens eines erwachsenen Kindes entscheidet bei der Förderung oft über alles oder nichts. Darüber hinaus können Eltern und Kinder an dieser Stelle durch aktives Handeln gezielt beeinflussen, ob Förderung fließt oder nicht.

Die Familienkasse zählt so ziemlich alles zu den Einkünften und Bezügen, was einem Kind an Geld und Sachwerten zufließt (→ Infokasten Einkünfte und Bezüge, Seite 143). Immerhin gibt es ein paar Ausnahmen, die unberücksichtigt bleiben, dazu gehören zum Beispiel Unterhaltszahlungen der Eltern oder anderer kindergeldberechtigter Personen (etwa Stief-, Pflege-, Großeltern) an das Kind. Auch Elterngeld des Kindes bis zum Mindestbetrag von 300 Euro im Monat (→ Seite 12) und Leistungen der Pflegeversicherung bleiben unberücksichtigt. Steuerfreie Aufwandsentschädigungen, etwa für Übungsleiter (bis 2100 Euro im Jahr) oder für ehrenamtliche Vereinstätigkeit (bis 500 Euro), gehören nicht zu den Einkünften und Bezügen, ebenso wenig bestimmte, vom Arbeitgeber steuerfrei erstattete oder pauschal versteuerte Aufwendungen, beispielsweise Zuschüsse für Fahrtkosten, Verpflegung oder Unterkunft.

Tipp

Ab 2010 steigt der Grenzbetrag der Einkünfte und Bezüge von 7 680 auf 8 004 Euro.

Wichtig! Erhält ein Kind Geldgeschenke, die zweckgebunden der Kapitalanlage dienen, gehören die nicht zu den Einkünften und Bezügen. Nicht zweckgebundene Geldzuwendungen (oder Erbschaften) werden dagegen hinzugezählt. Um hier keinen Fehler zu machen, sollte ein Steuerprofi helfen.

Zum Beispiel Marco M. *Der 19-Jährige lernt Industriemechaniker, 2009 bekommt er 6 500 Euro Lehrlingsvergütung. Außerdem erhält er 2 500 Euro Zinsen aus dem Erbe seiner Großeltern, das er in Bundeswertpapieren angelegt hat. Weitere steuerlich wirksame Einnahmen hat er nicht. Obwohl die Einnahmen mit insgesamt 9 000 Euro deutlich über dem Grenzbetrag von 7 680 Euro liegen, bekommen Marcos Eltern weiter Kindergeld, denn die Einkünfte ihres Sohns erreichen nach Abzug der Werbungskostenpauschalen den Grenzbetrag nicht. Mit höheren tatsächlichen Werbungskosten und unter Berücksichtigung seiner Sozialversicherungsbeiträge (rund 20 Prozent der Lehrlingsvergütung) könnte Marco sogar noch erheblich mehr verdienen, ohne das Kindergeld für seine Eltern zu gefährden.*

Lehrlingsvergütung	6 500
minus Arbeitnehmerpauschbetrag	– 920
plus Zinsen	+ 2 500
minus Sparerpauschbetrag	– 801
Einkünfte (alle Angaben in Euro)	7 279

Hat ein Kind steuerpflichtige Einkünfte zum Beispiel als Arbeitnehmer, Selbstständiger, Rentner (etwa aus einer Waisenrente), aus Kapitalerträgen (etwa Zinsen) oder Mieten, sind die Regeln einigermaßen übersichtlich: Die Einkünfte errechnen sich aus den jeweiligen Einnahmen minus Werbungskosten beziehungsweise Betriebsausgaben. Abzugsfähig sind außerdem die Arbeitnehmerbeiträge zur Sozialversicherung.

Während es bei den Einkünften noch relativ übersichtlich zugeht, sind die Bezüge kaum überschaubar. Unter diesen Oberbegriff fällt nahezu alles, was nicht als Einkünfte zu erfassen ist, beispielsweise der Lohn für einen Minijob, der für den Empfänger steuerfrei ist (→ Infokasten Seite 143). Von allen Bezügen zusammen kann nur eine sogenannte „Kostenpauschale" von 180 Euro im Jahr abgezogen werden.

Zum Beispiel Heike H. *Die 22-Jährige arbeitet neben ihrem Studium in einem pauschal versteuerten Minijob für 400 Euro monatlich, außerdem erhält sie seit 2005 eine Waisenrente von 340 Euro monatlich. Die Mutter zahlt ihr 150 Euro Unterhalt im Monat. Damit kommt Heike auf 10 680 Euro im Jahr und das sieht nach Kindergeldverlust aus. Die Unterhaltszahlungen der Mutter von 1 800 Euro im Jahr (12 mal 150) gehören allerdings nicht zu den Einkünften und Bezügen. Die Waisenrente ist, weil sie vor 2006 begann, zur Hälfte als Einkünfte steuerpflichtig, der steuerfreie Teil gehört zu den Bezügen. Heike hat insgesamt Einkünfte und Bezüge von 8 598 Euro, damit wäre das Kindergeld verloren, weil sie über der Einkommensgrenze von 7 680 Euro liegt. Sie findet allerdings noch einen Dreh, um die Förderung zu retten (→ Seite 139).*

Steuerpflichtige Waisenrente (340 mal 12, davon 50 Prozent)	2 040
minus Werbungskostenpauschale	– 102
Einkünfte	1 938
Minijoblohn (12 mal 400)	+ 4 800
plus steuerfreie Waisenrente (340 x 12, davon 50 Prozent)	+ 2 040
minus Kostenpauschale	– 180
Bezüge	6 660
Einkünfte und Bezüge (1 938 + 6 660, alle Angaben in Euro)	8 598

Es gibt vor allem zwei Abzugsposten, die Eltern und Kindern helfen können, unterhalb der kritischen Grenze zu bleiben. Das sind die „besonderen Ausbildungskosten“ und Ausgaben für bestimmte Versicherungen. Unter die besonderen Ausbildungskosten fällt im Prinzip alles, was auch ein Arbeitnehmer an Werbungskosten geltend machen kann. Für Menschen in Ausbildung gehören dazu zum Beispiel Ausgaben für Fahrten zwischen Wohnung und Ausbildungsstätte (30 Cent pro Entfernungskilometer), Semestergebühren (umstritten, unter dem Az. III R 38/08 entscheidet der Bundesfinanzhof darüber), Studiengebühren aller Art, Bücher, Kopierkosten oder Abschreibungen für den Laptop (ein Drittel des Anschaffungspreises pro Jahr). Kosten für Unterkunft und Verpflegung am auswärtigen Ausbildungsort werden in der Regel nicht akzeptiert, es sei denn es handelt sich um eine anerkannte „doppelte Haushaltsführung“.

Tipp

Mit der Einführung der Abgeltungsteuer ab 2009 gehören Zinsen und andere Kapitalerträge unterhalb des Sparerpauschbetrags nicht mehr zu den Bezügen eines Kindes. Betroffene Eltern sollten prüfen, ob sie durch diese Neuregelung wieder kindergeldberechtigt werden.

Wichtig! Berechnen Sie die Entfernungspauschale für Fahrten zwischen Wohnung und Ausbildungsstätte vom ersten Kilometer an. Die Kürzung um die ersten 20 Kilometer wurde rückwirkend ab 2007 zurückgenommen.

Heike H. aus obigem Beispiel bekommt mit Fahrtkosten, Studiengebühren und anderen besonderen Ausbildungskosten mehr als 918 Euro zusammen (8 598 minus Einkommensgrenze von 7 680). Damit kann sie ihren Eltern das Kindergeld retten.

Nach langem Kampf akzeptiert die Verwaltung jetzt, dass die gesetzlichen Sozialversicherungsbeiträge, die ein Kind zahlt, von den Einkünften und Bezügen abgezogen werden dürfen. Das entlastet besonders die Eltern von Azubis, die in der Regel rund 20 Prozent ihrer Ausbildungsvergütung in die Sozialkassen einzahlen. Ebenfalls abzugsfähig sind nunmehr Beiträge zur Kranken- und Pflegeversicherung, die das Kind als freiwilliges Mitglied in der gesetzlichen Krankenversicherung zahlt sowie Beiträge des Kindes für eine private

Tipp

Auch vorab entstandene Ausgaben, zum Beispiel für eine Fortbildung oder für Bewerbungen, können zu den besonderen Ausbildungskosten, Werbungskosten oder Betriebsausgaben gehören, egal ob am Ende daraus ein Job oder ein Geschäft wird.

Kranken- und Pflegeversicherung. Wenn der Arbeitgeber im Rahmen der betrieblichen Altersversorgung einen Teil der Ausbildungsvergütung per Gehaltsumwandlung in eine Pensionskasse, einen Pensionsfonds oder eine Direktversicherung einzahlt, zählt dieser Teil übrigens nicht zu den Einkünften und Bezügen des Kindes.

Wichtig! Behalten Sie die Einnahmen Ihres Kindes im Auge, eine geringe Reduzierung kann manchmal das Kindergeld retten. Ein freiwilliger Verzicht auf zustehende Leistungen bringt dagegen in der Regel nichts.

Wer beispielsweise auf das Weihnachtsgeld verzichtet, um das Kindergeld zu retten, kann doppelt verlieren. Wenn es rauskommt, akzeptiert die Verwaltung den Verzicht nicht und rechnet so, als ob das Weihnachtsgeld gezahlt worden wäre. Das Weihnachtsgeld ist außerdem im Eimer.

Besonders fatal ist der viel kritisierte „Fallbeileffekt" der Einkommensgrenze: Bis 7 680 Euro im Kalenderjahr fließt die gesamte Kinderförderung. Der 7 681. Euro kippt alles. Eine Verfassungsbeschwerde dagegen, dass bei einer geringen Überschreitung der Einkommensgrenze gleich alles verloren ist, hat das Bundesverfassungsgericht 2009 leider nicht zur Entscheidung angenommen.

Tipp

Arbeiten Studenten in einem Minijob auf Lohnsteuerkarte, können sie ihre Einkünfte mithilfe des Arbeitnehmerpauschbetrags von 920 Euro drücken.

Auf den Monat kommt es an

Der Grenzbetrag der Einkünfte und Bezüge bezieht sich immer auf die 12 Monate des gesamten Kalenderjahrs. Wenn in einem oder in mehreren Monaten des Jahres die Bedingungen für das Kindergeld nicht erfüllt sind, verringert sich der Grenzbetrag jeweils um ein Zwölftel. Das macht 2009 pro Monat 640 Euro aus, ab 2010 sind es 667 Euro monatlich. Eine solche Kürzung kann beispielsweise dann passieren, wenn ein Kind seine Ausbildung beendet oder abbricht. Auch wenn das Kind seinen 25. Geburtstag feiert und damit die Altersgrenze für das Kindergeld überschritten hat, greift die Zwölftelregelung. Wie der Grenzbetrag der Einkünfte und Bezüge werden auch bestimmte Abzugsbeträge, zum

Beispiel der Arbeitnehmerpauschbetrag, entsprechend durch zwölf geteilt.

Zum Beispiel Sandra S. *Die 22-Jährige beendete am 31. Juli 2009 ihre Lehre als Bürokauffrau (Ausbildungsvergütung 550 Euro im Monat). Werbungskosten oberhalb des Arbeitnehmerpauschbetrags von 920 Euro oder andere Abzugsbeträge hatte sie nicht. Sandra erhielt bis einschließlich Juli 150 Euro Wohngeld im Monat. Dafür kann sie die Kostenpauschale von 180 Euro voll nutzen. Am 17. August 2009 trat sie ihre erste Stelle an (Monatsgehalt 1500 Euro brutto). Sandra unterschreitet die anteilige Einkommensgrenze um 1 085 Euro, damit erhalten ihre Eltern von Januar bis Juli Kindergeld. Ab Juli steht ihnen wegen Sandras Ausbildungsende und ihrem Arbeitsbeginn (Vollzeit) kein Kindergeld mehr zu.*

Ausbildungsvergütung (550 mal 7)	3 850
minus Werbungskostenpauschale (7/12 von 920)	– 537
plus Wohngeld (7 mal 150)	+1 050
minus Kostenpauschale (12/12 von 180)	– 180
minus SV-Beiträge (20 Prozent von 3 850)	– 770
Einkünfte und Bezüge	3 413
Einkommensgrenze (7/12 von 7 680)	4 480
Unterschreitung der Einkommensgrenze (4 480 minus 3 413, alle Angaben in Euro)	1 067

Es reicht übrigens für den Anspruch auf Kindergeld aus, dass die Voraussetzungen dafür an einem Tag im Monat bestehen. Hätte Sandra ihre Ausbildung nicht am 31. Juli, sondern am 1. August beendet, hätte auch für den August, also für insgesamt acht Monate, Anspruch auf Kindergeld bestanden.

Wichtig! Wenn ein Kind heiratet oder eine eingetragene Lebenspartnerschaft eingeht, entfällt der Kindergeldanspruch der Eltern, weil dann vorrangig der Partner für den Unterhalt sorgen muss. Wenn der dazu aber nicht in der Lage ist, beispielsweise bei einer Studentenehe, und die Eltern weiter zahlen, steht ihnen auch weiter Kindergeld zu.

Zusatzformular

„Erklärung zu den Einkünften und Bezügen eines über 18 Jahre alten Kindes“ lautet der Name eines Formulars, das die Familienkasse von Eltern erwachsener Kinder verlangt. Der Titel verheißt wenig Gutes, aber die vier Seiten sind einigermaßen übersichtlich. Im Formularkopf sind die Kalenderjahre, um die es geht, in der Regel vorgedruckt (→ Seite 198).

Unter **„1“** geht es um Löhne, Gehälter und alle anderen Einnahmen aus einer Tätigkeit des Kindes als Arbeitnehmer. Die sind im Prinzip in den mitgelieferten Ausfüllhinweisen umfassend aufgeführt. Nicht extra erwähnt werden dort Einnahmen aus einem pauschal versteuerten Minijob. Die gehören aber auch hier her. Unter **„b) Versorgungsbezüge“** geht es nur um beamtenrechtliche und andere in den Ausfüllhinweisen aufgeführte Leistungen. Zahlungen aus einer gesetzlichen Versicherung, wie zum Beispiel Waisenrenten, gehören nicht hier her sondern auf Seite 2 unter die Nummer **„5“**.

Wichtig! Hier und bei den weiterhin abgefragten Einnahmen geht es immer um die Eintragung der Bruttobeträge. Pauschalen, zum Beispiel den Arbeitnehmerpauschbetrag, berücksichtigt die Familienkasse automatisch. Höhere Werbungskosten, Betriebsausgaben oder besondere Ausbildungskosten (→ Seite 139) gehören auf Seite 4 unter die Nummer **„8“**. Fügen Sie als Nachweise die Kopien aller Einkommensbescheinigungen bei, zum Beispiel die Lohnsteuerbescheinigung des Arbeitgebers.

Unter **„2a)“** gibt es eine zusätzliche Anforderung: Als Nachweis für Einnahmen aus unternehmerischer Tätigkeit will die Familienkasse den letzten Steuerbescheid sehen. Wenn es den, zum Beispiel wegen Geringfügigkeit der Einnahmen, nicht gibt, können in der Regel auch andere Unterlagen wie Auftragsbestätigungen, Rechnungen oder Zahlungseingänge als Nachweise dienen. Unter **„2b) Vermietung und Verpachtung“** gehört die Bruttomiete (einschließlich Umlagen für Wasser und Heizung). Vergessen Sie nicht, die Ausgaben unter die Nummer **„8“** einzutragen! Nummer **„2c) Kapitalvermögen“** fragt ab 2009 nicht nur nach Zinsen aller Art und Divi-

Tipp

Vergessen Sie zum Schluss vor lauter Erleichterung über das geschaffte Formular nicht, dass rechts neben Ihnen auch Ihr Kind unterschreiben muss.

denden, sondern auch nach Gewinnen (beziehungsweise Verlusten) aus dem Verkauf von Aktien und anderen Wertpapieren. Die Nummern **„3 bis 6"** müssten mithilfe der Ausfüllhinweise und der vorhandenen Einkommensnachweise, Bescheinigungen und Anträge gut zu meistern sein. Erhält das Kind eine Rente, gehören die Angaben zu Nummer **„5"**. Die Nummer **„7"** gilt nur für verheiratete oder in eingetragener Lebenspartnerschaft lebende Kinder. Hier spielen die Einkünfte des Partners und möglicherweise auch Unterhaltsprobleme eine wichtige Rolle. Das macht die Sache manchmal so unüberschaubar, dass die Familienkasse oder ein Steuerexperte helfen sollten. Zur Nummer **„8 Ergänzende Angaben ..."** auf Seite 4 des Formulars hat die Familienkasse noch einen

Einkünfte und Bezüge

Einkünfte sind, vereinfacht gesagt, alle steuerpflichtigen Einnahmen minus Werbungskosten oder Betriebsausgaben. Das bezieht sich auf alle Arten von Einnahmen, zum Beispiel auf den Lohn eines Arbeitnehmers, die Zinsen eines Sparers oder den Gewinn eines Unternehmers. Nahezu alles, was einem Kind im Rahmen der laut Einkommensteuergesetz „sieben Einkunftsarten" als Geld- oder Sachleistung zufließt, wird den Einkünften zugerechnet, selbst der Arbeitgeberanteil an vermögenswirksamen Leistungen (umstritten, Az. III R 23/09).

Zu den **Bezügen** rechnet die Verwaltung fast alle Geld- oder Sacheinnahmen des Kindes, die sie mit dem Begriff der Einkünfte nicht erfassen kann. Eine kleine alphabetische Auswahl:

- Arbeitnehmersparzulage (nach Auszahlung)
- Ausbildungshilfen (etwa der Zuschusstfüil des BAföG, Stipendien)
- Arbeitslosengeld II (Hartz IV)
- Elterngeld über 300 Euro im Monat
- Entlassungsgeld von Wehrdienst- und Zivildienstleistenden
- Geld- und Sachleistungen der Gasteltern für eine Au-pair-Tätigkeit
- Leistungen der Kinder- und Jugendhilfe
- Lohnersatzleistungen wie Arbeitslosen- oder Krankengeld
- Lottogewinne
- Pauschal versteuerter Arbeitslohn aus Minijobs
- Renten aus der gesetzlichen Unfallversicherung, der steuerfreie Teil einer Rente aus der gesetzlichen Rentenversicherung
- Sozialhilfe
- Steuerfreie Zuschläge für Sonntags-, Feiertags- oder Nachtarbeit
- Wohngeld

Alles über Einkünfte und Bezüge steht in der „Dienstanweisung zur Durchführung des Familienleistungsausgleichs ...", Bundessteuerblatt 2004 Teil I Seite 773-790.

besonderen Vordruck für Azubis und andere Kinder, die Arbeitslohn bezogen haben und Werbungskosten oberhalb des Arbeitnehmerpauschbetrags von 920 Euro geltend machen können (Bezeichnung: KG5C).

Wichtig! Überlegen Sie gemeinsam mit ihrem Kind, mit welchen besonderen Ausbildungskosten, Werbungskosten oder Betriebsausgaben der Grenzbetrag der Einkünfte und Bezüge unterschritten werden kann. Manchmal kann eine gezielte kleine Investition zum Jahresende, zum Beispiel in Fachliteratur oder Computerzubehör, die gesamte Förderung retten. Achten Sie auch darauf, dass der Nachwuchs im Jahresverlauf möglichst sorgfältig die entsprechenden Belege sammelt.

Berufsausbildung

Eine Bedingung für das Kindergeld ab 18 ist die Berufsausbildung des Kindes. Darunter versteht die Verwaltung „...alle Maßnahmen, bei denen es sich um den Erwerb von Kenntnissen, Fähigkeiten und Erfahrungen handelt, die als Grundlage für die Ausübung des angestrebten Berufs geeignet sind“. Das ist zum Beispiel der Schulbesuch von Grund- bis Hochschule, die Ausbildung für einen Beruf in handwerklichen, kaufmännischen, technischen und sonstigen Bereichen wie auch Weiterbildung verschiedenster Art. Verwaltung und Gerichte legen den Begriff Berufsausbildung großzügig aus (→ Infokasten Seite 145) und sie haben seine Grenzen in den letzten Jahren immer mehr erweitert. Die gelten erst dort als überschritten, wo von Ausbildung auch bei Zudrücken sämtlicher Augen nicht mehr gesprochen werden kann, zum Beispiel wenn der Juniorchef in den elterlichen Betrieb eingewiesen wird oder ein an der Uni eingeschriebener „Bummelstudent“ dort niemals erscheint. Auch „freie Selbstausbildung – zu welchem Ziel auch immer – ist keine Berufsausbildung“, heißt es in der genannten Dienstanweisung. Etwas strukturiert und auf jeden Fall berufsbezogen muss die Sache schon sein. Wenn es nur um die Vermittlung allgemein

Tipp

Ob eine angestrebte Berufsausbildung im Inland oder im europäischen Ausland aufgenommen werden soll, ist für den Kindergeldanspruch unerheblich.

Tipp

Die Verwaltung erkennt grundsätzlich jeden Ausbildungswunsch des Kindes an. Sie lehnt aber ab, wenn offenkundig Voraussetzungen fehlen, zum Beispiel, wenn ein Kind ohne Abitur Medizin studieren möchte.

Anerkannte Ausbildung

Neben Schul- und Hochschulbesuchen sowie herkömmlichen Ausbildungsverhältnissen können auch folgende Aktivitäten als Ausbildung gelten:

Anlernverhältnis: Es muss einen Ausbildungsplan geben und darf sich nicht um ein „normales" Arbeitsverhältnis handeln.

Au-pair-Tätigkeit: Eine Au-pair-Tätigkeit wird als Sprachausbildung anerkannt, wenn zwei Bedingungen erfüllt sind: Das Lehrprogramm im Gastland ist von einer fachlich autorisierten Stelle vorgegeben und soll mindestens 10 Unterrichtsstunden pro Woche betragen.

Ausbildung von Soldaten auf Zeit: Während Soldaten zu Offizieren (drei Jahre) oder Unteroffizieren (ein Jahr) ausgebildet werden, können die Eltern weiter Kindergeld beziehen.

College-Besuch: Diese Einrichtung in den USA ist allgemeinbildenden Schulen in Deutschland gleichgestellt.

Berufspraktika: Es kommt darauf an, dass das Praktikum für den angestrebten Beruf erforderlich oder geeignet ist und kein verkapptes Arbeitsverhältnis.

Promotionen: Wer im Anschluss an den Hochschulabschluss seine Dissertation schreibt, befindet sich noch in der Berufsausbildung.

Sprachausbildung im Ausland: Sie muss in organisierter Form stattfinden (kein Selbststudium!). Problemlose Anerkennung findet sie, wenn sie mit dem Besuch einer allgemeinbildenden Schule, eines Colleges oder einer Universität im Ausland verbunden wird.

Trainee-Programme: Wenn der Ausbildungscharakter im Vordergrund steht, können Trainee-Programme Ausbildungsmaßnahmen sein. Der Bundesfinanzhof muss klären, ob das tatsächlich so ist (Az. III R 88/08).

Volontariat: Eine Anerkennung als Berufsausbildung erfolgt, wenn der Ausbildungscharakter im Vordergrund steht, eine Bezahlung wie für Azubis schadet nicht.

Vorbereitungsdienste: Hier geht es zum Beispiel um Referendariate von Lehrern oder Juristen, um den Arzt im Praktikum und um Vorbereitungsdienste bei der Polizei.

nützlicher Fertigkeiten, Lebenserfahrungen oder sozialer Eigenschaften geht, ist die Anerkennung als Berufsausbildung jedenfalls in Gefahr.

Beim Umfang des Bildungsstrebens verlangt die Verwaltung „Ernsthaftigkeit" und fordert, die Ausbildungsmaßnahme müsse „Zeit und Arbeitskraft des Kindes" überwiegend in Anspruch nehmen. Praktisch heißt das, dass sich das Kind mindestens zehn

Stunden in der Woche mit Unterricht oder Ausbildung zu befassen hat. Kommt das nicht zusammen, müssen zusätzliche Nachweise der Ernsthaftigkeit her.

Wichtig! Auch berufsvorbereitende Teilzeitmaßnahmen können eine Berufsausbildung sein. Gleiches gilt, wenn sich ein Kind neben dem Wehr- oder Zivildienst beruflich ausbilden lässt.

Pausen und Unterbrechungen

„Das schönste an der Schule, das sind die Pausen", heißt es in einem alten Schlager. Ganz so positiv dürfte das die Verwaltung zwar nicht sehen, aber sie gewährt unter Umständen weiter Kindergeld, wenn aus bestimmten Gründen keine Ausbildung stattfindet. Das betrifft zum Beispiel die Übergangszeit zwischen zwei Ausbildungsabschnitten, die Unterbrechung der Ausbildung oder die Wartephase auf einen Ausbildungsplatz.

Zum Beispiel Jakob J. *Der 19-Jährige hat im Mai das Abitur gemacht. Im Oktober beginnt sein Maschinenbaustudium. Jakobs Eltern steht weiter Kindergeld zu, denn es handelt sich um eine „Übergangszeit zwischen zwei Ausbildungsabschnitten" und die darf nicht länger als vier volle Kalendermonate dauern. In diesem Fall sind es mit Juni, Juli, August, September genau vier Monate. Dabei ist unerheblich, an welchem Tag im Mai die Schule zu Ende ging und an welchem Tag im Oktober das Studium beginnt.*

Neben der Pause zwischen Abitur und Studium sind weitere Zwischenzeiten förderfähig, zum Beispiel zwischen einem Ausbildungsabbruch und dem Beginn einer neuen Ausbildung, zwischen dem Ende einer Erst- und dem Beginn einer Zweitausbildung. Auch in der Pause zwischen dem Ende der Ausbildung und dem Beginn des Wehr- oder Zivildienstes kann es weiter Kindergeld geben, wenn die Viermonatsfrist eingehalten wird.

Hätte Jakob J. sein Abitur bereits im März oder April gemacht, wäre die Viermonatsfrist klar überschritten gewesen. Trotzdem hätten Jakobs Eltern weiter Kindergeld bekommen, denn in diesem Fall gilt eine andere Regel und die lautet sinngemäß so: Wenn sich ein Kind ernsthaft um einen Ausbildungsplatz bemüht oder bereits die Zusage für einen Ausbildungsplatz hat, kann es für dieses „ausbildungswillige Kind" Kindergeld geben. Der Viermonatszeitraum spielt dann keine Rolle. Da Jakob seinen Studienplatz bereits sicher hatte, trifft diese Regelung für ihn zu. Vorrangig ist sie aber für ganz andere Problemlagen gedacht, und zwar für Kinder, die noch keinen Ausbildungsplatz gefunden haben, um ihre Ausbildung zu beginnen (Stichwort Lehrstellenmangel) oder sie fortzusetzen (Stichwort Numerus Clausus).

Zum Beispiel Torsten T. *Der 22-Jährige hat im Januar 2009 ein Studium geschmissen, um seinen neuen Traumberuf Tischler zu erlernen. Mehrere Bewerbungen blieben erfolglos. Torsten ließ sich im Februar bei der Berufsberatung der Agentur für Arbeit registrieren. Einen Ausbildungsplatz ergatterte er erst im November (Ausbildungsvergütung 550 Euro). Von März bis Mai arbeitete er Vollzeit in einem Supermarkt, wo er 1 200 Euro im Monat verdiente. Die Eltern unterstützen ihn mit Unterhaltszahlungen. Sie erhielten weiter Kindergeld, weil er sich ernsthaft um einen Ausbildungsplatz bemühte und seine Einkünfte und Bezüge den Grenzbetrag von 7 680 Euro nicht überschritten haben.*

Eltern ausbildungssuchender Kinder sollten besonders darauf achten, dass sich der Nachwuchs ernsthaft um einen Ausbildungsplatz bemüht und dass diese Bemühungen nachweisbar sind. Als Nachweise dienen zum Beispiel schriftliche Bewerbungen, Zwischenbescheide, Zusagen und Ablehnungen oder auch eigene Suchanzeigen. Außerdem sollte sich das Kind bei der Berufsberatung der Agentur für Arbeit oder bei der entsprechenden kommunalen Stelle als Bewerber für einen Ausbildungsplatz oder für eine berufsvorbereitende Ausbildungsmaßnahme registrieren lassen. Bewerbungsunterlagen sollten als Nachweise immer bis zum Ende eines möglichen Kindergeldbezugs aufgehoben werden, besonders dann, wenn die Bewerbungen erfolglos geblieben sind.

Wichtig! Die Registrierung als Ausbildungssuchender ist nach einem Urteil des Bundes finanzhofes (BFH, Az. III R 66/05) immer nach drei Monaten zu erneuern, ansonsten ist der Anspruch auf das Kindergeld gefährdet. Alternativ können auch eigene Bemühungen die Suche nach einem Ausbildungsplatz belegen.

Tipp

Das Kind hat die Möglichkeit, das Ergebnis einer Bewerbung abzuwarten, ohne sich parallel auch für andere Ausbildungsplätze bewerben zu müssen.

Erweiterte Meldepflicht

Erhalten Sie Kindergeld für ein Kind über 18, sollten Sie die Familienkasse unverzüglich benachrichtigen, wenn das Kind:

- eine Ausbildung (Schule oder Beruf) oder das Studium wechselt, beendet oder unterbricht (dies gilt ebenfalls, wenn das Kind sich trotz bestehender Immatrikulation vom Studium beurlauben lässt);
- erstmals über Einkünfte oder Bezüge verfügt oder sich das bisherige Einkommen des Kindes erhöht;
- bisher ohne Ausbildungsplatz oder auch arbeitslos war und nun eine Ausbildung (Schule oder Beruf), ein Studium oder eine Erwerbstätigkeit aufnimmt;
- zum Wehr- oder Zivildienst während seiner Ausbildung einberufen wird;
- heiratet beziehungsweise sich sein Familienstand ändert;
- schwanger ist und in den Mutterschutz geht.

Ein Streitpunkt bei Kindern ohne Ausbildungsplatz und bei Kindern in einer Übergangszeit zwischen zwei Ausbildungsabschnitten (→ ab Seite 146) ist die Berechnung der Einkünfte und Bezüge während dieser Zeit. Die Verwaltung bezieht sie in jedem Fall mit in die Berechnung ein. Hätte Torsten T. im Beispiel oben für gleiches Gehalt von Februar bis Oktober gearbeitet, wäre er oberhalb des Grenzbetrags von 7 680 Euro gelandet, damit wäre auch für Januar, November und Dezember das Kindergeld weg gewesen. Steuerexperten und einige Finanzgerichte sehen die Sache anders: Sie halten Monate mit Vollzeiterwerbstätigkeit ganz und gar aus der Berechnung heraus, wenn die Einkünfte und Bezüge des Kindes in diesen Monaten den Grenzbetrag überschreiten. Es gibt für diese Monate dann zwar kein Kindergeld, aber wenigstens die Ausbildungsmonate innerhalb des Jahres könnten so für das Kindergeld gerettet werden.

Wichtig! Solange sich die Gelehrten in dieser Frage streiten, sollten betroffene Eltern Rat bei einem Lohnsteuerhilfeverein oder Steuerberater suchen. Legen Sie Einspruch ein und beantragen Sie ein Ruhen des Verfahrens (Az. III R 17/09).

Unterbricht ein Kind seine Berufsausbildung wegen längerer Erkrankung oder Mutterschaft, kann es trotzdem weiter Kindergeld geben. Um zu prüfen, ob und wann die Ausbildung nach dem Ende der Erkrankung fortgesetzt werden kann, verlangt die Familienkasse in der Regel ein Attest vom Amtsarzt. Studenten müssen den Nachweis der Uni erbringen, dass sie wegen Erkrankung vom Studium beurlaubt oder von der Belegpflicht befreit sind. Auch während der Elternzeit gilt ein Kind nicht mehr als Kind, es sei denn, es bleibt weiter in Ausbildung.

Unterbricht ein Kind wegen des Wehr- oder Zivildienstes seine Ausbildung, hört es aus amtlicher Sicht auf, ein Kind zu sein. Während der Dienstzeit wird grundsätzlich kein Kindergeld gezahlt. Aber ein Trostpflaster gibt es immerhin: Die Dienstzeit kann die Bezugszeit von Kindergeld verlängern (→ Seite 135).

Wichtig! Eltern müssen der Familienkasse nachweisen, dass sich ihr Kind in einer Ausbildung befindet. Dazu gibt es für Azubis zwei Formulare: Zunächst wird die „Ausbildungsbescheinigung" verlangt (Formular KG5b), später die „Erklärung über die Fortdauer beziehungsweise das Ende der Berufsausbildung" (KG9A). Beide bestätigt der Ausbildungsbetrieb, Eltern müssen aber manchmal dafür sorgen, dass das auch geschieht.

Arbeitslos und arbeitsuchend

Arbeitslose Kinder zwischen 18 und 21 können weiterhin Kindergeld und die daran geknüpften anderen Kinderförderungen erhalten. Voraussetzung: Sie sind bei der Agentur für Arbeit als Arbeitsuchende gemeldet. Die Förderung kann sich über den 21. Geburtstag hinaus verlängern, wenn das Kind vorher Wehrdienst oder Zivildienst geleistet hat. Als Nachweis reicht der Familienkasse eine Bescheinigung der Arbeitsagentur.

Wichtig! Die Meldung bei der Arbeitsagentur muss alle drei Monate wiederholt werden, sonst entfällt der Kindergeldanspruch. Eigene Arbeitsplatzsuche reicht als Nachweis nicht.

Zum Beispiel Svenja S. *Die gelernte Bürokauffrau (geboren am 22. September 1988) war nach einer Kündigung seit dem 19. Januar 2009 arbeitslos. Aus lauter Frust fährt sie erstmal ein paar Tage weg und meldet sich am 2. Februar arbeitslos. Ab Februar kellnert sie in einem Minijob für 400 Euro im Monat im Restaurant eines Bekannten. Svenjas Eltern bekommen*

Tipp

Arbeitet ein arbeitsuchendes Kind in einem Minijob bis 400 Euro im Monat, gefährdet das den Kindergeldanspruch der Eltern nicht.

von Februar bis September 2009 Kindergeld. Hätte sich Svenja noch im Januar bei der Arbeitsagentur gemeldet, wäre auch für Januar Kindergeld gezahlt worden. Im September wurde Svenja 21 und es gab letztmalig Kindergeld. Der Minijob gefährdet den Kindergeldanspruch grundsätzlich nicht. Svenja verdiente außerdem zu wenig, um die Einkommensgrenze von 7 680 Euro im Jahr zu überschreiten.

Übrigens kann es für Kinder in Ausnahmefällen (Krankheit, Mutterschaft, siehe Seite 148) auch dann Kindergeld geben, wenn sie nicht als arbeitslos oder arbeitsuchend gemeldet sind. Das nennt sich dann amtlich „Unterbrechung der Ausbildung". In solchen Fällen sollten Eltern unbedingt mit der Familienkasse sprechen, denn es sind besondere Anforderungen und Fristen zu beachten. Konsultationsbedarf besteht auch in einem etwas anders gelagerten, aber relativ häufig auftretenden Fall: Wenn ein Kind seinen Arbeitsplatz verliert und unmittelbar danach eine Ausbildung beginnen möchte, kann es in der Übergangszeit bis zum Ausbildungsbeginn weiter Kindergeld geben.

Behinderte Kinder

Für behinderte Kinder gilt grundsätzlich keine Altersgrenze. Eltern können also auch Kindergeld erhalten, wenn die Kinder älter als 25 sind. Voraussetzung ist seit 2007 allerdings, dass die Behinderung vor dem 25. Geburtstag eingetreten sein muss. Vorher war der 27. Geburtstag maßgebend.

Behindert sind Kinder in den Augen der Verwaltung, wenn „... von der Norm abweichende körperliche, geistige oder seelischer Zustände" dazu führen, dass sie nicht selbst für ihren Unterhalt sorgen können. Das betrifft zunächst Kinder mit einem Behinderungsgrad von mindestens 50 Prozent. Darüber hinaus kann es auch für Kinder mit einem geringeren Behinderungsgrad (mindestens 25 Prozent) ohne zeitliche Begrenzung Kindergeld geben. Voraussetzung dafür ist aber, dass diese Kinder behinderungsbedingt keinen passenden Arbeitsplatz bekommen können. In Zweifelsfällen erstellt die Agentur für Arbeit nach einer medizinischen Untersuchung des Kindes ein entsprechendes Gutachten für die Familienkasse. Übrigens können auch Suchtkrankheiten wie die Abhängigkeit von Rauschgift, Alkohol oder Tabletten als Ursache von Behinderung anerkannt werden.

Behinderte Kinder können zwar ohne Altersbegrenzung Kindergeld erhalten, aber auch ihr Einkommen darf bestimmte Grenzen nicht überschreiten. Entscheidend für die Grenzberechnung ist immer der Vergleich von zwei Rechengrößen. Auf der einen Seite steht der „Lebensbedarf" des Kindes. Der setzt sich zusammen aus dem „Grundbedarf" und einem „behinderungsbedingten Mehraufwand". Der Grundbedarf entspricht genau dem Grenzbetrag der Einkünfte und Bezüge von 7 680 Euro, der für alle Kinder (2009) gilt, und er wird im Prinzip auch so berechnet (→ ab Seite 142). Der Mehrbedarf geht entweder mit den tatsächlich entstandenen Kosten der Behinderung in die Rechnung ein oder mit dem sogenannten „Behindertenpauschbetrag" (nach § 33 b Abs. 3 Einkommensteuergesetz). Der beträgt je nach Grad der Behinderung 310 bis 3 700 Euro (→ auch Tabelle Seite 88). Grund- und Mehrbedarf werden zusammengezählt und mit der zweiten Rechengröße verglichen, das sind die sogenannten „kindeseigenen Mittel". Darunter versteht die Verwaltung das „verfügbare Einkommen des Kindes". Es wird im Prinzip wie die Einkünfte und Bezüge nicht behinderter Kinder ermittelt (→ ab Seite 142). Fallen Grundbedarf plus Mehrbedarf zusammen höher aus als das verfügbare Einkommen des Kindes, gibt es weiter Kindergeld. Sind die Einnahmen des Kindes höher als Grund- und Mehrbedarf zusammen, kann es für seinen Unterhalt selbst aufkommen und Kindergeld entfällt.

Tipp

Vermögen gehört unabhängig von seiner Höhe nicht zum Einkommen eines behinderten Kindes.

Soweit das noch relativ überschaubare Schema. Im richtigen Leben geht es deutlich bunter zu, weil zusätzlich zum pauschal ermittelten Mehrbedarf noch weitere Posten, zum Beispiel Pflegegeld oder Betreuungsleistungen der Eltern, berücksichtigt werden oder weil bei den „kindeseigenen Mitteln" Einnahmen wie Pflegegeld nicht in die Berechnung eingehen. Auch landesrechtliche Regelungen können Einfluss haben. Hier geht ohne fachlichen Rat gar nichts oder vieles schief. Für die Prüfung des Anspruchs behinderter Kinder gibt es einen speziellen Fragebogen (KG5f).

Wichtig! Eltern behinderter Kinder sollten möglichst engen Kontakt zur Familienkasse halten und versuchen, gemeinsam alle Fördermöglichkeiten auszuschöpfen. Bei Problemen kann sich auch die Unterstützung eines Lohnsteuerhilfevereins oder eines Steuerberaters lohnen.

Ausbildungshilfen

Eltern können mit einer ganzen Reihe staatlicher Hilfen für die Ausbildung ihrer Kinder rechnen. Es gibt sie in Form von Zuschüssen und günstigen Darlehen für Schüler, Lehrlinge und Studenten, beispielsweise beim BAföG. Der Fiskus beteiligt sich außerdem an Aus- und Weiterbildungskosten (→ Seite 161). Mit Ausbildungsbeihilfen der Bundesagentur für Arbeit und verschiedenen Stipendienprogramme stehen weitere Fördertöpfe zur Verfügung (→ ab Seite 165). Eltern dürfen Schulgeld für Privatschulen teilweise absetzen (→ Seite 164)

BAföG

Die Abkürzung BAföG steht für Hilfe nach dem **B**undes**a**usbildungs**fö**rderungs**g**esetz. Sie soll jungen Menschen (beziehungsweise deren Eltern) unter die Arme greifen, die eine weiterführende Schulbildung oder ein Studium ohne Förderung finanziell nicht stemmen können. Die Absicht ist gut, kommt aber immer schlechter an, wie tendenziell rückläufige Zahlen von BAföG-Empfängern in den vergangenen Jahren gezeigt haben. Ob die kleine BAföG-Reform im Herbst 2008 daran etwas ändern kann, muss sich erst noch zeigen. Dass 2008 nur rund 822 000 Schüler und Studenten BAföG erhielten, liegt wohl auch an den vielen Voraussetzungen und Bedingungen dieser Förderung, an Einschränkungen und Ausnahmen, komplizierten Berechnungen und aufwändigen Nachweisführungen. Um BAföG zu beantragen, spötteln manche, muss man nicht studieren wollen, sondern schon studiert haben, möglichst ein paar Semester „BAföGologie". Dennoch bezeugen Hunderttausende erfolgreiche Antragsteller, dass sich auch diese bürokratischen Hürden überwinden lassen. Für sie hat es sich allemal gelohnt, denn die durchschnittliche Unterstützung von Studenten betrug nach Angaben des Statistischen Bundesamtes 2008 monatlich 398 Euro, bei Schülern waren es 321 Euro.

BAföG bekommen vor allem Studenten und Fachhochschüler. Auch Schüler können damit ab der 10. Klasse gefördert werden, wenn sie eine allgemein bildende Schule oder eine Berufsschule besuchen und nicht mehr bei ihren Eltern wohnen. Wer für welche Ausbildung BAföG erhalten kann, zeigt die Tabelle auf Seite 159.

Förderberechtigt sind Deutsche, die hier oder im Ausland eine Ausbildung machen. Ausländer, die in Deutschland leben und wohnen, können ebenfalls mit BAföG rechnen. Welche Voraussetzungen sie dafür erfüllen müssen, erfahren sie bei den örtlichen Ämtern für Ausbildungsförderung.

Wichtig! BAföG gibt es in drei Formen: als nichtrückzahlbaren Zuschuss, als zinslosen Kredit und als verzinslichen Kredit. Schüler erhalten BAföG immer als Zuschuss. Studierende bekommen BAföG in der Regel zur Hälfte als Zuschuss und zur Hälfte als zinsloses Staatsdarlehen. In bestimmten Fällen, zum Beispiel nach einem Fachrichtungswechsel, kann BAföG als verzinsliches Bankdarlehen gezahlt werden. Wie die Rückzahlung funktioniert, steht im Infokasten auf Seite 160.

Voraussetzungen

Grundsätzlich wird nur eine **Erstausbildung** gefördert. BAföG für eine Zweitausbildung gibt es aber ausnahmsweise, wenn mit der ersten Ausbildung überhaupt erst der Zugang zur höherwertigen zweiten Ausbildung erreicht werden konnte, zum Beispiel, wenn jemand das Abitur auf einem Abendgymnasium oder Kolleg nachgeholt hat und danach studiert.

Wie lange gefördert wird, richtet sich danach, was Studien- oder Ausbildungsordnung als normale Ausbildungsdauer vorsehen. Wenn dort nichts steht, gelten die im Gesetz festgelegten maximalen **Förderzeiten**, beispielsweise neun Semester für ein Hochschulstudium oder sieben für ein Fachhochschulstudium.

Auch das **Alter** des Antragstellers spielt eine Rolle. Bei einem Studienbeginn mit über 30 gibt es nur ausnahmsweise BAföG, zum Beispiel für Menschen, die den zweiten Bildungsweg genutzt oder Kinder erzogen haben oder lange krank waren.

Ein **Fachrichtungswechsel** kann Folgen für das BAföG im neuen Studiengang haben. Erfolgt der Fachrichtungswechsel nach dem 3. Fachsemester, kann BAföG weitergezahlt werden. Bei einem späteren Wechsel müssen zwingende Begründungen her, ansonsten fällt die Weiterzahlung flach.

Schüler-BAföG wird ohne **Leistungskontrolle** in der Regel bis zum Ausbildungsabschluss gezahlt. Beim BAföG für Studierende gelten härtere Regeln. Sie müssen ihre Prüfungen in der vorgeschriebenen Regelstudienzeit absolvieren und das BAföG-Amt will nach dem vierten Semester einen Leistungsnachweis sehen.

Förderhöhe

Der Ausgangspunkt für die Berechnung des BAföG ist das, was ein Schüler oder Student nach Auffassung des Gesetzgebers zum Lebensunterhalt braucht. Das nennt sich „Grundbedarf" und unterscheidet sich je nach Ausbildungs- und Lebenssituation (→ Tabelle Seite 159). Der Grundbedarf wird aber nicht ausgezahlt, sondern er ist zunächst nur eine Rechengröße, von der eigenes Einkommen, Einkommen der Eltern oder des Ehegatten abgezogen wird. Bei Berechnung und Abzug dieser Einkommen spielen Faktoren wie die Mietkosten, die Existenz von Geschwistern oder die Höhe abzugsfähiger Werbungskosten eine wichtige Rolle. Das Ganze funktioniert nach ziemlich unübersichtlichen Regeln, auf die sich Bildungs- und Finanzbürokratie in jahrzehntelangem zähem Ringen verständigt haben. Man kann es aber auch sportlicher sehen: Für Menschen, die eine höhere Bildung anstreben, ist die Berechnung ihres BAföG-Anspruchs auf jeden Fall eine intellektuelle Herausforderung und damit vielleicht sogar eine geeignete Vorbereitung für künftige Bildungserfolge.

Zum Beispiel Hanno P. *Der 26-jährige Hanno studiert Medizin im zweiten Studienjahr. Er zahlt für sein Zimmer im Studentenwohnheim 190 Euro Miete sowie eigene Beiträge für die Kranken- und Pflegeversicherung. Geschwister hat er keine. Seine Eltern sind beide Arbeitnehmer und verdienen zusammen 3 795 Euro brutto im Monat. Andere Einkünfte haben sie nicht, auch keine Werbungskosten oberhalb des Arbeitnehmerpauschbetrags. Das BAföG-Amt bewilligt Hanno ein monatliches BAföG von 202 Euro. Davon zahlt es 101 Euro als Zuschuss und 101 Euro als zinsloses Darlehen.*

Monatliches Einkommen der Eltern	
Bruttoeinkommen der Eltern	3 795
minus Arbeitnehmerpauschbetrag (2 x 920 : 12)	– 153
Einkünfte der Eltern	3 642
minus Sozialpauschale (21,5 Prozent von 3 642)	– 783
minus Einkommensteuer, Soli und Kirchensteuer	– 468
Zwischenergebnis	2 391
minus Grundfreibetrag für die Eltern	– 1 555

Zwischenergebnis	836
minus Zusatzfreibetrag für die Eltern (50 Prozent von 836)	– 418
Anrechenbares Einkommen der Eltern	418
Berechnung des Grundbedarfs für Hanno	
Grundbedarf (→ Tabelle Seite 159)	512
plus Mietzuschlag (190 minus 146)	+ 44
plus Zuschuss für Kranken- und Pflegeversicherung	+ 64
Grundbedarf Hanno	620
Berechnung des BAföG	
Grundbedarf Hanno	620
minus anrechenbares Einkommen der Eltern	– 418
BAföG (alle Angaben in Euro, Quelle: BMBF, Zahlen 2008)	202

Vom Bruttoeinkommen der Eltern zieht das BAföG-Amt bestimmte pauschale Beträge ab, zum Beispiel die Sozialpauschale von derzeit 21,5 Prozent für Arbeitnehmer, den seit 2008 leicht erhöhten Grundfreibetrag von 1555 Euro, einen Zusatzfreibetrag (→ Rechnung) und gegebenenfalls Abzugsbeträge für Geschwister. Auch das eigene Einkommen des BAföG-Empfängers wird berücksichtigt. Die Rechnung ist komplex und im Einzelfall nur mithilfe der BAföG-Ämter oder anderer sachkundiger Menschen zu bewältigen. So gelten beispielsweise für Selbstständige, Beamte und Rentner andere Sozialpauschalen als für Arbeitnehmer. Außerdem wird für Eltern ab 65 ein spezieller „Altersentlastungsbetrag" berücksichtigt. Für Werbungskosten ging lediglich der Arbeitnehmerpauschbetrag in die Beispielrechnung ein. Wer höhere Werbungskosten hat, setzt diese an. Für jeden Euro Miete oberhalb von 146 Euro, gibt es einen Mietzuschlag von einem Euro, allerdings nur bis maximal 72 Euro.

Tipp

Wer wissen will, ob sich ein Antrag auf Förderung für ihn überhaupt lohnt, kann das über www.bafoeg-rechner.de erfahren.

Tipp

Ein „Antrag auf Vorabentscheidung" beim BAföG-Amt kann klären, ob die Förderung nach einem Fachrichtungswechsel weitergezahlt wird.

Wichtig! Eigenes Vermögen kann zu weniger BAföG führen.

Vermögen über 5 200 Euro wird auf die Fördermonate umgelegt und vom Grundbedarf abgezogen. Für Verheirate liegt die Grenze bei 7 000 Euro und für jedes Kind erhöht sie sich um 1 800 Euro. Die Angaben zum Vermögen können jetzt übrigens besser überprüft werden als früher, weil sich, wie einige Studenten bereits leidvoll erfuhren, die Kontrollmöglichkeiten deutlich verbessert haben. Wer hier schummelt, hat gute Aussichten auf ziemlich großen Ärger.

Besondere Förderungen

Einige Gruppen von BAföG-Empfängern werden auf besondere Weise gefördert, weil sie sich in einer besonderen Lage befinden. Das betrifft Mütter, Empfänger von Auslands-BAföG sowie Menschen, für die das Einkommen ihrer Eltern keine Rolle spielt.

So können **Mütter** entscheiden, ob sie die Ausbildung zeitweise unterbrechen oder trotz Kinderbetreuung fortsetzen. Wenn Mütter beispielsweise ihr Studium nur drei Monate unterbrechen, wird weiter BAföG gezahlt. Pausieren sie länger, fällt es in dieser Pause flach. Wer das Studium nach der Geburt des Kindes fortsetzt, bekommt zusätzlich zum BAföG einen Betreuungszuschlag von monatlich 113 Euro für das erste Kind und 85 Euro für jedes weitere Kind. Der Betreuungszuschlag ist ein Zuschuss, muss also nicht zurückgezahlt werden. Er gehört auch nicht zu den Einkünften und Bezügen der Mutter. Auf Antrag können Schwangere und Studierende mit Kind auch einen Aufschub für den Leistungsnachweis erreichen und länger gefördert werden. In der Regel wird Schwangeren der Förderanspruch um ein Semester verlängert. Bis zum fünften Geburtstag des Kindes gibt es eine Verlängerung um ein Semester pro Lebensjahr des Kindes. Für das sechste bis siebente Lebensjahr kann die Förderung um ein Semester verlängert werden. Gleiches gilt für das achte bis zehnte Lebensjahr. Kinder erhöhen auch den Freibetrag für das eigene Einkommen von BAföG-Empfängern um 470 Euro pro Kind.

Wichtig! Eltern, die ein Kind unter zehn Jahren oder ein behindertes Kind betreuen, werden die monatlichen Rückzahlungsraten unter bestimmten Voraussetzungen auf Antrag endgültig erlassen. Diese Regelung gilt aber nur noch für Rückzahlungsmonate bis zum Ende des Jahres 2009.

Studenten und Schüler, die **Auslands-BAföG** erhalten, werden besonders unterstützt. So kann es in Ländern außerhalb der EU monatlich einen Zuschlag für höhere Lebenshaltungskosten zwischen 50 und 315 Euro geben. Weitere Zusatzförderungen sind pauschale Reisekostenzuschläge für zwei Hin- und Rückfahrten pro Jahr (innerhalb Europas je Fahrt 250 Euro, außerhalb Europas je Fahrt 500 Euro) sowie Studiengebühren für maximal ein Jahr bis 4600 Euro. Wie viel und wie lange Auslands-BAföG gezahlt wird, hängt auch von der konkreten Ausbildung und vom Ausbildungsland ab. So werden Schüler frühestens ab der 10. Klasse für maximal ein Jahr im Ausland gefördert. Sie erhalten das BAföG als Zuschuss in der Höhe wie in Deutschland (→ Tabelle Seite 159). Der Förderhöchstbetrag für Schüler und Berufsfachschüler beträgt monatlich 519 Euro.

Berufsfachschüler und Studenten können in EU-Ländern und in der Schweiz vom Start ihrer Ausbildung bis zum Ausbildungsabschluss mit BAföG rechnen. Wer außerhalb dieser Region studiert, zum Beispiel in den USA, bekommt nur für maximal ein Jahr BAföG. Studenten erhalten im Ausland die gleichen BAföG-Sätze wie in Deutschland. Sie werden aber nur noch zur Hälfte als Zuschuss gezahlt. Weitere Einzelfragen zum Auslands-BAföG finden Interessenten unter www.das-neue-bafoeg.de.

Wichtig! Auch wer zu Hause kein BAföG bekommt, weil die Eltern, der Ehepartner oder er selbst zu viel verdienen, kann eventuell eine Auslandsförderung erhalten. Grund: Wegen verschiedener Zuschläge können im Ausland höhere Bedarfssätze gelten als zu Hause.

Für einige Studenten spielt das Einkommen der Eltern keine Rolle, denn sie erhalten **elternunabhängiges BAföG**. Gute Chancen darauf haben Studierende, die mindestens fünf Jahre vor dem Studium gearbeitet haben. Dabei muss die Beschäftigung nicht am Stück geleistet worden sein und auch ein Teilzeitjob zählt mit. Allerdings müssen sie wenigstens 614,40 Euro brutto im Monat verdient haben. Als Erwerbstätigkeit zählen in diesem Zusammenhang übrigens auch Wehr- und Zivildienst, ein freiwilliges soziales oder ökologisches Jahr, Mutterschutz- und Kindererziehungszeiten. Anspruch haben auch Stu-

Tipp

Praktika im Ausland können gefördert werden, wenn sie erforderlich sind und mindestens zwölf Wochen dauern.

Tipp

Der Antrag sollte möglichst vor Beginn der Ausbildung gestellt werden, denn BAföG wird nicht rückwirkend gezahlt.

denten, deren Eltern sich weigern oder nicht in der Lage sind, den notwendigen Ausbildungsunterhalt zu zahlen. Es gibt weitere Gründe für elternunabhängiges BAföG. Antragsteller sollten sich beim BAföG-Amt unbedingt nach allen Voraussetzungen und Möglichkeiten erkundigen.

Antrag auf BAföG

BAföG wird schriftlich beim zuständigen Amt für Ausbildungsförderung beantragt. Angehende Studenten wenden sich an das Studentenwerk ihrer Hochschule und alle anderen an die Ämter für Ausbildungsförderung vor Ort. Für ein Auslandstudium sind je nach Zielland nicht weniger als 17 (!) verschiedene Ämter zuständig, beispielsweise für Italien das Amt für Ausbildungsförderung des Bezirksamts Charlottenburg-Wilmersdorf von Berlin. Über die Zuständigkeiten informieren die Ausbildungsförderungsämter vor Ort, eine Übersicht gibt es auch im Internet unter www.das-neue-bafoeg.de. Unter der gleichen Internetadresse kann auch der vierseitige BAföG-Antrag (**Formblatt 1**, inklusive vier Seiten mit Erläuterungen) am Computer ausgefüllt und ausgedruckt

Meister-BAföG

Das sogenannte „Meister-BAföG" hat mit BAföG für Schüler und Studenten nichts zu tun. Es kann aber für junge Menschen, die sich weiterbilden wollen, interessant sein. Meister-BAföG wird nach dem „Aufstiegsfortbildungsförderungsgesetz" gezahlt. Anspruchsberechtigt können Menschen sein, die schon eine Berufsausbildung haben und sich weiterqualifizieren wollen. Das betrifft nicht nur Gesellen, die einen Meisterabschluss machen wollen, sondern beispielsweise auch Techniker, Facharbeiter und andere Berufspraktiker (zunehmend auch aus dem sozialen Bereich, etwa für Pflegeberufe und Erzieher). Geld gibt es für die Bezahlung von Fortbildungsmaßnahmen, etwa Lehrgangsgebühren, und unter bestimmten Voraussetzungen auch für den Lebensunterhalt. Ähnlich wie beim BAföG erfolgt die Förderung per nicht rückzahlbaren Zuschuss und per Kredit. Antragsformulare gibt es unter www.bmbf.de und in der Regel bei den kommunalen Ämtern für Ausbildungsförderung. Dort werden Interessenten auch beraten. In einigen Bundesländern sind andere Behörden zuständig. Welche das sind, weiß in der Regel die Gemeindeverwaltung.

werden. Mit Unterschrift versehen geht er danach per Post an das BAföG-Amt.

Wichtig! Für Erst- und Folgeanträge gibt es unterschiedliche Formulare, ebenso für Anträge auf Ausbildungsförderung im Ausland. Die Antragsformulare für Ausbildungsstätten in Bayern unterscheiden sich von denen der übrigen Bundesländer.

Ausbildungsstätten und Bedarfssätze

Wie viel BAföG das Amt zahlt, richtet sich nach der Ausbildungsstätte und danach, ob die Empfänger bei den Eltern oder auswärts wohnen. Außerdem gibt es für Studenten einen Mietzuschlag von maximal 72 Euro, wenn die Mietkosten 146 Euro übersteigen, für Schüler liegt diese Grenze schon bei 57 Euro. Wer selbst Beiträge zur Kranken- und Pflegeversicherung zahlt, kann mit einem Zuschlag von 64 Euro rechnen.

Ausbildungsstätte	Wohnt bei den Eltern Grundbedarf*	Wohnt nicht bei den Eltern Grundbedarf*	Mietzuschlag höchstens	KV- und PV-Zuschlag**	BAföG-Höchstsatz
alle Angaben in Euro					
Allgemeinbildende Schulen ab Klasse 10	0	383	72	64	519
Berufsfachschulen, Fach- und Fachoberschulen	212	383	72	64	519
Abendhaupt- und -realschulen, Berufsaufbauschulen, Fachoberschulklasse nach abgeschlossener Berufsausbildung	383	459	72	64	595
Fachschulen nach abgeschlossener Berufsausbildung, Abendgymnasien, Kollegs	389	487	72	64	623
Fachhochschulen, Akademien, Hochschulen	414	512	72	64	648

* Die BAföG-Bedarfssätze wurden 2008 um 10 Prozent erhöht.

** Zuschlag zur Kranken- und Pflegeversicherung ab Sommersemester 2009

Schüler und Studenten beantragen BAföG immer auf dem **Formblatt 1**, das ist der eigentliche Antrag zur Ausbildungsförderung.

Hier werden auf vier Seiten Personendaten und Angaben zur Wohnung, zum Einkommen und Vermögen abgefragt. Das geht relativ einfach am Computer, wenn der Antragsteller das rot unterlegte Fragezeichen zu jeder der 125 Zeilen anklickt Dann wird ihm ziemlich genau erklärt, was das BAföG-Amt wissen will, zum Beispiel bei den Angaben zur Wohnung während der Ausbildung. Wer Miete und Nebenkosten in Zeile 61 einträgt, braucht eine Bescheinigung vom Vermieter. Auch der Zuschlag zur Kranken- und Pflegeversicherung wird nur gezahlt, wenn eine Kopie des Versicherungsvertrags der Krankenkasse vorgelegt wird. Welche Belege sonst noch erforderlich sind, steht in den jeweiligen Zeilen.

Vergessen Sie nicht, den Antrag am Ende zu unterschreiben beziehungsweise die Eltern unterschreiben zu lassen.

BAföG- Rückzahlung

Studenten müssen in der Regel fünf Jahre nach dem Ende der Förderung mit der Rückzahlung des zinslosen Staatsdarlehens beginnen und monatlich mindestens 105 Euro zurückzahlen. Ausnahmen bestätigen aber auch diese Regel.

So kann bei geringem Einkommen die Rückzahlungsverpflichtung in die Zukunft verschoben werden. Antragsteller sollten sich beim BAföG-Amt über die genauen Bedingungen informieren. Bei guten Leistungen oder schnellem Studium in Deutschland wird ein Teil der Darlehensschuld erlassen.

Wer etwa zu den Besten des Abschlussjahrgangs gehört, kann je nach Studiendauer bis zu 25 Prozent der Schulden erlassen bekommen. Wird der Abschluss mindestens vier Monate vor Ende der Förderungsdauer erreicht darf man 2 560 Euro weniger zurückzahlen.

Wer ein verzinsliches Bankdarlehen aufgenommen hat, muss sechs Monate nach der letzten Auszahlung mit der Rückzahlung beginnen. Das Bankdarlehen plus Zinsen ist in monatlichen Raten von 105 Euro an die Kreditanstalt für Wiederaufbau (KfW) zu zahlen und die Rückzahlung darf in der Regel nicht länger als 20 Jahre dauern. Wer Schwierigkeiten bei der Rückzahlung hat, kann reduzierte Raten oder die Stundung für ein Jahr beantragen. Das verzinsliche Bankdarlehen ist stets vor dem zinslosen Staatsdarlehen zu tilgen. Werden beide Förderungen in Anspruch genommen, kann sich die Rückzahlungsfrist auf bis zu 22 Jahre verlängern.

Wichtig! Für die BAföG-Überweisung sollten sich Schüler und Studenten ein eigenes Girokonto einrichten, das viele Banken ohne Gebühren anbieten.

Zum Formblatt 1 gibt es weitere vier Seiten mit Erläuterungen zum Antrag und eine Übersicht zu wichtigen Anlagen. Die umfangreichen Erklärungen sollten sich diejenigen ausdrucken, die nicht mit den „Fragezeichen" am Computer arbeiten können oder möchten.

Auf Seite fünf steht, welche Anlagen zum Formblatt 1 noch abzugeben sind. **Anlage 1** ist zum Erstantrag sowie nach einer Ausbildungsunterbrechung und beim Antrag auf Auslands-BAföG auszufüllen.

Anlage 2 brauchen studierende Mütter, um einen Kinderbetreuungszuschlag zu beantragen. Die **Formblätter 2 bis 8** sind für spezielle Antragsteller wichtig. So brauchen zum Beispiel Antragsteller auf Auslands-BAföG das Formblatt 6.

Wichtig! BAföG wird frühestens ab dem Monat gezahlt, in dem der Antrag gestellt wurde. Anträge auf Auslandsförderung sollten mindestens sechs Monate vor Beginn der Auslandsausbildung gestellt werden.

Bildungshilfen vom Finanzamt

In der Alltagssprache sind die Begriffe Ausbildung und Fortbildung nahe beieinander. Für den Fiskus liegen dazwischen Welten und er behandelt beides sehr unterschiedlich.

Ausbildungskosten

Der Begriff Ausbildung steht für den erstmaligen Erwerb von Kenntnissen für einen Beruf, zum Beispiel kann das der Besuch einer allgemein bildenden oder berufsbildenden Schule sein, ein Erststudium oder auch die Nachholung des Abiturs. Ausbildungskosten, die in diesem Zusammenhang anfallen, können als Sonderausgaben bis 4 000 Euro im Jahr abgesetzt werden. Dazu gehören zum Beispiel Kursgebühren, die Ausgaben für Lehrmaterialien, Fachbücher, Fahrten zwischen Wohnung und Ausbildungsstätte, Übernachtung und Verpflegung, Arbeitsmittel (etwa einen Computer), Kopierkosten oder Zinsen für Ausbildungskredite. Ob Semestergebühren dazugehören, ist umstritten (→ Seite 139).

Tipp

Erfolgt die Ausbildung im Rahmen eines Dienstverhältnisses, dürfen auch Kosten für eine erstmalige Berufsausbildung oder für ein Erststudium voll abgesetzt werden.

Wichtig! Es muss einen nachvollziehbaren Bezug zum künftigen Beruf geben. Für die Teilnahme an Selbsterfahrungslehrgängen, an Kursen wie „Töpfern in der Toskana" oder anderen eher privaten Aktivitäten gibt es keinen Sonderausgabenabzug.

Ausbildungskosten wirken sich nur dann steuersenkend aus, wenn im betreffenden Jahr steuerlich relevantes Einkommen vorliegt. Das trifft bei sehr vielen Schülern und Studenten nicht zu. Hat aber beispielsweise ein Student aus einem Nebenjob oder aus Zinsen ein Einkommen oberhalb des Grundfreibetrags von 7 834 Euro (2009), können Ausbildungskosten bis 4 000 Euro die Steuer drücken oder ganz und gar vermeiden.

Fortbildungskosten

Bei beruflich veranlassten Bildungskosten, die nach dem Abschluss einer Erstausbildung oder eines Erststudiums anfallen, ist der Fiskus wesentlich großzügiger. Sie dürfen von Arbeitnehmern und Selbstständigen als Werbungskosten beziehungsweise als Betriebsausgaben in vollem Umfang abgesetzt werden. Gleiches gilt für Bildungsaufwendungen im ausgeübten Beruf und für Umschulungskosten. Welche Aufwendungen das im Einzelnen sein können, steht beispielhaft unter Ausbildungskosten.

Wichtig! Azubis können ausbildungsbedingte Ausgaben in unbegrenzter Höhe abziehen. Sie gelten als Arbeitnehmer und die Ausgaben für das Erlernen ihres Berufs sind Werbungskosten.

Das richtige Leben hält sich eher selten an Begriffsvorschriften. In der Praxis gibt es deshalb immer wieder Abgrenzungsprobleme zwischen Ausbildungs- und Fortbildungskosten. Auch die Frage, ob eine bestimmte Weiterbildung oder Umschulung dazu führen kann, steuerpflichtige Einnahmen zu erzielen, bietet breiten Raum für Auslegung und Streit. Den gibt es ohnehin reichlich, wie die anwachsende Zahl von Urteilen der Finanzgerichte belegt. Aufwendungen für die folgenden Bildungsmaßnahmen können in der Regel als Fortbildungskosten geltend gemacht werden: Zweit-, Zusatz-, Master-, Ergänzungs- oder Aufbaustudium, Promotion, Habilitation, Praktikum, neue Berufsausbildung nach abgeschlossener Berufsausbildung, Studienreisen und Kongresse, Umschulung oder Fortbildung, beispielsweise im Rahmen von Computerlehrgängen, Rhetorik-, Sprach- und Meisterkursen.

Wichtig! Erststudenten können ihre Ausgaben für das Studium als vorweggenommene Werbungskosten oder Betriebsausgaben per Steuererklärung geltend machen und Einspruch einlegen, wenn das Finanzamt (erwartungsgemäß) nicht mitspielt. Sie können sich dabei auf mehrere Verfahren beim Bundesfinanzhof berufen, in denen es um ein Studium nach einer Erstausbildung geht, zum Beispiel auf Az. VI R 14/07.

Tipp

Unter www.bundesfinanzhof.de sind alle anhängigen und entschiedenen Verfahren unter dem Stichwort „Fortbildung" oder „Ausbildung" zu finden.

Tipp

Auch Arbeitslose dürfen Fortbildungskosten voll absetzen, wenn die Qualifizierung darauf gerichtet ist, Einnahmen zu erzielen.

Die amtliche Unterscheidung zwischen Ausbildung und Fortbildung hat eine weitere praktische Konsequenz: Fortbildungskosten können zu steuerlichen Verlusten führen, die sich mit positiven Einkünften späterer Jahre verrechnen lassen. Das können Menschen, die sich in einer Fortbildung befinden und deshalb während dieser Zeit nicht viel verdienen, häufig nutzen. Mit Ausbildungskosten funktioniert das nicht, weil die sich nicht auf andere Jahre übertragen lassen.

Ausbildungskosten werden per Steuererklärung an das Finanzamt weitergegeben. Sie gehören als Sonderausgaben in die Zeilen 81 und 82 des Mantelbogens (Formulare des Jahres 2008, siehe unten).

In der Regel will das Finanzamt zu den Ausbildungskosten Nachweise sehen, zum Beispiel eine Rechnung über Kursgebühren oder Fahrtkostenabrechnungen. Arbeitnehmer tragen ihre Fortbildungskosten in die Anlage N (Zeile 52) unter „Weitere Werbungskosten" ein und Selbstständige nutzen die Anlage EUR oder eine formlose Aufstellung.

	Aufwendungen für die eigene **Berufsausbildung der Stpfl. / des Ehemannes** Bezeichnung der Ausbildung, Art und Höhe der Aufwendungen		EUR
81	STUDIUM, BESONDERE AUSBILDUNGSKOSTEN, SIEHE ANLAGE	17	2430,–
	Aufwendungen für die eigene **Berufsausbildung der Ehefrau** Bezeichnung der Ausbildung, Art und Höhe der Aufwendungen		
82		15	,–

Wichtig! Überlegen Sie, ob es sich bei Ihren Aufwendungen tatsächlich um beschränkt abzugsfähige Ausbildungskosten für eine Erstausbildung oder um voll abzugsfähige Fortbildungskosten für ein Weiterkommen im ausgeübten Beruf oder für das Erlernen eines Zweitberufes handelt. Manchmal ist das nur eine Frage der richtigen Formulierung, die Antwort kann aber, wie oben beschrieben, erhebliche steuerliche Folgen haben.

Schulgeld

Eltern, die ihren Nachwuchs auf eine Waldorfschule oder eine andere private Schule schicken, können den Fiskus am Schulgeld beteiligen. Sie dürfen 30 Prozent des Schulgelds, seit 2008 maximal 5 000 Euro im Jahr, als Sonderausgaben absetzen. Das Finanzamt akzeptiert aber nur die Gebühr für den Schulbesuch. Beherbergungs-, Betreuungs- und Verpflegungskosten sowie Ausgaben für Schulbücher, Schul- oder Sportbekleidung gelten als private Kosten und sind nicht absetzbar. Sind sie nicht einzeln auf der Schulgeldrechnung aufgelistet, können sie herausgerechnet oder auch geschätzt werden.

Auch der Besuch von Schulen im EU-Ausland ist begünstigt. Hinzu kommen Deutsche Schulen in Drittländern. Private Schulen im In- und Ausland werden grundsätzlich gleich behandelt. Sie müssen zu einem allgemeinbildenden Schulabschluss führen, der vom Kultusministerium eines Bundeslandes oder von der Kultusministerkonferenz der Länder anerkannt ist. Dasselbe gilt auch für einen allgemein- oder berufsbildenden Schul-, Jahrgangs- oder Berufsabschluss an privaten Wirtschaftsgymnasien, Berufsfach-, Handels- und Sprachschulen.

Wichtig! Eltern tragen das gesamte Schulgeld, nicht nur die abzugsfähigen 30 Prozent, als Sonderausgaben in die Anlage Kind ein (Zeile 44, → Seite 194). Wer nur die tatsächlich abzugsfähigen 30 Prozent einträgt, kann am Ende nur neun Prozent absetzen (30 Prozent von 30 Prozent).

Weitere Bildungshilfen

Neben BAföG und Steuererleichterungen bietet der Staat weitere Ausbildungshilfen an, auch die Bundesagentur für Arbeit, Parteien und andere Organisationen sind auf diesem Feld aktiv. Stichworte sind hier Stiftungen, der staatliche Bildungskredit, Ausbildungsbeihilfen der Agentur für Arbeit und die besondere Förderung von Bildung im Ausland.

Berufsausbildungsbeihilfe

Diese Unterstützung, abgekürzt BAB, soll Jugendlichen aus finanzschwachen Familien eine Ausbildung ermöglichen. Die Beihilfe von maximal 559 Euro zahlt die Agentur für Arbeit als monatlichen Zuschuss für den Lebensunterhalt während der Lehre. Dazu kommen noch die individuellen Fahrtkosten und Ausgaben für Lernmittel und Arbeitskleidung. Azubis bekommen aber meist nur einen Teil des Höchstzuschlags, da BAB an eine ganze Reihe von Bedingungen geknüpft ist.

Gefördert wird in der Regel nur die erste Ausbildung und sie muss staatlich anerkannt sein. Azubis erhalten BAB außerdem nur, wenn sie während der Ausbildung nicht bei den Eltern wohnen können, weil der Ausbildungsbetrieb zu weit vom Elterhaus entfernt ist oder sie aus sozialen Gründen besser nicht dort bleiben. Das Einkommen der Eltern und des Azubis selbst spielt (ähnlich wie beim BAföG) bei der Berechnung von BAB eine wichtige Rolle. Um BAB zu bekommen, sollten Azubis rechtzeitig vor Beginn der Ausbildung einen Antrag bei der Berufsberatung der Agentur für Arbeit stellen. Die Antragsformulare gibt es dort und dort ist auch zu erfahren, welche Bescheinigungen verlangt werden. Bekommen Azubis BAB, dürfen sie seit August 2008 bis zu 400 Euro im Monat mit einem Minijob dazuverdienen, ohne dass die Beihilfe gekürzt wird.

Wichtig! BAB wird nicht rückwirkend gezahlt. Je später der Antrag gestellt wird, umso später gibt es auch Geld.

Stipendien

Studierende mit sehr guten Leistungen haben Chancen auf Stipendien. Das erfordert zwar relativ langwierige Bewerbungsverfahren, doch der Aufwand kann sich lohnen. Im Jahr 2008 gab es nach Angaben des Bundesbildungsministeriums rund 21 000 Stipendiaten von Begabtenförderwerken. Die Absolventen müssen Stipendien (im Unterschied zum BAföG) in der Regel nicht zurückzahlen. Auch das Einkommen spielt keine oder eine geringere Rolle. Viele Stipendiengeber leisten zusätzliche Hilfen, die vom kostenlosen Sprachkurs über Büchergeld bis zur Vermittlung von Praktika und Unterstützung wissenschaftlicher Arbeiten reichen.

Die Stipendienhöhe orientiert sich in der Regel am BAföG. Bei den meisten Begabtenförderwerken dürfen sich Studierende selbst bewerben. Einige reagieren nur auf Vorschläge von Schulen oder Unis. Die einzelnen Stipendien und Förderungen unterscheiden sich erheblich. Ebenso sind die Anforderungen an Bewerber so vielfältig wie die Stipendiengeber. Bei allen werden jedoch überdurchschnittliche Schul- und Studienleistungen erwartet.

Seit dem Wintersemester 2008/2009 vergibt das Bundesministerium für Bildung und Forschung ein „Aufstiegsstipendium". Das Programm richtet sich hauptsächlich an beruflich besonders Begabte, die ihre Hochschulzugangsberechtigung durch einen Techniker-, Meister- oder vergleichbaren Abschluss erworben haben. Auch Absolventen von Fachoberschulen können sich unter www.aufstiegsstipendium.de online bewerben.

Tipp

Azubis können vorab unter www.babrechner.arbeitsagentur.de prüfen, ob ihnen eine Berufsausbildungsbeihilfe zusteht oder nicht.

Wichtig! Neben den großen staatlichen Begabtenförderwerken vergeben Stiftungen von Parteien, Kirchen, Wirtschaftsverbände, Firmen oder Privatleuten Stipendien. Bewerber können sich auf der jeweiligen Homepage über die Bedingungen informieren (→ Adressenverzeichnis ab Seite 203).

Bildungskredit

Studenten und Schüler können einen staatlichen Bildungskredit beantragen, um eine Finanzlücke in ihrer Ausbildung zu füllen. Der hat nichts mit den Studienkrediten zu tun, die von privaten Banken angeboten werden. Der Kreditgeber ist in diesem Fall die Kreditanstalt für Wiederaufbau (KfW). Der Bildungskredit kann ohne gleichzeitigen BAföG-Bezug oder auch zusätzlich zum BAföG beantragt werden. An die Kreditvergabe sind aber einige Bedingungen geknüpft. So können Studenten den zinsgünstigen Kredit erst beantragen, wenn sie die Zwischenprüfung ihres Studiengangs geschafft haben oder zum Beispiel ein Zusatz-, Ergänzungs-, Aufbau-, Master- oder Magisterstudium absolvieren. Schüler sollten mindestens 18 Jahre alt und im vorletzten Jahr ihrer Ausbildung sein oder bereits einen berufsqualifizierenden Abschluss haben. Den Kredit gibt es auch für ein Studium oder Praktikum im Ausland. Das Einkommen der Eltern und eigenes Vermögen spielen keine Rolle.

Der Bankkredit wird höchstens bis zum 12. Studiensemester und vom 18. bis zum 36. Lebensjahr ausgereicht. Es gibt in der Regel maximal 300 Euro im Monat. Bei höherem Finanzierungsbedarf, zum Beispiel für Studiengebühren, können auch bis zu sechs Monatsraten (also bis zu 1800 Euro) auf einen Schlag beantragt werden.

Tipp

Bewerbungen für ein Stipendium sollten so früh wie möglich erfolgen. Oft sind sie nur in den ersten drei bis vier Semestern möglich ist.

Wichtig! Der Bildungskredit ist vier Jahre nach der ersten Auszahlung in monatlichen Raten von 120 Euro an die KfW zurückzuzahlen.

Die Zinsen der KfW sind im Vergleich zu anderen Instituten relativ günstig. Der Zinssatz ist variabel und wird halbjährlich zum 1. April und 1. Oktober an die aktuellen Konditionen angepasst. Der Bildungskredit muss zunächst beim Bundesverwaltungsamt in Köln beantragt werden. Das Amt schickt den Bewilligungsbescheid an die Antragsteller zurück, damit diese innerhalb von vier Wochen einen Kreditvertrag mit der KfW abschließen können. Informationen zum aktuellen Zinssatz und alle Unterlagen gibt es im Internet unter www.bildungskredit.de.

Auslandsförderung

Mit einer speziellen Auslandsförderung unterstützt der Deutsche Akademische Austauschdienst (DAAD) Studenten, Graduierte, Doktoranden und Promovierte, die im Ausland studieren oder an Austauschprogrammen teilnehmen. Für eine DAAD-Förderung kann sich bewerben, wer bereits zwei Semester an einer deutschen Hochschule erfolgreich absolviert hat. Für Studienanfänger gibt es also keine Förderung. Sehr gute Studienleistungen und Sprachkenntnisse werden vorausgesetzt, die Trauben hängen ziemlich hoch.

Wer das große Glück hat, die Auslandsausbildungsförderung zu bekommen, erhält einerseits neben einem Grundbetrag andererseits einen je nach Land unterschiedlichen Auslandsbetrag. Der Grundbetrag von 512 Euro orientiert sich an der BAföG-Förderung, der Auslandsbetrag liegt zwischen 250 Euro und höchstens 550 Euro.

Tipp

Wer kein BAföG bekommt, muss den Grundbetrag aus eigener Tasche zahlen, den Auslandsbetrag zahlt in jedem Fall der DAAD.

Wichtig! Studenten erhalten unter www.daad.de die Antragsformulare für ein Stipendium und können sich in der Stipendiendatenbank über die Förderung im ausgewählten Studienland informieren.

Unter gleicher Adresse können sich Studenten auch über das EU-Hochschulprogramm „ERASMUS" informieren und beraten lassen. Das Austauschprogramm ermöglicht es Studenten, drei bis 12 Monate an einer europäischen Hochschule zu studieren. Zweiter Vorteil: Die Stipendiaten müssen keine Studiengebühren im Ausland bezahlen und bekommen für den Mehraufwand vom DAAD noch einen Zuschuss.

Ein weiteres EU-Programm für Studierende und Absolventen ist „LEONARDO DA VINCI", das besonders die berufliche Aus- und Weiterbildung durch Unternehmenspraktika im europäischen Ausland fördert. Mit „TEMPUS" unterstützt der DAAD die Zusammenarbeit mit Hochschulen außerhalb der EU.

Unterhalt vom Finanzamt

Die Zahlung von Unterhalt an Kinder ist eigentlich keine staatliche Fördermaßnahme. Das müssen Eltern grundsätzlich untereinander regeln. In bestimmten Fällen können Unterhaltszahlungen an Kinder aber auch steuerlich gefördert werden. Wenn Eltern kein Kindergeld mehr zusteht, weil ihr Kind dafür zu alt geworden ist, können sie Unterhaltszahlungen als außergewöhnliche Belastungen absetzen. Die Voraussetzungen dafür haben sich sogar etwas verbessert.

Mit Kindergeld, Kinderfreibetrag und Betreuungsfreibetrag (→ ab Seite 62) ist nach Auffassung des Staates für den Unterhalt eines Kindes ausreichend gesorgt. Alle Eltern wissen, dass das nicht ausreichen kann, trotzdem dürfen sie Unterhaltszahlungen an ihr Kind steuerlich nicht geltend machen, solange ihnen diese drei Instrumente zustehen. Das gilt übrigens auch für andere Menschen, zum Beispiel für Großeltern. Wenn die den Kindern etwas zustecken, dürfen sie es steuerlich nicht geltend machen, solange den Eltern (oder wem auch immer) für das betreffende Kind Kindergeld zusteht. Das kann sich aber schlagartig ändern, wenn Kinder 18 geworden sind und der Kindergeldanspruch weggefallen ist. Wenn dann Eltern oder Großeltern dem Nachwuchs finanziell unter die Arme greifen, zum Beispiel für Nahrung, Kleidung, Unterkunft oder Ausbildung sorgen, können sie bis 7 680 Euro (2009) als außergewöhnliche Belastung geltend machen. Ab 2010 erhöht sich diese Grenze auf 8004 Euro. Zusätzlich dürfen dann für den Unterstützten gezahlte Sozialversicherungsbeiträge geltend gemacht werden.

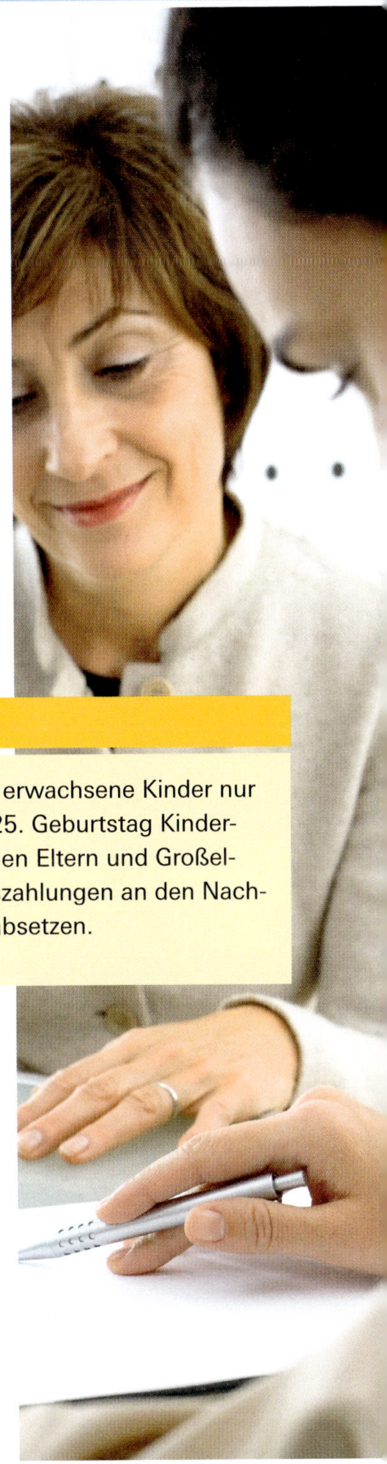

Tipp

Seitdem es für erwachsene Kinder nur noch bis zum 25. Geburtstag Kindergeld gibt, können Eltern und Großeltern Unterhaltszahlungen an den Nachwuchs früher absetzen.

Zum Beispiel Heidrun und Hans H. *Das Ehepaar zahlt seiner 28-jährigen Tochter Hendrike im Jahr 8 000 Euro für Lebensunterhalt, Miete und Studium. Kindergeld und Kinderfreibetrag stehen ihnen wegen des Alters der Tochter nicht mehr zu. Hendrike arbeitet in den Semesterferien als Kellnerin und verdient sich 1 000 Euro dazu, andere Einkommen hat sie nicht. Familie H. kann 7 680 Euro als außergewöhnliche Belastung geltend machen. Die Differenz zwischen 7 680 und 8 000 Euro bleibt ungefördert.*

Wichtig! Unterhaltszahlungen berücksichtigt das Finanzamt grundsätzlich nur, wenn sie an unterhaltsberechtigte Menschen gehen, zum Beispiel von Eltern an Kinder oder von Großeltern an Enkel. Spendiert der Onkel etwas, darf er das nicht absetzen, weil er in der Regel gegenüber seinem Neffen nicht unterhaltsverpflichtet ist.

Damit das Finanzamt Unterhaltszahlungen anerkennt, muss der Empfänger der Zahlung nicht nur unterhaltsberechtigt sein, sondern auch „bedürftig". Das bedeutet: Eigene Einkünfte und Bezüge (→ Seite 136) des Kindes oberhalb von 624 Euro im Jahr werden angerechnet und verringern so die abzugsfähige Unterstützung. Hendrikes Lohn von 1000 Euro im Beispiel oben, wirkt sich nicht aus, denn ihr steht der Arbeitnehmerpauschbetrag von 920 Euro zu und der drückt ihre Einkünfte auf 80 Euro (1000 minus 920). Würde sie aber beispielsweise doppelt soviel verdienen, also 2000 Euro, wäre der Grenzbetrag überschritten. Das Finanzamt rechnet in diesem Fall von den Einkünften von 1080 Euro (2000 minus 920) 624 Euro ab. Die verbleibenden 456 Euro verringern den als außergewöhnliche Belastung abzugsfähigen Unterhalt der Eltern auf 7224 Euro (7680 minus 456).

Tipp

Auch Großeltern, die ihrem Enkel ohnehin gelegentlich etwas zustecken, sollten überlegen, ob sich daraus nicht eine steuerlich abzugsfähige außergewöhnliche Belastung machen lässt.

Damit die Eltern die Unterhaltszahlung als außergewöhnliche Belastung absetzen können, darf das unterstützte Kind nicht nur wenig eigenes Einkommen haben, es darf auch kaum eigenes Vermögen besitzen. Hier liegt die Grenze bei 15500 Euro.

Wichtig! Der Wert eines durchschnittlichen selbst genutzten Eigenheims oder einer Eigentumswohnung geht nicht in die Ermittlung der Vermögensgrenze von 15500 Euro für Unterhaltszahlungen ein.

Als Unterhalt für ein Kind gelten übrigens auch Sachleistungen. Häufig geht es dabei um die Übernahme von Unterkunftskosten. Wird Hendrike im Beispiel oben kostenlos ein Zimmer in der elterlichen Wohnung überlassen, können die Eltern – wenn alle anderen Voraussetzungen stimmen – die darauf entfallende Miete als Unterhaltszahlung an das Finanzamt weitergegeben. Gehört ein

Kind zum Haushalt, kann auf den Nachweis der Unterhaltsleistung verzichtet werden. Das Finanzamt geht dann in der Regel immer vom Höchstbetrag von 7 680 Euro aus.

Werden Kinder unterhalten, die im Ausland leben, gelten besondere Bestimmungen. Das betrifft zum Beispiel den Nachweis der Bedürftigkeit und den Nachweis der Unterhaltszahlungen. Was dabei im Einzelnen zu beachten ist, erfahren Eltern beim Finanzamt oder bei einem Steuerexperten. Entsprechend der Ländergruppeneinteilung steht diesen Eltern ein Abzugsbetrag zwischen 7 680 Euro und einem Viertel davon zu (→ Tabelle Seite 179).

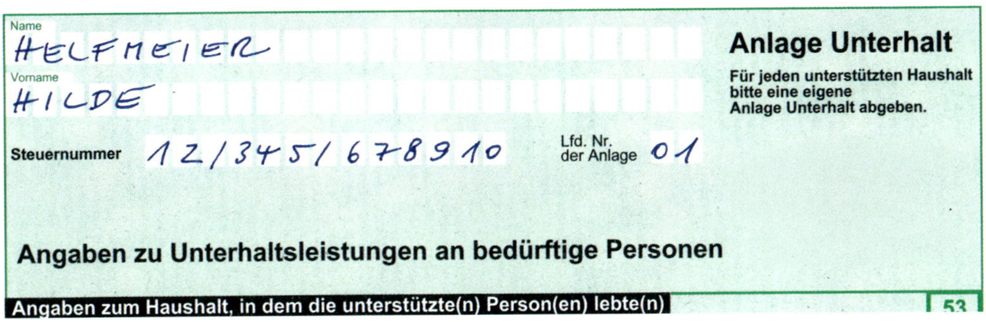
1 Name HELFMEIER
2 Vorname HILDE
3 Steuernummer 12/345/678910 Lfd. Nr. der Anlage 01

Anlage Unterhalt

Für jeden unterstützten Haushalt bitte eine eigene Anlage Unterhalt abgeben.

Angaben zu Unterhaltsleistungen an bedürftige Personen

Angaben zum Haushalt, in dem die unterstützte(n) Person(en) lebte(n) 53

Eltern stellen den Antrag auf Berücksichtigung von Unterhaltszahlungen an ihre Kinder als außergewöhnliche Belastung auf dem Mantelbogen der Steuererklärung (Seite 4, Zeile 102 des Formulars für 2008) und durch das Ausfüllen der „Anlage Unterhalt".

Freibeträge

Steuerliche Freibeträge können sich für Eltern erwachsener Kinder ganz besonders auszahlen. So steht beispielsweise der „Freibetrag zur Abgeltung des Sonderbedarfs" nur Eltern zu, deren Kinder 18 oder älter sind. Auch mit Freibeträgen der Kinder können Eltern gezielt Steuern sparen, zum Beispiel mit dem Grundfreibetrag des Kindes (8 004 Euro ab 2010) oder mit seinem Sparerpauschbetrag (801 Euro). Eltern sollten außerdem darauf achten, dass der erwachsene Nachwuchs selbst schon Freibeträge auf seiner Lohnsteuerkarte nutzen kann, die sich beispielsweise aus Fahrten zum Ausbildungsbetrieb und aus anderen Werbungskosten ergeben können. Einzelheiten dazu finden Sie ab Seite 74.

Service

Tabelle 1

Elterngeld und Steuerklasse

Die Höhe des Elterngelds richtet sich bei Arbeitnehmern auch nach der Lohnsteuerklasse. Arbeitnehmerehepaare haben die Möglichkeit, mit der Wahl ihrer Steuerklasse Einfluss darauf zu nehmen, wie viel Elterngeld sie erhalten. Worauf es dabei ankommt, finden Sie auf Seite 16.

Monats-brutto-lohn*	Lohn-steuer-klasse	Netto-lohn**	Nettoer-werbsein-kommen***	Eltern-geld****
Euro		Euro	Euro	Euro
1 500	I	1 068	991	668
	II	1 105	1 028	689
	III	1 193	1 116	748
	IV	1 068	991	668
	V	806	729	587
1 600	I	1 121	1 044	699
	II	1 160	1 083	726
	III	1 272	1 195	801
	IV	1 121	1 044	699
	V	849	772	605
1 700	I	1 174	1 097	735
	II	1 216	1 139	763
	III	1 352	1 275	854
	IV	1 174	1 097	735
	V	892	815	621
1 800	I	1 227	1 150	771
	II	1 271	1 194	800
	III	1 424	1 347	902
	IV	1 227	1 150	771
	V	933	856	635

Monats-brutto-lohn*	Lohn-steuer-klasse	Netto-lohn**	Nettoer-werbsein-kommen***	Eltern-geld****
Euro		Euro	Euro	Euro
1 900	I	1 280	1 203	806
	II	1 325	1 248	836
	III	1 492	1 415	948
	IV	1 280	1 203	806
	V	973	896	647
2 000	I	1 332	1 255	841
	II	1 378	1 301	872
	III	1 559	1 482	993
	IV	1 332	1 255	841
	V	1 012	935	656
2 200	I	1 434	1 357	909
	II	1 479	1 402	939
	III	1 684	1 607	1 077
	IV	1 434	1 357	909
	V	1 086	1 009	676
2 400	I	1 534	1 457	976
	II	1 581	1 504	1 008
	III	1 805	1 728	1 158
	IV	1 534	1 457	976
	V	1 157	1 080	724
2 600	I	1 632	1 555	1 042
	II	1 681	1 604	1 075
	III	1 921	1 844	1 235
	IV	1 632	1 555	1 042
	V	1 227	1 150	771

Monats-brutto-lohn*	Lohn-steuer-klasse	Netto-lohn**	Nettoer-werbsein-kommen***	Eltern-geld****
Euro		Euro	Euro	Euro
2 800	I	1 727	1 650	1 106
	II	1 779	1 702	1 140
	III	2 020	1 943	1 302
	IV	1 727	1 650	1 106
	V	1 298	1 221	818
3 000	I	1 821	1 744	1 168
	II	1 874	1 797	1 204
	III	2 115	2 038	1 365
	IV	1 821	1 744	1 168
	V	1 368	1 291	865
3 200	I	1 912	1 835	1229
	II	1 968	1 891	1 267
	III	2 221	2 144	1 436
	IV	1 912	1 835	1 229
	V	1 439	1 362	913
3 400	I	2 002	1 925	1 290
	II	2 059	1 982	1 328
	III	2 328	2 251	1 508
	IV	2 002	1 925	1 290
	V	1 509	1 432	959
3 600	I	2 089	2 012	1 348
	II	2 148	2 071	1 388
	III	2 433	2 356	1 579
	IV	2 089	2 012	1 348
	V	1 580	1 503	1 007

Monats-brutto-lohn*	Lohn-steuer-klasse	Netto-lohn**	Nettoer-werbsein-kommen***	Eltern-geld****
Euro		Euro	Euro	Euro
3 800	I	2 185	2 108	1 412
	II	2 246	2 169	1 453
	III	2 549	2 472	1 656
	IV	2 185	2 108	1 412
	V	1 661	1 584	1 061
4 000	I	2 286	2 209	1 480
	II	2 349	2 272	1 522
	III	2 670	2 593	1 737
	IV	2 286	2 209	1 480
	V	1 750	1 673	1 121
4 200	I	2 385	2 308	1 546
	II	2 449	2 372	1 589
	III	2 791	2 714	1 800
	IV	2 385	2 308	1 546
	V	1 839	1 762	1 181
4 400	I	2 482	2 405	1 611
	II	2 547	2 470	1 655
	III	2 910	2 833	1 800
	IV	2 482	2 405	1 611
	V	1 927	1 850	1 240

* ohne Einmalzahlungen

** ohne Kirchensteuer

*** Nettolohn minus Werbungskostenpauschale, berechnet für 2. Halbjahr 2009

**** 67 % vom Nettoerwerbseinkommen, unterhalb von 1 000 Euro wurde ein Geringverdienerbonus berücksichtigt (→ Seite 19)

Tabelle 2

Vertragsstaaten

Staatsangehörige Serbiens und Montenegros, Bosnien-Herzegowinas, Kosovos, Mazedoniens, Marokkos, Tunesiens und der Türkei kommen aus so genannten „Vertragsstaaten". Die heißen so, weil ihre Herkunftsländer und Deutschland Sozialabkommen abgeschlossen haben, in denen es auch um Kindergeld geht (→ Seite 64). Auf dieser Grundlage können sie für ihre Kinder, die sich in den entsprechenden Ländern aufhalten, Kindergeld erhalten, allerdings nur einen Bruchteil des deutschen Kindergeldes.

	Jugoslawien*/ Türkei	Marokko**	Tunesien**
	in Euro pro Monat		
1. Kind	5,11	5,11	5,11
2. und 3. Kind	12,78	12,78	12,78
3. und 4. Kind	30,68	12,78	12,78
5. und jedes weitere Kind	35,79	12,78***	0

* ehemaliges Jugoslawien, gültig für die Staaten Bosnien und Herzegowina, Mazedonien, Kosovo, Serbien und Montenegro

** Kindergeldanspruch maximal bis zum 16. Lebensjahr

*** bis zum 6. Kind

Tabelle 3

Ländergruppeneinteilung

Kinderfreibetrag und Bedarfsfreibetrag stehen grundsätzlich auch Eltern zu, deren Kinder außerhalb der EU, des Europäischen Wirtschaftsraums und der Schweiz wohnen (→ Seite 76). In Abhängigkeit vom Wohnsitz des Kindes liegen die Freibeträge zwischen der vollen Höhe der in Deutschland gewährten Förderung und einem Viertel davon. Die Ländergruppeneinteilung gilt auch für den Ausbildungsfreibetrag (→ Seite 78) und für Unterhaltszahlungen (→ Seite 169). So kann beispielsweise einem polnischen Vater, der in Deutschland lebt und arbeitet, die Hälfte des deutschen Kinderfreibetrags zustehen, wenn sein Kind in Polen lebt (3. Spalte → Seite 180).

Bei Wohnsitz in dem genannten Land kann die deutsche Förderung wie folgt gewährt werden:					
in voller Höhe	**zu drei Vierteln**	**zur Hälfte**	**zu einem Viertel**		
Andorra	Antigua u. Barbuda	Argentinien	Afghanistan	Jordanien	Pakistan
Australien	Bahamas	Belize	Ägypten	Kambodscha	Papua-Neuguinea
Belgien	Bahrain	Botsuana	Albanien	Kamerun	Paraguay
Brunei	Barbados	Brasilien	Algerien	Kap Verde	Peru
Dänemark	Griechenland	Bulgarien	Angola	Kasachstan	Philippinen
Finnland	Korea, Republik	Chile	Äquatorialguinea	Kenia	Ruanda
Frankreich	Malta	Cookinseln	Armenien	Kirgisistan	Salomonen
Hongkong	Neuseeland	Costa Rica	Aserbaidschan	Kiribati	Sambia
Irland	Oman	Dominica	Äthiopien	Kolumbien	Samoa
Island	Palau	Estland	Bangladesch	Komoren	São Tomé u. Princ.
Israel	Portugal	Gabun	Benin	Kongo, Rep.	Senegal
Italien	Slowenien	Grenada	Bhutan	Kongo, D.R.	Serbien
Japan	Saudi-Arabien	Jamaika	Bolivien	Korea	Sierra Leone
Kaiman-Inseln	Taiwan	Kroatien	Bosnien-Herz.	Korea, DVR	Simbabwe
Kanada	Trinidad u. Tobago	Lettland	Burkina Faso	Kosovo	Somalia
Katar	Tschechien	Libanon	Burundi	Kuba	Sri Lanka
Kuwait	Turks-, Caicos-Inseln	Libyen		Laos	Sudan
Liechtenstein	Zypern	Litauen	China	Lesotho	Suriname

Bei Wohnsitz in dem genannten Land kann die deutsche Förderung wie folgt gewährt werden:					
in voller Höhe	zu drei Vierteln	zur Hälfte	zu einem Viertel		
Luxemburg		Malaysia	Côte d'Ivoire	Liberia	Swasiland
Macau		Mauritius	Dominik. Repu-blik	Madagaskar	Syrien
Monaco		Mexiko	Dschibuti	Malawi	Tadschikistan
Niederlande		Nauru	Ecuador	Malediven	Tansania
Norwegen		Niue	El Salvador	Mali	Thailand
Österreich		Panama	Eritrea	Marokko	Timor-Leste
San Marino		Polen	Fidschi	Marshallinseln	Togo
Schweden		Rumänien	Gambia	Mauretanien	Tonga
Schweiz		Russland	Georgien	Mazedonien	Tschad
Singapur		Seychellen	Ghana	Mikronesien	Tunesien
Spanien		Slowakien	Guatemala	Moldau, Republik	Turkmenistan
Vereinigte Arab. Emirate		St. Kitts und Nevis	Guinea	Mongolei	Tuvalu
Vereinigte Staaten		St. Lucia	Guinea-Bissau	Montenegro	Uganda
Vereinigtes Königreich		St. Vincent, Grenadinien	Guyana	Mosambik	Ukraine
		Südafrika	Haiti	Myanmar	Usbekistan
		Türkei	Honduras	Namibia	Vanuatu
		Ungarn	Indien	Nepal	Vietnam
		Uruguay	Indonesien	Nicaragua	Zentralafrika
		Venezuela	Irak	Niger	
		Weißruss-land/Belarus	Iran	Nigeria	
			Jemen		

Quelle: Bundesfinanzministerium, Schreiben vom 9.9.08, Az. IV C 4 – S 2285/07/0005

Tabelle 4

Kinderfreibetrag entlastet

Das Finanzamt berechnet für jedes einzelne Kind, ob Eltern durch das Kindergeld oder durch den Kinderfreibetrag stärker entlastet werden, und gewährt die höhere Entlastung. Eltern mit überdurchschnittlichen Einkommen fahren mit dem Kinderfreibetrag besser als mit dem Kindergeld. Die höchste Zusatzentlastung beläuft sich bei Ehepaaren für ein Kind auf 462 Euro im Jahr (letzte Zeile, rechte Spalte), ab einem zu versteuernden Einkommen von etwa 110 000 Euro (letzte Zeile, linke Spalte).

Zu versteuerndes Einkommen in Euro	Zusatzentlastung durch den Kinderfreibetrag in Euro*
ledige Eltern**	
30 000	0
35 000	0
40 000	37
45 000	107
50 000	175
55 000	231
60 000	232
65 000	232
verheiratete Eltern	
65 000	0
70 000	0
75 000	6
80 000	74
85 000	144
90 000	214
95 000	282
100 000	350
110 000	462

* für ein Kind 2009

** mit halbem Kinder- und halbem Betreuungsfreibetrag

Tabelle 5

Düsseldorfer Tabelle

Die Tabellenwerte gelten seit 1. Januar 2009. Die Düsseldorfer Tabelle enthält anerkannte Richtwerte für die Zahlung von Unterhalt für Kinder. Sie ist auch Grundlage für die Berechnung des Unterhaltsvorschusses (→ Seite 127). Die Werte müssen vom Unterhaltsverpflichteten nicht in der angeführten Höhe gezahlt werden, sondern verringern sich um seinen Kindergeldanspruch. So muss beispielsweise ein Vater mit einem Monatsnetto zwischen 1 501 und 1 900 Euro (linke Spalte) für sein vierjähriges Kind (2. Spalte von links) nicht 296 Euro Unterhalt zahlen, sondern 214 Euro. Grund: Er darf vom Richtsatz das halbe Kindergeld von 82 Euro abziehen (164 durch 2 ist 82) und kommt so auf 214 Euro (296 minus 82). Bei einem Kind über 17 verringert sich der Zahlbetrag noch weiter, denn der Richtwert wird um das gesamte Kindergeld verringert. Durch die Erhöhung der Richtwerte und des Kindergeldes ab 2009 (→ ab Seite 62).

Monatliches Nettoeinkommen in Euro*	Kindesalter (in Jahren) und Monatsunterhalt in Euro**			
	0 bis 5	**6 bis 11**	**12 bis 17**	**ab 18**
bis 1 500	281	322	377	432
1 501–1 900	296	339	396	454
1 901–2 300	310	355	415	476
2 301 – 2 700	324	371	434	497
2 701–3 100	338	387	453	519
3 101–3 500	360	413	483	553
3 501–3 900	383	438	513	588
3 901–4 300	405	464	543	623
4 301–4 700	428	490	574	657
4 701–5 100	450	516	604	692
Über 5 100	nach den Umständen des Einzelfalles			

* nach Abzug berufsbedingter Aufwendungen und Schulden

** Die Tabellenwerte gehen von drei Unterhaltsberechtigten aus (zum Beispiel, Ehegatte und zwei Kinder). Bei mehr Berechtigten wird die nächst niedrigere Einkommensstufe angesetzt, bei weniger Berechtigten die nächsthöhere.

Tabelle 6

Freibeträge bei der Erbschaft- und Schenkungsteuer

Fast alle Freibeträge sind ab 2009 angestiegen. Die Entlastung fällt aber ganz unterschiedlich aus. Eltern und Kinder profitieren besonders.

Steuerklasse	**Verhältnis zum Erblasser bzw. zum Schenker**	**Persönlicher Freibetrag** in Euro	**Besonderer Versorgungsfreibetrag** in Euro*	**Freibetrag für Hausrat** in Euro	**Freibetrag für andere Gegenstände** in Euro
I	Ehegatte	neu: 500 000	neu: 256 000	neu: 41 000	neu: 12 000
		alt: 307 000	alt: 256 000	alt: 41 000	alt: 10 300
I	Kinder, Stiefkinder und Enkel, deren Eltern verstorben sind	neu: 400 000	neu: 10 300–52 000	neu: 41 000	neu: 12 000
		alt: 205 000	alt: 10 300–52 000	alt: 41 000	alt: 10 300
I	Enkel	neu: 200 000	0	neu: 41 000	neu: 12 000
		alt: 51 200		alt: 41 000	alt: 10 300
I	Urenkel und weitere direkte Nachkommen	neu: 100 000	0	neu: 41 000	neu: 12 000
		alt: 51 200		alt: 41 000	alt: 10 300
I	Eltern, Großeltern, Urgroßeltern nur im Erbfall	neu: 100 000	0	neu: 41 000	neu: 12 000
		alt: 51 200		alt: 41 000	alt: 10 300
II	Eltern, Großeltern, Urgroßeltern bei Schenkung,	neu: 20 000	0	Freibetrag für Hausrat und andere Sachen zusammengenommen	
	Geschwister, Neffen, Nichten, Schwiegerkinder und -eltern, geschiedene Ehegatten	alt: 10 300		neu: 12 000 alt: 10 300	
III	eingetragene Lebenspartner	neu: 500 000	neu: 256 000	neu: 41 000	neu: 12 000
		alt: 5 200	alt: 0	alt: 0	alt: 10 300
III	alle anderen Personen	neu: 20 000	0	neu: 12 000	
		alt: 5 200		alt: 10 300	

* gilt nur für Ehegatten und Kinder im Erbfall und unter weiteren Voraussetzungen

Die wichtigsten Formulare

„Von der Wiege bis zur Bahre – Formulare, Formulare!" Das ist zwar ein alter Spruch, heutige Eltern können ihn aber sehr gut nachvollziehen. Sie müssen nämlich eine Menge Formulare ausfüllen und dabei viele (nicht immer verständliche) Fragen beantworten, um an ihr Geld zu kommen. Auf den folgenden Seiten finden Eltern Formulare, die ihnen mit hoher Wahrscheinlichkeit begegnen. Die Formulare sind beispielhaft ausgefüllt und sollen als Orientierung dienen. Tipps und Hinweise dazu, wie sie etwas auszufüllen und worauf sie dabei besonders achten sollten, finden Eltern in den Kapiteln dieses Buches, in denen die Förderungen näher erläutert werden.

An einigen Formularen können sich alle Eltern orientieren, weil sie bundesweit einheitlich sind, etwa die Steuerformulare Hauptbogen und Anlage Kind (→ Seite 189 bis 195). Gleiches gilt für den Antrag auf Kindergeld und die Erklärung zu den Einkünften und Bezügen eines über 18 Jahre alten Kindes (→ Seite 196 bis 199). Hier müssen Eltern aber immer mit Neuerungen rechnen, bei den Steuerformularen jährlich.

Andere Formulare unterscheiden sich stark von Bundesland zu Bundesland oder sind sogar in fast jeder größeren Kommune anders, beispielsweise der Antrag auf Elterngeld (→ Seite 185 bis 188). Eltern können ausgehend von ihren lokalen Formularen das hier gezeigte Muster aber trotzdem nutzen, denn inhaltlich geht es überall um die gleichen Fragen. Die wichtigsten davon sind im Kapitel Elterngeld ab Seite 12 erläutert.

Die Formulare zur Elternzeit (→ Seite 200 bis 202) sind lediglich Vorschläge für den Fall, dass der Arbeitgeber keine eigenen hat.

Zugegeben: Schön sind die Formulare nicht und manche wirken auf den ersten Blick ziemlich abschreckend. Ihre Abbildung und Beschreibung soll aber das Gegenteil von Abschreckung bewirken, nämlich besser und möglichst entspannt mit ihnen umzugehen. Außerdem gibt es ja genügend Menschen und Ämter, die beim Ausfüllen helfen können (→ Adressen ab Seite 203), und natürlich gibt es diesen Ratgeber.

Antrag auf Elterngeld nach dem Bundeselterngeld- und Elternzeitgesetz (BEEG)

Das Elterngeld wird frühestens ab der Geburt und rückwirkend höchstens für die letzten **drei Monate** vor dem Monat der Antragstellung gezahlt.

Kind/er, für das/die Elterngeld beantragt wird

01

Familienname	Geburtsdatum	☐ Mehrlingsgeburt	☐ Schwerbehinderung
LIEBLING	14.01.2009		
Vorname 1. Kind: LUCA	Vorname 2. Kind	Vorname 3. Kind	

Bitte Geburtsbescheinigung mit dem Aufdruck "für Elterngeld" oder „soziale Zwecke" im Original beifügen / bei Mehrlingsgeburt bitte weitere Geburtsbescheinigungen beifügen

Kindschaftsverhältnis zu den antragstellenden Personen:	**Elternteil 1**	**Elternteil 2**
Leibliches Kind, für das ich die Personensorge habe	☒	☒
Leibliches Kind, für das ich nicht die Personensorge habe	☐	☐
Kind, das mit dem Ziel der Adoption in meinem Haushalt aufgenommen wurde am: *(Bitte Bestätigung der Adoptionsvermittlungsstelle im Original beifügen)*	☐	☐
Adoptivkind *(Bitte Annahmebeschluss des Gerichts beifügen)*	☐	☐
Sonstiges Kindschaftsverhältnis (z. B. Enkelkind):	☐	☐
Das Kind lebt mit mir in einem Haushalt und wird von mir selbst betreut und erzogen	☒	☒

Elternteil 1

02

Familienname	Vorname	Geburtsdatum
LIEBLING	LEA	02.05.80
☒ weiblich ☐ männlich — zuletzt ausgeübte Tätigkeit vor Geburt des Kindes: KAUFMÄNNISCHE ANGESTELLTE		Telefon: 03345/705411
(Postleitzahl, Ort): 12345 KINDERHAUSEN	Wohnanschrift (Straße, Nr.): KUNTERBUNTSTRASSE 253	

Familienstand ☐ ledig ☒ verheiratet ☐ geschieden ☐ dauernd getrennt lebend ☐ eheähnliche Gemeinschaft ☐ eingetragene Lebenspartnerschaft

☐ Es liegt eine Schwerbehinderung in Höhe von ______ vor. *(Bitte Nachweis beifügen)*

Staatsangehörigkeit: DEUTSCH

Steuernummer

EU-/EWR-Staat/ Schweiz: Nachweis des inländischen Wohnsitzes/ gewöhnlichen Aufenthalts beifügen (z.B. Bescheinigung nach § 5 FreizügG/EU, EG-Ausweis oder Meldebescheinigung) Andere Staatsangehörige: Aufenthaltstitel als Kopie beifügen ***oder*** *Anlage A, Nr. 26 ausfüllen lassen und die Meldebescheinigung vorlegen*

Krankenkasse

03 Ich bin in einer Krankenkasse ☒ selbst pflichtversichert ☐ selbst freiwillig versichert ☐ als Angehöriger mitversichert ☐ privat versichert

Name der Krankenkasse: KKH — Mitgliedsnummer

Anschrift der Krankenkasse: 12345 KINDERHAUSEN, BREITE STRASSE 2

Mutterschaftsgeld (nur beim Erstantrag ausfüllen)

04

- ☐ Ich beziehe kein Mutterschaftsgeld — *Bitte Negativbescheinigung der Krankenkasse beifügen*
- ☒ Ich beziehe Mutterschaftsgeld als laufende Zahlung — *Bitte Bescheinigung der Krankenkasse beifügen*
- ☒ Ich beziehe einen Arbeitgeberzuschuss zum Mutterschaftsgeld — *Bitte Bescheinigung des Arbeitgebers beifügen (Verdienstbescheinigung)*
- ☐ Ich beziehe Dienst- oder Anwärterbezüge nach der Geburt — *Bitte Bezügemitteilung beifügen*
  vom ______ bis ______
- ☐ Ich beziehe Zuschüsse nach beamtenrechtlichen Vorschriften — *Bitte Bezügemitteilung beifügen*
  vom ______ bis ______ in Höhe von ______ Euro
- ☐ Ich beziehe ausländische Familienleistungen — *Bitte Nachweise als Übersetzung beifügen*

Wohnsitz / gewöhnlicher Aufenthalt

05 Ich habe meinen Wohnsitz/ gewöhnlichen Aufenthalt

- [x] in Deutschland seit 02.05.1980 (Tag/ Monat/ Jahr)
- [ ] im Ausland seit ________, stehe jedoch in einem inländischen Arbeitsverhältnis
- [ ] im Ausland seit ________ bis ________ Grund: ________

☞ **Spätaussiedler:** Vertriebenenausweis/ Bescheinigung nach § 15 BVFG stets beifügen; sofern noch nicht ausgestellt: Registrierschein oder Aufnahmebescheid

Ich bin Diplomat, Angehöriger der NATO-Truppe oder des zivilen Gefolges

- [x] nein
- [ ] ja, selbst
- [ ] ja, mein Ehe-/ Lebenspartner

Erwerbstätigkeit im Bezugszeitraum

06

- [x] Ich werde während des Bezuges von Elterngeld keine Erwerbstätigkeit ausüben.
- [ ] Ich bin Student/Studentin; Schüler/Schülerin vom ________ bis ________
  ☞ *(Bitte Nachweis beifügen)*
- [ ] Ich übe eine Teilzeiterwerbstätigkeit/selbständige Tätigkeit von ________ Wochenstunden ab ________ aus.
  ☞ *(Bitte Arbeitszeitbestätigung / Erklärung - Anlage A, Nr. 24 oder 25 - ausfüllen)*
- [ ] Ich nehme Resturlaub in Anspruch vom ________ bis ________ Grundlage sind ____ Wochenstunden
- [ ] Ich übe eine Beschäftigung zur Berufsbildung vom ________ bis ________ aus.
  ☞ *(Bitte Nachweis beifügen)*

Elternteil 2

07

Familienname	Vorname	Geburtsdatum
LIEBLING	LEO	20.01.79

Geschlecht	zuletzt ausgeübte Tätigkeit vor Geburt des Kindes	Telefon
[ ] weiblich [x] männlich	HEILERZIEHUNGSPFLEGER	

(Postleitzahl, Ort)	Wohnanschrift (Straße, Nr.)
12345 KINDERHAUSEN	KUNTERBUNTSTRASSE 253

Familienstand
- [ ] ledig
- [x] verheiratet
- [ ] geschieden
- [ ] dauernd getrennt lebend
- [ ] eheähnliche Gemeinschaft
- [ ] eingetragene Lebenspartnerschaft

- [ ] Es liegt eine Schwerbehinderung in Höhe von ____ vor. ☞ *(Bitte Nachweis beifügen)*

Staatsangehörigkeit	☞ *EU-/EWR-Staat/ Schweiz: Nachweis des inländischen Wohnsitzes/ gewöhnlichen Aufenthalts beifügen (z.B. Bescheinigung nach § 5 FreizügG/EU, EG-Ausweis oder Meldebescheinigung) Andere Staatsangehörige: Aufenthaltstitel als Kopie beifügen* ***oder*** *Anlage A, Nr. 26 ausfüllen lassen und die Meldebescheinigung vorlegen*
Steuernummer	

Krankenkasse

08 Ich bin in einer Krankenkasse

- [x] selbst pflichtversichert
- [ ] selbst freiwillig versichert
- [ ] als Angehöriger mitversichert
- [ ] privat versichert

Name der Krankenkasse	Mitgliedsnummer
AOK	

Anschrift der Krankenkasse: 12345 KINDERHAUSEN, SCHMALE STR. 113

Wohnsitz / gewöhnlicher Aufenthalt

09 Ich habe meinen Wohnsitz/ gewöhnlichen Aufenthalt

- [x] in Deutschland seit 20.01.1979 (Tag/ Monat/ Jahr)
- [ ] im Ausland seit ________, stehe jedoch in einem inländischen Arbeitsverhältnis
- [ ] im Ausland seit ________ bis ________ Grund: ________

☞ **Spätaussiedler:** Vertriebenenausweis/ Bescheinigung nach § 15 BVFG stets beifügen; sofern noch nicht ausgestellt: Registrierschein oder Aufnahmebescheid

Ich bin Diplomat, Angehöriger der NATO-Truppe oder des zivilen Gefolges

- [x] nein
- [ ] ja, selbst
- [ ] ja, mein Ehe-/ Lebenspartner

Erwerbstätigkeit im Bezugszeitraum

10

- ☐ Ich werde während des Bezuges von Elterngeld keine Erwerbstätigkeit ausüben.
- ☐ Ich bin Student/Studentin; Schüler/Schülerin vom ______ bis ______
  ☞ *(Bitte Nachweis beifügen)*
- ☒ Ich übe eine Teilzeiterwerbstätigkeit/selbständige Tätigkeit von 30,0 Wochenstunden ab 14.01.09 aus.
  ☞ *(Bitte Arbeitszeitbestätigung / Erklärung - Anlage A, Nr. 24 oder 25 - ausfüllen)*
- ☐ Ich nehme Resturlaub in Anspruch vom ______ bis ______ Grundlage sind ______ Wochenstunden
- ☐ Ich übe eine Beschäftigung zur Berufsbildung vom ______ bis ______ aus.
  ☞ *(Bitte Nachweis beifügen)*

Festlegung des Bezugszeitraums und der Auszahlungsvariante

11 Elterngeld beanspruchen

- ☐ ein Elternteil alleine
- ☒ beide Elternteile
- ☒ der Anspruch des 2. Elternteils wird vorerst nur angemeldet

Der **Elternteil 1** beansprucht für die Zeiträume		Der **Elternteil 2** beansprucht für die Zeiträume	
vom 20.03.08	bis 13.01.09	vom 14.01.09	bis 13.03.09
vom	bis	vom	bis
vom	bis	vom	bis

Die Auszahlung für den Elternteil 1 soll erfolgen als

- ☒ ganzer Monatsbetrag
- ☐ halber Monatsbetrag bei doppelter Laufzeit

Die Auszahlung für den Elternteil 2 soll erfolgen als

- ☒ ganzer Monatsbetrag
- ☐ halber Monatsbetrag bei doppelter Laufzeit

Für Elternteile, die Elterngeld **alleine** und für mehr als 12 Lebensmonate beanspruchen (insbesondere Alleinerziehende)

- ☐ Mir steht die elterliche Sorge/ das Aufenthaltsbestimmungsrecht alleine zu (bitte Nachweis beifügen) und das Kind und ich wohnen mit dem anderen Elternteil nicht in einer gemeinsamen Wohnung.
- ☐ Die Betreuung ist dem anderen Elternteil unmöglich oder gefährdet das Wohl des Kindes.

Weitere Kinder im Haushalt

12

Familienname, Vorname	Geburtsdatum/ Adoptionsdatum	Kindschafts-verhältnis	Grad der Behinderung in %	Berechtigter A=Antragsteller P=Partner

Die angeführten Kinder leben bei mir im Haushalt und werden von mir betreut und erzogen.

Elternteil 1: ☐ ja ☐ nein Elternteil 2: ☐ ja ☐ nein

☞ *(Bitte Nachweis beifügen)*

Bankverbindung Elternteil 1

13 Das Elterngeld soll auf folgendes Konto gezahlt werden, über das ich verfügungsberechtigt bin:

Genaue Bezeichnung des Geldinstituts: SPARKASSE KINDERHAUSEN

Kontonummer	Bankleitzahl	Sitz des Geldinstituts
9 8 7 6 5 3 2 1 0 0	1 0 0 2 5 0 1 1	12345 KINDERHAUSEN

Kontoinhaber (nur wenn abweichend vom Antragsteller)

☞ *Namens-, Adressen- oder Kontoänderungen bitte umgehend unter Angabe des Aktenzeichens **schriftlich** mitteilen.*

Bankverbindung Elternteil 2

14 Das Elterngeld soll auf folgendes Konto gezahlt werden, über das ich verfügungsberechtigt bin:

Genaue Bezeichnung des Geldinstituts: WIE ELTERNTEIL 1

Kontonummer	Bankleitzahl	Sitz des Geldinstituts

Kontoinhaber (nur wenn abweichend vom Antragsteller)

☞ *Namens-, Adressen- oder Kontoänderungen bitte umgehend unter Angabe des Aktenzeichens **schriftlich** mitteilen.*

383.59 12.08

Antragstellung

15

Der **Elternteil 1** beantragt das Elterngeld

- [x] sofort
- [ ] zu einem späteren Zeitpunkt

- [ ] nur in Höhe des Mindestbetrages von mtl. 300,00 Euro
- [x] auf der Grundlage meines Einkommens

Der **Elternteil 2** beantragt das Elterngeld

- [ ] sofort
- [x] zu einem späteren Zeitpunkt

- [ ] nur in Höhe des Mindestbetrages von mtl. 300,00 Euro
- [x] auf der Grundlage meines Einkommens

Hinweise

16

Die von Ihnen erbetenen Angaben sind für die Entscheidung über Ihren Antrag erforderlich. Die Daten werden gemäß § 67a Zehntes Buch Sozialgesetzbuch (SGB X) und den Vorschriften des Elterngeldgesetzes erhoben.

Wer Sozialleistungen beantragt, muss nach § 60 Erstes Buch Sozialgesetzbuch (SGB I) alle für die Sachaufklärung erforderlichen Tatsachen angeben und die verlangten Nachweise vorlegen, andernfalls kann der Leistungsträger die Leistung nach § 66 SGB I ganz oder teilweise versagen.

Durch die bargeldlose Zahlung erhalten die Banken Kenntnis von der Tatsache, dass Sie Elterngeld erhalten. Dies dient auch dem besonderen Pfändungsschutz des Elterngeldes.

Bitte überprüfen Sie nochmals, ob Ihre Angaben richtig und vollständig sind. Sie können damit zu einer beschleunigten Antragsbearbeitung und raschen Entscheidung beitragen.

Erklärung

17

Ich werde die Elterngeldstelle bei Änderung der Verhältnisse unverzüglich unterrichten, insbesondere wenn

- ich oder mein Partner eine **Erwerbstätigkeit** (auch nur geringfügig) **aufnehmen**,
- sich mein/ unser **Einkommen** aus Erwerbstätigkeit während des Elterngeldbezugs **ändert**,
- ich/ wir **Entgeltersatzleistungen** (z.B. Arbeitslosengeld, Krankengeld, Insolvenzgeld) oder **Renten aus der gesetzlichen Rentenversicherung beantragen oder/ beziehen**
- ich/ wir den Wohnsitz oder gewöhnliche Aufenthalt wechseln,
- ein Verfahren zum Widerruf oder zur Rücknahme des Aufenthaltstitels eingeleitet wurde,
- die Aufenthaltsgenehmigung geändert oder entzogen wurde bzw. der Aufenthaltstitel erlischt oder erloschen ist,
- der sorgeberechtigte Elternteil die Zustimmung zur Zahlung des Elterngeldes an mich entzieht,
- das Kind nicht mehr von mir/ uns betreut und erzogen wird,
- das Kind nicht mehr mit mir/ uns im gemeinsamen Haushalt lebt,
- eine Änderung der familiären Verhältnisse eintritt,
- eine sonstige Anspruchsvoraussetzung entfällt.

Ich bin damit einverstanden, dass die Elterngeldstelle von meinem Arbeitgeber weitere Auskünfte einholt, soweit diese für die Entscheidung erforderlich sind. [x] **ja** [ ] **nein**

Es wird versichert, dass

- **die vorstehenden Angaben richtig und vollständig sind und**
- für das Kind, für das mit diesem Antrag Elterngeld begehrt wird, kein weiterer Antrag auf Zahlung von Elterngeld bei einer anderen Behörde für den gleichen Zeitraum gestellt wurde/wird.

Wahrheitswidrige Angaben bzw. das Verschweigen von entscheidungserheblichen Tatsachen werden strafrechtlich verfolgt oder können nach § 14 BEEG als Ordnungswidrigkeit mit einem Bußgeld bis zu 2000 € geahndet werden. Zu Unrecht empfangenes Elterngeld muss zurückerstattet werden.

Unterschriften

18

KINDERHAUSEN 01.04.08	Lea Liebling	Leo Liebling	
Ort, Datum	Unterschrift des Elternteils 1	Unterschrift des Elternteils 2	Unterschrift des gesetzlichen Vertreters oder Pflegers

Anlagen

19

- [x] Geburtsbescheinigung (Ausfertigung für Elterngeld)
- [x] Mutterschaftsgeldbescheinigung der Krankenkasse bzw. Negativbescheid
- [x] Nachweis über gewährte Elternzeit
- [ ] Bescheinigung über Arbeitgeberzuschuss bzw. Dienst- o. Anwärterbezüge
- [ ] Bescheinigung über ausländische Familienleistungen
- [x] Personalausweis oder Pass und Meldebescheinigung
- [ ] EG- Ausweis oder Meldebescheinigung
- [ ] Pass mit Aufenthaltstitel oder Bescheinigung der Ausländerbehörde
- [x] Verdienstbescheinigung/ Arbeitszeitbescheinigung
- [ ] Gewinn- und Verlustrechnung
- [ ] Bescheid über Gewährung von Entgeltersatzleistungen

- [ ] Weitere Unterlagen:

☞ *bei Postzusendung bitte Kopien beifügen*

Bitte beachten Sie auch die Hinweise zu den einzelnen Punkten.

1 [X] **Einkommensteuererklärung** [ ] **Antrag auf Festsetzung der Arbeitnehmer-Sparzulage**

2 [ ] **Erklärung zur Feststellung des verbleibenden Verlustvortrags**

Eingangsstempel

3 **Steuernummer**: 1234567891011

4 **Identifikationsnummer** (soweit schon erhalten) – **Steuerpflichtige Person** (Stpfl.), bei Ehegatten: **Ehemann**: 13 579 111 315 – **Ehefrau**: 24 681 012 141

An das Finanzamt

5 STEPPKESHAUSEN

Bei **Wohnsitzwechsel: bisheriges Finanzamt**

6

Allgemeine Angaben

7 Telefonische Rückfragen tagsüber unter Nr.: 012345 / 67891

Steuerpflichtige Person (Stpfl.), bei Ehegatten: **Ehemann** – Name

8 KINDERMANN – Geburtsdatum: 10061964

Vorname

9 KLAUS

Religionsschlüssel: Evangelisch = EV, Römisch-Katholisch = RK, nicht kirchensteuerpflichtig = VD, Weitere siehe Anleitung

Straße und Hausnummer

10 KINDELBRÜCKER STR. 6

Postleitzahl – Derzeitiger Wohnort

11 01234 STEPPKESHAUSEN – Religion: VD

Ausgeübter Beruf

12 BANKANGESTELLTER

13 Verheiratet seit dem: 30052005 – Verwitwet seit dem – Geschieden seit dem – Dauernd getrennt lebend seit dem

Ehefrau: Vorname

14 KARLA – Geburtsdatum: 13081974

Ggf. von Zeile 8 abweichender Name

15

Religionsschlüssel: Evangelisch = EV, Römisch-Katholisch = RK, nicht kirchensteuerpflichtig = VD, Weitere siehe Anleitung

Straße und Hausnummer (falls von Zeile 10 abweichend)

16

Postleitzahl – Derzeitiger Wohnort (falls von Zeile 11 abweichend)

17 – Religion: EV

Ausgeübter Beruf

18 FREIBERUFLICHE ÜBERSETZERIN

Nur von Ehegatten auszufüllen

19 [X] Zusammen-veranlagung [ ] Getrennte Veranlagung [ ] Besondere Veranlagung für das Jahr der Eheschließung [ ] Wir haben Gütergemeinschaft vereinbart

Bankverbindung – Bitte stets angeben –

Kontonummer – Bankleitzahl

20 123456789 1 – 01001000

Geldinstitut (Zweigstelle) und Ort

21 FAMILIENBANK STEPPKESHAUSEN

22 [X] **Kontoinhaber** lt. Zeilen 8 und 9 oder: Name (im Fall der Abtretung bitte amtlichen Abtretungsvordruck beifügen)

Der Steuerbescheid soll nicht mir / uns zugesandt werden, sondern:

Name

23

Vorname

24

Straße und Hausnummer oder Postfach

25

Postleitzahl – Wohnort

26

Unterschrift Die mit der Steuererklärung angeforderten Daten werden aufgrund der §§ 149 ff. der Abgabenordnung und der §§ 25, 46 des Einkommensteuergesetzes erhoben. Mir ist bekannt, dass Angaben über Kindschaftsverhältnisse und Pauschbeträge für Behinderte erforderlichenfalls der Gemeinde mitgeteilt werden, die für die Ausstellung der Lohnsteuerkarten zuständig ist.

Bei der Anfertigung dieser Steuererklärung hat mitgewirkt:

29.5.09 Klaus Kindermann Karla Kindermann

27 **Datum, Unterschrift(en)**
Steuererklärungen sind eigenhändig – bei Ehegatten von beiden – zu unterschreiben.

Einkünfte im Kalenderjahr 2008 aus folgenden Einkunftsarten:

31 **Land- und Forstwirtschaft** lt. **Anlage L**

32 **Gewerbebetrieb** lt. **Anlage G** für steuerpflichtige Person (bei Ehegatten: Ehemann) lt. **Anlage G** für Ehefrau

33 **Selbständige Arbeit** lt. **Anlage S** für steuerpflichtige Person (bei Ehegatten: Ehemann) X lt. **Anlage S** für Ehefrau

34 **Nichtselbständige Arbeit** X lt. **Anlage N** für steuerpflichtige Person (bei Ehegatten: Ehemann) lt. **Anlage N** für Ehefrau

35 **Kapitalvermögen** X lt. **Anlage KAP** Die gesamten Einnahmen aus Kapitalvermögen betragen nicht mehr als **801 €**, bei Zusammenveranlagung **1 602 €** (zur **Anrechnung von Steuerabzugsbeträgen** bitte Anlage KAP abgeben).

36 **Vermietung und Verpachtung** **lt. Anlage(n) V** Anzahl

37 **Sonstige Einkünfte** **Renten** lt. **Anlage R** für steuerpflichtige Person (bei Ehegatten: Ehemann) **Renten** lt. **Anlage R** für Ehefrau

Private Veräußerungsgeschäfte, insbesondere aus Grundstücks- und Wertpapierveräußerungen,

38 lt. **Anlage SO** wurden nicht getätigt. X führten insgesamt zu einem Gewinn von weniger als 600 €, im Fall der Zusammenveranlagung bei jedem Ehegatten weniger als 600 € (bei Verlusten bitte Anlage SO abgeben).

Angaben zu Kindern / Ausländische Einkünfte und Steuern / Förderung des Wohneigentums

39 X lt. **Anlage(n) Kind** 02 Anzahl lt. **Anlage(n) AUS** Anzahl lt. **Anlage(n) FW** Anzahl

Sonstige Angaben und Anträge

Gesellschaften / Gemeinschaften / ähnl. Modelle i. S. d. § 2 b EStG (Erläuterungen auf besonderem Blatt)

40

18

41 **Einkommensersatzleistungen,** die dem Progressionsvorbehalt unterliegen, z. B. Krankengeld, Elterngeld, Mutterschaftsgeld (soweit nicht in Zeile 25 bis 27 der Anlage N eingetragen) lt. beigefügten Bescheinigungen — Stpfl. / Ehemann EUR 120 ,— Ehefrau EUR 121 3600 ,—

Nur bei getrennter Veranlagung von Ehegatten:

42 Laut beigefügtem gemeinsamen Antrag ist die Steuerermäßigung lt. den Zeilen 106 bis 112 in einem anderen Verhältnis als je zur Hälfte aufzuteilen. Der bei mir zu berücksichtigende Anteil beträgt %

43 Laut beigefügtem gemeinsamen Antrag sind die Sonderausgaben (siehe Zeilen 61 bis 76 der Anlage Kind) und die außergewöhnlichen Belastungen (siehe Seite 4, Anlage Unterhalt sowie die Zeilen 41 und 42 der Anlage Kind) in einem anderen Verhältnis als je zur Hälfte des bei einer Zusammenveranlagung in Betracht kommenden Betrages aufzuteilen. Der bei mir zu berücksichtigende Anteil beträgt %

Nur bei zeitweiser unbeschränkter Steuerpflicht im Kalenderjahr 2008:

44 Im Inland ansässig Stpfl. / Ehemann vom bis

45 Ehefrau

46 Ausländische Einkünfte, die außerhalb der in den Zeilen 44 und / oder 45 genannten Zeiträume bezogen wurden und nicht der deutschen Einkommensteuer unterlegen haben (Bitte Nachweise über die Art und Höhe dieser Einkünfte beifügen.) EUR 122 ,—

47 In Zeile 46 enthaltene außerordentliche Einkünfte i. S. d. §§ 34, 34 b EStG 177 ,—

Nur bei im Ausland ansässigen Personen, die beantragen, als unbeschränkt steuerpflichtig behandelt zu werden:

48 Ich beantrage, für die Anwendung personen- und familienbezogener Steuervergünstigungen als unbeschränkt steuerpflichtig behandelt zu werden.

49 Die „Bescheinigung EU / EWR" ist beigefügt. Die „Bescheinigung außerhalb EU / EWR" ist beigefügt.

50 Summe der nicht der deutschen Einkommensteuer unterliegenden Einkünfte EUR 124 ,—

51 In Zeile 50 enthaltene außerordentliche Einkünfte i. S. d. §§ 34, 34 b EStG 177 ,—

Nur bei im EU- / EWR-Ausland lebenden Ehegatten:

52 Ich beantrage als Staatsangehöriger eines EU- / EWR-Staates die Anwendung familienbezogener Steuervergünstigungen. Die „Bescheinigung EU / EWR" ist beigefügt.

Nur bei im Ausland ansässigen Angehörigen des deutschen öffentlichen Dienstes, die im dienstlichen Auftrag außerhalb der EU oder des EWR tätig sind:

53 Ich beantrage die Anwendung familienbezogener Steuervergünstigungen. Die „Bescheinigung EU / EWR" ist beigefügt.

Weiterer Wohnsitz in Belgien (abweichend von den Zeilen 10 und 11) bei Einkünften aus nichtselbständiger Arbeit und Renten

54

Verlustabzug

55 Es wurde ein verbleibender Verlustvortrag nach § 10 d EStG zum 31. 12. 2007 festgestellt für Stpfl. / Ehemann Ehefrau

Antrag auf Beschränkung des Verlustrücktrags nach 2007

56 Von den nicht ausgeglichenen negativen Einkünften 2008 soll folgender Gesamtbetrag nach 2007 zurückgetragen werden EUR ,— EUR ,—

Sonderausgaben

52

Zeile		Kz	Stpfl. / Ehemann EUR	Kz	Ehefrau EUR
	Beiträge zu				
61	– gesetzlichen Rentenversicherungen u. zu berufsständischen Versorgungseinrichtungen lt. Nr. 23 d. Lohnsteuerbescheinigung (Arbeitnehmeranteil)	30	5373,–	31	,–
62	– landwirtschaftl. Alterskassen sowie zu berufsständischen Versorgungseinrichtungen bei Nichtarbeitnehmern, die den gesetzlichen Rentenversicherungen vergleichbare Leistungen erbringen	32	,–	33	,–
63	– freiwilligen Versicherungen in den gesetzlichen Rentenversicherungen und zu berufsständischen Versorgungseinrichtungen sowie Pflichtbeiträge von Nichtarbeitnehmern zu den gesetzlichen Rentenversicherungen	35	,–	36	299,–
64	– eigenen kapitalgedeckten Rentenversicherungen (§ 10 Abs. 1 Nr. 2 Buchstabe b EStG) mit Laufzeitbeginn nach dem 31. 12. 2004 – ohne Altersvorsorgebeiträge, die in Zeile 76 geltend gemacht werden –	37	,–	38	,–
65	Arbeitgeberanteil zu gesetzlichen Rentenversicherungen und zu berufsständischen Versorgungseinrichtungen lt. Nr. 22 der Lohnsteuerbescheinigung	47	5373,–	48	,–
66	Arbeitgeberanteil zu gesetzlichen Rentenversicherungen im Rahmen einer pauschal besteuerten geringfügigen Beschäftigung (bitte Anleitung beachten)	62	,–	63	,–

Bei Zusammenveranlagung ist die Eintragung für jeden Ehegatten vorzunehmen:

Zeile		Kz	Stpfl. / Ehemann	Kz	Ehefrau
67	Haben Sie zu Ihrer Krankenversicherung oder Ihren Krankheitskosten Anspruch auf – steuerfreie Zuschüsse (z. B. Rentner aus der Rentenversicherung) oder – steuerfreie Arbeitgeberbeiträge (z. B. sozialversicherungspfl. Arbeitnehmer) oder – steuerfreie Beihilfen (z. B. Beamte, Versorgungsempfänger)?	49	1 (1 = Ja, 2 = Nein)	50	2 (1 = Ja, 2 = Nein)

Nur bei steuerpflichtigen Personen, die nach dem 31.12.1957 geboren sind:

Zeile		Kz	EUR	Kz	EUR
68	Beiträge zu einer zusätzlichen freiwilligen Pflegeversicherung (nicht in Zeile 71 enthalten)	82	,–	87	,–

Zeile		Kz	EUR	Kz	EUR
	Beiträge (abzüglich erstatteter Beiträge) zu				
69	– gesetzlichen Versicherungen gegen Arbeitslosigkeit, Kranken- und Pflegeversicherung lt. Nr. 25 der Lohnsteuerbescheinigung	53	891,–	54	,–
70	– gesetzlichen Kranken- und Pflegeversicherungen – abzüglich steuerfreier Zuschüsse – bei Nichtarbeitnehmern (z. B. bei Rentnern)	84	,–	85	239,–

Zeile		Kz	Stpfl. / Ehegatten EUR
71	– freiwilligen Versicherungen gegen Arbeitslosigkeit, Erwerbs- und Berufsunfähigkeitsversicherungen, Kranken- und Pflegeversicherungen – ohne Beiträge zu freiwilligen zusätzlichen Pflegeversicherungen in Zeile 68 –	55	7225,–
72	– Unfall- und Haftpflichtversicherungen sowie zu Risikoversicherungen, die nur für den Todesfall eine Leistung vorsehen	42	450,–
73	– Rentenversicherungen mit Kapitalwahlrecht und Kapitallebensversicherungen mit mindestens 12 Jahren Laufzeit und Laufzeitbeginn sowie erster Beitragszahlung vor dem 1. 1. 2005	46	,–
74	– Rentenversicherungen ohne Kapitalwahlrecht mit Laufzeitbeginn und erster Beitragszahlung vor dem 1. 1. 2005 (auch steuerpflichtige Beiträge zu Versorgungs- und Pensionskassen) – ohne Altersvorsorgebeiträge, die in Zeile 76 geltend gemacht werden –	44	,–

Zeile		Kz	Stpfl. / Ehemann EUR	Kz	Ehefrau EUR
75	Steuerfreie Arbeitgeberzuschüsse zur Kranken- und Pflegeversicherung lt. Nr. 24 der Lohnsteuerbescheinigung	64	3024,–	65	,–

76 Für die geleisteten **Altersvorsorgebeiträge** wird ein zusätzlicher Sonderausgabenabzug lt. **Anlage AV** geltend gemacht — X Stpfl. / Ehemann — X Ehefrau

Zeile		Rechtsgrund, Datum des Vertrags	Kz	abziehbar	Kz	tatsächlich gezahlt EUR
77	**Renten**		12	%	11	,–
78	**Dauernde Lasten**				10	,–
79	**Unterhaltsleistungen** an den geschiedenen / dauernd getrennt lebenden Ehegatten lt. **Anlage U**				39	,–

Zeile		Kz	2008 gezahlt	Kz	2008 erstattet
80	**Kirchensteuer**	13	50,–	14	,–

Zeile		Kz	EUR
81	Aufwendungen für die eigene **Berufsausbildung der Stpfl. / des Ehemannes** — Bezeichnung der Ausbildung, Art und Höhe der Aufwendungen	17	,–
82	Aufwendungen für die eigene **Berufsausbildung der Ehefrau** — Bezeichnung der Ausbildung, Art und Höhe der Aufwendungen	15	,–

Spenden und Mitgliedsbeiträge (ohne Beträge in den Zeilen 86 bis 88)

Zeile		lt. beigef. Bestätigungen EUR		lt. Nachweis Betriebsfinanzamt EUR	Kz	Stpfl. / Ehegatten EUR
83	– zur Förderung steuerbegünstigter Zwecke	100,–	+	,– ▶	56	100,–
84	– an politische Parteien (§§ 34 g, 10 b EStG)	,–	+	,– ▶	20	,–
85	– an unabhäng. Wählervereinigungen (§ 34 g EStG)	,–	+	,– ▶	70	,–

Spenden in den Vermögensstock einer Stiftung (lt. beigefügten Bestätigungen / lt. Nachweis Betriebsfinanzamt)

Zeile		Kz	Stpfl. / Ehemann EUR	Kz	Ehefrau EUR
86	in 2008 geleistete Spenden		,–		,–
87	Von den Spenden in Zeile 86 sollen in 2008 berücksichtigt werden	27	,–	60	,–
88	2008 zu berücksichtigende Spenden aus Vorjahren in den Vermögensstock einer Stiftung, die bisher noch nicht berücksichtigt wurden	28	,–	61	,–

Außergewöhnliche Belastungen

53

Behinderte und Hinterbliebene

Zeile		Ausweis / Rentenbescheid / Bescheinigung ausgestellt am	gültig von	bis	unbefristet gültig	Grad der Behinderung	Nachweis ist beigefügt.	Nachweis hat bereits vorgelegen.
91	Stpfl. / Ehemann	T T M M J J J J	12 M M J J	14 M M J J	18 1 = Ja	56 %	X	X
93	Ehefrau		13	15	19 1 = Ja	57 %		

92 hinterblieben 16 1 = Ja; blind / ständig hilflos 20 1 = Ja; geh- u. stehbehindert 22 1 = Ja

94 hinterblieben 17 1 = Ja; blind / ständig hilflos 21 1 = Ja; geh- u. stehbehindert 23 1 = Ja

Beschäftigung einer Hilfe im Haushalt

95 24 vom T T M M bis T T M M — Aufwendungen EUR ,–

Antragsgrund, Name und Anschrift der beschäftigten Person oder des mit den Dienstleistungen beauftragten Unternehmens

96

Heimunterbringung

Zeile			vom	bis	Aufwendungen EUR	
97	Stpfl. / Ehemann	26			,–	1 = ohne Pflegebedürftigkeit 2 = zur dauernden Pflege
98	Ehefrau	27			,–	1 = ohne Pflegebedürftigkeit 2 = zur dauernden Pflege

Art der Dienstleistungskosten — Bezeichnung, Anschrift des Heims

99

100 **Pflege-Pauschbetrag** wegen **unentgeltlicher** persönlicher Pflege einer ständig hilflosen Person in ihrer oder in meiner Wohnung im Inland — Nachweis der Hilflosigkeit: X ist beigefügt. X hat bereits vorgelegen.

Name, Anschrift und Verwandtschaftsverhältnis der hilflosen Person(en) — Name anderer Pflegepersonen

101

Unterhalt für bedürftige Personen

102 Für die geleisteten Aufwendungen wird ein Abzug lt. **Anlage Unterhalt** geltend gemacht — Anzahl

Andere außergewöhnliche Belastungen

Zeile	Art der Belastung		Aufwendungen EUR	Erhaltene / zu erwartende Versicherungsleistungen, Beihilfen, Unterstützungen, Wert des Nachlasses usw. EUR
103	ZAHNARZT, PRAXISGEBÜHR		1050,–	,–
104	BRILLE, MEDIKAMENTE S. ANLAGE	+	320,–	+ ,–
105	Summe der Zeilen 103 und 104	63	1370,–	64 ,–

Haushaltsnahe Beschäftigungsverhältnisse, Dienstleistungen und Handwerkerleistungen

18

Steuerermäßigung bei Aufwendungen für haushaltsnahe Beschäftigungsverhältnisse

106 Aufwendungen für geringfügige Beschäftigungen im Privathaushalt – sog. Mini-Jobs – (Bescheinigung der Deutschen Rentenversicherung-Knappschaft Bahn-See bitte beifügen) — 200 vom 0402 — 201 bis 3112 — 202 EUR 2514,–

Art der Tätigkeit

107 PUTZEN, KOCHEN

108 Aufwendungen für sozialversicherungspflichtige Beschäftigungen im Privathaushalt — 205 vom T T M M — 206 bis T T M M — 207 EUR ,–

Art der Tätigkeit

109

Steuerermäßigung bei Aufwendungen für die Inanspruchnahme von

Zeile			Aufwendungen (abzüglich Erstattungen) EUR
	haushaltsnahen Dienstleistungen		
110	HAUSWART, TREPPENREINIGUNG	210	165,–
	Pflege- und Betreuungsleistungen		
111		213	,–
	Handwerkerleistungen für Renovierungs-, Erhaltungs- und Modernisierungsmaßnahmen		
112	KLEMPNERARBEITEN	214	350,–

113 **Nur bei Alleinstehenden und Eintragungen in den Zeilen 106 bis 112:** Es bestand ganzjährig ein gemeinsamer Haushalt mit einer anderen allein stehenden Person — Name, Vorname, Geburtsdatum

Anlage Kind

Für jedes Kind bitte eine eigene Anlage Kind abgeben.

1 Name: KINDERMANN

2 Vorname: KLAUS

3 **Steuernummer** 1 2 3 4 5 6 7 8 9 10 11 — Lfd. Nr. der Anlage 01

3

Angaben zum Kind

4 Vorname: KEVIN — ggf. abweichender Familienname

5 Geburtsdatum 16 06022008 — verheiratet seit dem — Anspruch auf Kindergeld oder vergleichbare Leistungen für 2008 (EUR) 15 1694,–

6 Anschrift (bei Wohnsitz im Ausland bitte auch den Staat angeben) (Kz 14) KINDELIBRÜCKER STR. 6, 01234 STEPPKESHAUSEN

7 Wohnort im Inland 00 vom 0602 bis 3112 — Wohnort im Ausland vom bis

Kindschaftsverhältnis zur stpfl. Person / Ehemann

8 02 X 1 = leibliches Kind / Adoptivkind 2 = Pflegekind 3 = Enkelkind / Stiefkind

Kindschaftsverhältnis zur Ehefrau

03 X 1 = leibliches Kind / Adoptivkind 2 = Pflegekind 3 = Enkelkind / Stiefkind

Kindschaftsverhältnis zu weiteren Personen

Name, letztbekannte Anschrift und Geburtsdatum dieser Person(en), Art des Kindschaftsverhältnisses — vom — bis

9 04

10 Der andere Elternteil lebte im Ausland 37

11 Das Kindschaftsverhältnis zum anderen Elternteil ist durch Tod des anderen Elternteils erloschen am 06

Berücksichtigung eines volljährigen Kindes

1. Ausbildungsabschnitt vom bis — 2. Ausbildungsabschnitt vom bis

12 Das Kind befand sich in Schul-, Hochschul- oder Berufsausbildung

13 Bezeichnung der Schul- / Berufsausbildung

vom — bis

14 Das Kind konnte eine Berufsausbildung mangels Ausbildungsplatzes nicht beginnen oder fortsetzen

15 Das Kind hat ein freiwilliges soziales oder ökologisches Jahr (Jugendfreiwilligendienstegesetz), einen europäischen / entwicklungspolitischen Freiwilligendienst oder einen anderen Dienst im Ausland (§ 14 b Zivildienstgesetz) abgeleistet

16 Das Kind befand sich in einer Übergangszeit (z. B. zwischen zwei Ausbildungsabschnitten) von höchstens vier Monaten

17 Das Kind war ohne Beschäftigung und bei einer Agentur für Arbeit als Arbeit suchend gemeldet

18 Das Kind war wegen einer vor Vollendung des 25. Lebensjahres eingetretenen Behinderung außerstande, sich selbst zu unterhalten

19 Das Kind hat gesetzlichen Grundwehr- / Zivildienst oder davon befreienden Dienst geleistet

Einkünfte und Bezüge eines volljährigen Kindes

	Bruttoarbeitslohn EUR	darauf entfallende Werbungskosten EUR	Einnahmen aus Kapitalvermögen EUR	darauf entfallende Werbungskosten EUR	Renten EUR	darauf entfallende Werbungskosten EUR
20 im Kalenderjahr						
21 davon innerhalb des Berücksichtigungszeitraums						
22 davon entfallen auf Zeiten auswärtiger Unterbringung bei Berufsausbildung						

	Übrige Einkünfte EUR	Öffentliche Ausbildungshilfen EUR	Übrige Bezüge EUR	Kosten zu den Bezügen EUR	Sozialversicherungs- / Kranken- und Pflegeversicherungsbeiträge EUR	besondere Ausbildungskosten EUR
23 im Kalenderjahr						
24 davon innerhalb des Berücksichtigungszeitraums						
25 davon entfallen auf Zeiten auswärtiger Unterbringung bei Berufsausbildung						

Übertragung des Kinderfreibetrags / des Freibetrags für den Betreuungs- und Erziehungs- oder Ausbildungsbedarf

31 Ich beantrage den vollen Kinderfreibetrag und den vollen Freibetrag für den Betreuungs- und Erziehungs- oder Ausbildungsbedarf, weil der andere Elternteil seine Unterhaltsverpflichtung nicht zu mindestens 75% erfüllt hat. **36** 1 = Ja

32 Ich beantrage den vollen Freibetrag für den Betreuungs- und Erziehungs- oder Ausbildungsbedarf, weil das minderjährige Kind bei dem anderen Elternteil nicht gemeldet war. **39** 1 = Ja

33 Der Übertragung des Kinderfreibetrags und des Freibetrags für den Betreuungs- und Erziehungs- oder Ausbildungsbedarf auf die Stief- / Großeltern wurde lt. **Anlage K** zugestimmt. **40** 1 = Ja

34 Nur bei Stief- / Großeltern: Der Kinderfreibetrag und der Freibetrag für den Betreuungs- und Erziehungs- oder Ausbildungsbedarf sind lt. **Anlage K** zu übertragen. **41** 1 = Ja

Entlastungsbetrag für Alleinerziehende

Zeile					vom	bis
35	Das Kind war mit mir in der gemeinsamen Wohnung gemeldet			**42**	T T M M	T T M M
36	Für das Kind wurde mir Kindergeld ausgezahlt			**44**	T T M M	T T M M
37	Außer mir war(en) in der gemeinsamen Wohnung eine / mehrere volljährige Person(en) gemeldet, für die keine Anlage(n) Kind beigefügt ist / sind	**46**	1 = Ja 2 = Nein	Falls ja **47**	T T M M	T T M M
38	Es bestand eine Haushaltsgemeinschaft mit mindestens einer weiteren volljährigen Person, für die keine Anlage(n) Kind beigefügt ist / sind	**49**	1 = Ja 2 = Nein	Falls ja **50**	T T M M	T T M M

39 Name, Vorname (weitere Personen bitte auf besonderem Blatt angeben)

40 Verwandtschaftsverhältnis — Beschäftigung / Tätigkeit

Freibetrag zur Abgeltung eines Sonderbedarfs bei Berufsausbildung eines volljährigen Kindes

(Kz 27)

41 Das Kind war auswärtig untergebracht — vom T T M M — bis T T M M

42 Anschrift

Nur bei geschiedenen oder dauernd getrennt lebenden Eltern oder bei Eltern eines nichtehelichen Kindes:

43 Laut beigefügtem gemeinsamen Antrag ist der Freibetrag zur Abgeltung eines Sonderbedarfs bei Berufsausbildung in einem anderen Verhältnis als je zur Hälfte aufzuteilen. Der bei mir zu berücksichtigende Anteil beträgt %

Schulgeld

an eine Privatschule (Bezeichnung der Schule)

44 **24** Betrag EUR ,–

Übertragung des Behinderten- oder Hinterbliebenen-Pauschbetrags

45 Das Kind ist X (Kz 26) hinterblieben — X behindert — X (Kz 55) blind / ständig hilflos — X geh- und stehbehindert — Grad der Behinderung **25** %

Ausweis / Rentenbescheid / Bescheinigung

46 ausgestellt am T T M M J J — gültig von M M J J — bis M M J J — unbefristet gültig X — Nachweis X ist beigefügt. X hat bereits vorgelegen.

Nur bei geschiedenen oder dauernd getrennt lebenden Eltern oder bei Eltern eines nichtehelichen Kindes:

47 Laut beigefügtem gemeinsamen Antrag sind die für das Kind zu gewährenden Pauschbeträge für Behinderte / Hinterbliebene in einem anderen Verhältnis als je zur Hälfte aufzuteilen. Der bei mir zu berücksichtigende Anteil beträgt **28** %

Kinderbetreuungskosten

Zeile	Art der Dienstleistung, Name und Anschrift des Dienstleisters	vom	bis		Gesamtaufwendungen der Eltern EUR
61	BABYSITTER, KRAUSE, HÜTERWEG 20	0107	3112	51	600,–

Zeile	Kinderbetreuungskosten als		Grund	vom	bis	Aufwendungen EUR
62	X (Pflege-) Vater	(Pflege-) Mutter	Erwerbstätigkeit	0107	3112	300,–
63			Bei der Erwerbstätigkeit handelt es sich um eine geringfügige Beschäftigung oder um eine nicht sozialversicherungspflichtige nichtselbständige Tätigkeit.			
64			Ausbildung			,–
65			Behinderung			,–
66			Krankheit			,–
67			Das Kind hat das 3., jedoch nicht das 6. Lebensjahr vollendet			,–
68				steuerfreier Ersatz		,–

Bei zusammenlebenden Eltern bitte auch die Zeilen 69 bis 76 ausfüllen.

Zeile		Grund	vom	bis	Aufwendungen EUR
69	X Anderer Elternteil	X Erwerbstätigkeit	0107	3112	300,–
70		Bei der Erwerbstätigkeit handelt es sich um eine geringfügige Beschäftigung oder um eine nicht sozialversicherungspflichtige nichtselbständige Tätigkeit.			
71		Ausbildung			,–
72		Behinderung			,–
73		Krankheit			,–
74		Das Kind hat das 3., jedoch nicht das 6. Lebensjahr vollendet			,–
75		Es liegen keine der vorgenannten Gründe vor			,–
76			steuerfreier Ersatz		,–

Verteilung der Kinderbetreuungskosten bei Erwerbstätigkeit (im Falle des Zusammenlebens der Elternteile nur, wenn beide erwerbstätig sind) auf Einkünfte aus:

Zeile		Bezeichnung, Steuernummer und Finanzamt	Aufwendungen EUR	davon wie Betriebsausgaben abgezogen / wie Werbungskosten zu berücksichtigen EUR
77	X (Pflege-) Vater / (Pflege-) Mutter			
78	Land- und Forstwirtschaft	Bezeichnung, Steuernummer und Betriebsfinanzamt	,–	,–
79	Gewerbebetrieb	Bezeichnung, Steuernummer und Betriebsfinanzamt	,–	,–
80	selbständiger Arbeit	Bezeichnung, Steuernummer und zuständiges Finanzamt	,–	,–
81	nichtselbständiger Arbeit		300,–	200,–
82	X Anderer Elternteil			
83	Land- und Forstwirtschaft	Bezeichnung, Steuernummer und Betriebsfinanzamt	,–	,–
84	Gewerbebetrieb	Bezeichnung, Steuernummer und Betriebsfinanzamt	,–	,–
85	selbständiger Arbeit	Bezeichnung, Steuernummer und zuständiges Finanzamt	300,–	200,–
86	nichtselbständiger Arbeit		,–	,–

Zeile		vom	bis		vom	bis
87	Es bestand ein **gemeinsamer** Haushalt der Elternteile	0101	3112	Das Kind gehörte zu unserem Haushalt	0602	3112
88	Es bestand **kein gemeinsamer** Haushalt der Elternteile			Das Kind gehörte zu meinem Haushalt		
89				Das Kind gehörte zum Haushalt des anderen Elternteils		

Nur bei geschiedenen oder dauernd getrennt lebenden Eltern oder bei Eltern eines nichtehelichen Kindes:

90 Laut beigefügtem gemeinsamen Antrag ist für das Kind der Höchstbetrag für die Kinderbetreuung in einem anderen Verhältnis als je zur Hälfte aufzuteilen. Der bei mir zu berücksichtigende Anteil beträgt ____ %

Kindergeld-Nr. /

Steuer-ID 13 579 111 315

* K G 1 0 2 0 9 *

Familienkasse

Antrag auf Kindergeld

Beachten Sie bitte das anhängende Hinweisblatt und das Merkblatt Kindergeld. Bitte verwenden Sie Druckbuchstaben beim Ausfüllen.

1 Antragsteller(in):

Name: KINDERMANN — Titel:

Vorname: KLAUS — Ggf. Geburtsname und Name aus früherer Ehe:

Geburtsdatum: Tag 10 Monat 06 Jahr 69 — Geschlecht (W = weiblich, M = männlich): M — Staatsangehörigkeit (bei **nicht** EU-/EWR-Staatsangehörigkeit bitte Nachweis Aufenthaltstitel beifügen!): BRD — Telefonische Rückfrage tagsüber unter Nr.: 01234/5678910

Familienstand: ☐ ledig | seit 30.05.05 ☒ verheiratet ☐ verwitwet ☐ eingetragene Lebenspartnerschaft ☐ geschieden ☐ dauernd getrennt lebend

2 Ehegatte des Antragstellers / der Antragstellerin:

Name, wenn abweichend vom Namen unter 1: — Vorname: KARLA

Geburtsdatum: Tag 13 Monat 08 Jahr 74 — Staatsangehörigkeit: BRD — Ggf. Geburtsname und Name aus früherer Ehe: MÜLLER

3 Anschrift und Bankverbindung des Antragstellers / der Antragstellerin:

Straße/Platz, Hausnummer, Postleitzahl, Wohnort: KINDELSBRÜCKER STR. 6, 01234 STEPPKESHAUSEN

Konto-Nr. (bei Konto in Deutschland) oder IBAN (bei Konto außerhalb Deutschlands): 1234567890

Bankleitzahl (bei Konto in Deutschland) oder BIC (bei Konto außerhalb Deutschlands): 01001000 — Name und Sitz des Geldinstitutes: FAMILIENBANK STEPPKESHAUSEN

Kontoinhaber(in) ist
☒ Antragsteller(in) wie unter 1
☐ nicht Antragsteller(in), sondern: — Name, Vorname:

4 Kinder:

Vorname, Name nur, wenn abweichend von 1	Geburtsdatum und Geschlecht: Tag	Monat	Jahr	W = weiblich M = männlich	Kindschaftsverhältnis (eigenes Kind, Kind des Ehegatten [Stiefkind], Pflegekind, Enkelkind)	nur bei über 18 Jahre alten Kindern: Familienstand	In Schul- oder Berufsausbildung von ... bis ...
KONSTANZE	01	12	89	W	EIGENES KIND	LEDIG	01.09.09 BIS
							VORAUSSICHTLICH 2013

Wenn Sie über 18 Jahre alte Kinder eingetragen haben, bitte angeben:

Hat eines oder mehrere dieser eingetragenen Kinder über 18 Jahre selbst eigene Kinder **unter 3 Jahren**? ☐ ja ☒ nein

Wenn ja, welches Kind/welche Kinder hat/haben eigene Kinder? Vorname(n):

Wenn Sie

- eigene Kinder, mit deren anderem Elternteil Sie nicht verheiratet sind bzw. von dem Sie dauernd getrennt leben oder geschieden sind, oder
- Kinder des Ehegatten (Stiefkinder), Pflegekinder oder Enkelkinder eingetragen haben, bitte angeben:

Vorname des Kindes	Name, Vorname, Geburtsdatum und Anschrift des anderen Elternteils bzw. der Eltern
KONSTANZE	KINDERMANN, KARIN, GEB. 03.03.63,
	VERSTORBEN AM 11.11.03

5 Leben Kinder, die Sie unter [4] eingetragen haben, außerhalb Ihres Haushalts? [ ] ja [x] nein

Wenn ja:

Vorname des Kindes	Name und Anschrift der Person, bei der das Kind lebt	Grund

6 Haben Sie, Ihr Ehegatte oder eine andere Person für die unter [4] eingetragenen Kinder Kindergeld beantragt oder erhalten? [x] ja [ ] nein

Wenn ja:

wer	wann	bei welcher Stelle	unter welcher Kindergeld-Nummer
KARLA MÜLLER	bis 08.09	STADTVERWALTUNG STEPPK.	L1234567

7 Haben Sie, Ihr Ehegatte oder eine andere Person für die unter [4] eingetragenen Kinder in den letzten fünf Jahren vor dieser Antragstellung eine Geldleistung bei einer Stelle außerhalb Deutschlands oder von einer zwischen- oder überstaatlichen Stelle beantragt oder erhalten? [ ] ja [x] nein

Wenn ja: Wer hat diese Geldleistung beantragt oder erhalten?

Name, Vorname	Geburtsdatum

für welches Kind (Vorname)	welche Geldleistung	von - bis	monatlicher Betrag	bei welcher Stelle, Aktenzeichen

8 Sind oder waren Sie, Ihr Ehegatte oder eine andere Person, zu der die unter [4] eingetragenen Kinder in einem Kindschaftsverhältnis stehen, in den letzten fünf Jahren vor dieser Antragstellung

a) im öffentlichen Dienst tätig? [ ] ja [x] nein

b) außerhalb Deutschlands als Arbeitnehmer(in), Selbständige(r), Entwicklungshelfer(in) oder anderweitig tätig? [ ] ja [x] nein

c) in Deutschland bei einer Dienststelle oder Einrichtung eines anderen Staates oder als Angehörige(r) der NATO-Streitkräfte tätig? [ ] ja [x] nein

d) in Deutschland auf Veranlassung eines Arbeitgebers beschäftigt, der seinen Sitz außerhalb Deutschlands hat? [ ] ja [x] nein

Wenn ja:

wer	von - bis	bei welchem Dienstherrn (unter welcher Personalnummer/welchem Aktenzeichen), bei welchem Arbeitgeber/Unternehmen, Dienststelle oder Einrichtung (bitte genaue Bezeichnung und Anschrift)

Hinweis nach dem Bundesdatenschutzgesetz: Die Daten werden aufgrund und zum Zweck der §§ 31, 62 bis 78 Einkommensteuergesetz und der Regelungen der Abgabenordnung bzw. aufgrund des Bundeskindergeldgesetzes und des Sozialgesetzbuches erhoben, verarbeitet und genutzt.

Ich versichere, dass ich alle Angaben wahrheitsgetreu gemacht habe. Mir ist bekannt, dass ich jede Änderung, die für den Anspruch auf Kindergeld von Bedeutung ist, unverzüglich der Familienkasse mitzuteilen habe. Das Merkblatt über Kindergeld habe ich bereits erhalten und von seinem Inhalt Kenntnis genommen.

Ort STEPPKESHAUSEN | Datum 1.9.09

Ich bin damit einverstanden, dass an den Antragsteller/die Antragstellerin das Kindergeld gezahlt wird.

Klaus Kindermann
(Eigenhändige Unterschrift des Antragstellers / der Antragstellerin)

Karla Kindermann
(Eigenhändige Unterschrift des gemeinsam mit dem Antragsteller / der Antragstellerin in einem Haushalt lebenden Ehegatten oder anderen Elternteils)

Nur von der Familienkasse auszufüllen

Antrag angenommen	Ich bestätige die Richtigkeit der Änderung/Ergänzung zu den	Statistik	Datum / NZ	Vorgang im DV-Verfahren	Datum / NZ
	Fragen	Antrag		Zu 1: [ ] nein [ ] KG-Nr.	
		- erfasst		Zu 2: [ ] nein [ ] KG-Nr.	
		- erledigt		Zu 4: [ ] nein [ ] KG-Nr.	
(Datum/ Namenszeichen des Antragsannehmers)	(Unterschrift des Antragstellers / der Antragstellerin)			Stammdaten erfasst	

KG50406

Familienkasse

An die
Familienkasse
(Bundesagentur für Arbeit)
Postfach

(PLZ) (Ort)

Name und Vorname des/der Berechtigten: KINDERMANN, KLAUS

Kindergeld-Nr. _ _ _ _ / _ _ _ _ _ _

Telefonnummer (tagsüber) 01234/5678910

Beachten Sie bitte die beiliegenden Hinweise zum Ausfüllen des Erklärungsvordrucks und zu den erforderlichen Nachweisen.

Erklärung zu den Einkünften und Bezügen eines über 18 Jahre alten Kindes

☒ für das Kalenderjahr 2009 ☐ für die Kalenderjahre 200.... und 200....

Angaben zum Kind:

Name: KINDERMANN — Vorname: KONSTANZE — Geburtsdatum: 01.12.1989

Familienstand: ☒ ledig | seit .... ☐ verheiratet ☐ eingetragene Lebenspartnerschaft ☐ verwitwet ☐ geschieden ☐ dauernd getrennt lebend

1 Hat bzw. hatte das Kind

a) **Einnahmen aus nichtselbständiger Arbeit (Arbeitnehmertätigkeit)?** ☒ ja ☐ nein

b) **Versorgungsbezüge?** ☐ ja ☒ nein

Wenn eine der Fragen mit „ja" beantwortet wurde:

Im Kalenderjahr 2009			Im Kalenderjahr		
Art der Einnahmen	von bis	Bruttobetrag insgesamt EUR	Art der Einnahmen	von bis	Bruttobetrag insgesamt EUR
MINIJOB	01.01.-31.12.	4800,–			

2 Hat bzw. hatte das Kind Einnahmen aus

a) **selbständiger Arbeit, Gewerbebetrieb oder Land- und Forstwirtschaft?** ☐ ja ☒ nein

b) **Vermietung und Verpachtung?** ☐ ja ☒ nein

c) **Kapitalvermögen?** ☒ ja ☐ nein

Wenn eine der Fragen mit „ja" beantwortet wurde:

Im Kalenderjahr 2009			Im Kalenderjahr		
Art der Einnahmen	von bis	Bruttobetrag insgesamt EUR	Art der Einnahmen	von bis	Bruttobetrag insgesamt EUR
ZINSEN	01.01.-31.12.	255,–			

3 Erhält bzw. erhielt das Kind Leistungen von einer Agentur für Arbeit? ☐ ja ☒ nein

Wenn ja: Von der Agentur für Arbeit ....

Im Kalenderjahr		Im Kalenderjahr	
Art der Leistung	Kundennummer	Art der Leistung	Kundennummer

Fortsetzung auf der Rückseite ►

4 **Erhält bzw. erhielt das Kind BAföG oder andere Studienbeihilfen, Ausbildungshilfen bzw. Stipendien?** ☐ ja ☒ nein

Wenn ja:

Im Kalenderjahr ______				Im Kalenderjahr ______			
Art der Leistung	von	bis	Bruttobetrag insgesamt EUR	Art der Leistung	von	bis	Bruttobetrag insgesamt EUR

5 **Hat bzw. hatte das Kind andere als die in den Nrn. 1 bis 4 genannten Einnahmen?** ☐ ja ☒ nein

Wenn ja:

Im Kalenderjahr ______				Im Kalenderjahr ______			
Art der Einnahmen	von	bis	Bruttobetrag insgesamt EUR	Art der Leistung	von	bis	Bruttobetrag insgesamt EUR

6 **Wurden für das Kind Leistungen im Sinne der Nrn. 3 bis 5 beantragt und steht die Entscheidung über den Antrag noch aus?** ☒ ja ☐ nein

Wenn ja:

Art der Leistung: BAföG bei welcher Stelle: AMT FÜR AUSBILDUNGSFÖRD.

Antragstellung am: 01.09.09 Kundennummer/Aktenzeichen (falls bekannt): ______

7 **Nur auszufüllen, wenn das Kind verheiratet ist oder eine eingetragene Lebenspartnerschaft begründet hat: Hat bzw. hatte der Ehegatte/Lebenspartner des Kindes Einnahmen, Versorgungsbezüge oder ihm zufließende Leistungen im Sinne der Nrn. 1 bis 5 ?** ☐ ja ☐ nein

Wenn ja:

Im Kalenderjahr ______				Im Kalenderjahr ______			
Art der Einnahmen	von	bis	Nettobetrag insgesamt EUR	Art der Einnahmen	von	bis	Nettobetrag insgesamt EUR

In folgenden Monaten fließen/flossen zusätzliche Nettoeinnahmen zu (z.B. Urlaubsgeld, Weihnachtsgeld oder Gratifikationen):

Im Kalenderjahr ______			Im Kalenderjahr ______		
Art der Nettoeinnahmen	im Monat	in Höhe von EUR	Art der Nettoeinnahmen	im Monat	in Höhe von EUR

8 **Ergänzende Angaben (z.B. zu Werbungskosten, Betriebsausgaben, besonderen Ausbildungskosten) – bei Bedarf auf besonderem Blatt -:**

STUDIENGEBÜHREN 500,–, COMPUTER 750,–, VORAUSSICHTLICHE FAHRT-KOSTEN 220,–, AUFSTELLUNG SIEHE ANLAGE

Wir versichern, dass alle Angaben richtig und vollständig sind. Die erforderlichen Nachweise sind beigefügt. Uns ist bekannt, dass Veränderungen gegenüber den gemachten Angaben unverzüglich der zuständigen Familienkasse anzuzeigen sind.

Ort und Datum STEPPKESHAUSEN, 1.9.09 Ort und Datum STEPPKESHAUSEN, 1.9.09

Klaus Kindermann Konstanze Kindermann

(Unterschrift des/der Berechtigten) (Unterschrift des Kindes)

Antrag auf Elternzeit (Musterschreiben)

Eigener Name,
Abteilung,
gegebenenfalls Personalnummer

An

Personalstelle
entsprechend der im Betrieb
üblichen Bezeichnung,
Adresse

Datum

Antrag auf Elternzeit

Anrede,

hiermit beantrage ich Elternzeit für mein Kind (Vorname, Name, Geburtsdatum). Die Elternzeit soll von (Monat/Jahr) bis (Monat/Jahr) und von (Monat/Jahr) bis (Monat/Jahr) erfolgen.

Ich bestätige, dass mein Kind mit mir in einem Haushalt lebt und von mir selbst betreut und erzogen wird.

Unterschrift

Antrag auf Übertragung von Elternzeit (Musterschreiben)

Eigener Name,
Abteilung,
gegebenenfalls Personalnummer

An

Personalstelle
entsprechend der im Betrieb
üblichen Bezeichnung,
Adresse

Datum

Antrag auf Übertragung von Elternzeit

Anrede,

ich möchte (gewünschte Anzahl, höchstens zwölf) Monate meiner Elternzeit auf die Zeit zwischen dem 3. und 8. Lebensjahr meines Kindes übertragen.

Ich bestätige, dass mein Kind mit mir in einem Haushalt lebt und von mir selbst betreut und erzogen wird. Ich bitte um schriftliche Bestätigung meines Antrags.

Unterschrift

Antrag auf Teilzeit (Musterschreiben)

Eigener Name,
Abteilung,
gegebenenfalls Personalnummer

An

Personalstelle
entsprechend der im Betrieb
üblichen Bezeichnung,
Adresse

Datum

Antrag auf Teilzeit während der Elternzeit

Anrede,

ich möchte in meiner Elternzeit in Teilzeit arbeiten und beantrage hiermit Ihre Zustimmung.

Ich bestätige, dass mein Kind mit mir in einem Haushalt lebt und von mir selbst betreut und erzogen wird.

Ich möchte meine Arbeitszeit so aufteilen:
Montags: von (Uhrzeit) bis (Uhrzeit)
Dienstags: von (Uhrzeit) bis (Uhrzeit)
Mittwochs: von (Uhrzeit) bis (Uhrzeit)
Donnerstags: von (Uhrzeit) bis (Uhrzeit)
Freitags: von (Uhrzeit) bis (Uhrzeit)

oder

ich möchte bei einem anderen Arbeitgeber (oder selbstständig) in der Zeit vom (Datum) bis (Datum) Teilzeit mit (gewünschte Anzahl) Stunden arbeiten und beantrage hiermit Ihre Zustimmung.

Unterschrift

Adressen

A

AWO Arbeiterwohlfahrt Bundesverband e.V. Heinrich-Albertz-Haus
Blücherstraße 62/63
10961 Berlin
Tel. 030 / 26 30 90
www.awo.de

B

Bayerisches Staatsministerium für Arbeit und Sozialordnung, Familie und Frauen
Winzererstraße 9
80797 München
Tel. 0 89 / 12 61 01
www.stmas.bayern.de
www.elternimnetz.de
www.zbf.bayern.de

Bundesagentur für Arbeit
Regensburger Straße 104
90478 Nürnberg
Tel. 09 11 / 1 79 22 18
und
Friedrichstraße 39
10969 Berlin
Tel. 0 30 / 55 55 91 20 20
Service-Tel. 01801 / 54 63 37 (Kindergeld)
01801 / 92 45 86 (Auszahlungstermine)
www.arbeitsagentur.de
www.familienkasse.de
www.kinderzuschlag.de
www.babrechner.arbeitsagentur.de

Bundesfinanzhof
Postfach 860240
81629 München
Tel. 0 89 / 9 23 10
www.bundesfinanzhof.de

Bundesministerium für Bildung und Forschung
Hannoversche Straße 28–30
10115 Berlin
Tel. 0 30 / 1 85 70
BAföG-Tel.: 08 00 / 2 23 63 41
www.bmbf.de
www.das-neue-bafoeg.de
www.bafoeg-rechner.de
www.begabtenförderung.de
www.stipendiumplus.de
www.bildungskredit.de
www.aufstiegstipendium.de
www.meister-bafoeg.info

Bundesministerium für Familie, Senioren, Frauen und Jugend
Alexanderstraße 3
10178 Berlin
Service-Tel. 01 80 / 1 9070 50
www.bmfsfj.de
www.elterngeld.net/elterngeldantrag.html
www.bmfsfj.de/Elterngeldrechner/
www.bmfsfj.de/Kinderzuschlagrechner/
www.lokale-buendnisse-fuer-familien.de
www.familien-wegweiser.de

Bundesverfassungsgericht
Schloßbezirk 3
76131 Karlsruhe
Tel. 0721 / 91010
www.bundesverfassungsgericht.de

Bundesversicherungsamt – Mutterschaftsgeldstelle
Friedrich-Ebert-Allee 38
53113 Bonn
Tel. 02 28 / 6 19 18 88
www.bva.de

Bundeszentrale für gesundheitliche Aufklärung
Ostmerheimer Straße 220
51109 Köln
Tel. 02 21 / 8 99 20
www.bzga.de
www.schwanger-info

C

Caritas
Karlstraße 40
79104 Freiburg
Tel. 07 61 / 20 00
www.caritas.de

Cusanuswerk Bischöfliche Studienförderung
Baumschulallee 5
53115 Bonn
Tel. 02 28 / 98 38 40
www.cusanuswerk.de

D

Deutscher Akademischer Austauschdienst e.V.
Kennedyallee 50
53175 Bonn
Tel. 02 28 / 88 20
und
Markgrafenstraße 37
10117 Berlin
Tel. 0 30 / 2 02 20 80
www.daad.de

Deutsche Behindertenhilfe
Heinemannstraße 36
53175 Bonn
Tel. 02 28 / 2 09 23 70
www.familienratgeber.de

Deutsche Rentenversicherung Bund
Zentrale Zulagenstelle für Altersvermögen
10868 Berlin
Service-Tel. 0 33 81 / 21 22 23 24
(Zulagenverfahren)
Service-Tel. 08 00 / 10 00 48 00
(Rentenversicherung)
www.deutsche-rentenversicherung.de

Diakonisches Werk der EKD e.V.
Stafflenbergstraße 76
70184 Stuttgart
Tel. 07 11 /2 15 90
www.diakonisches-werk.de

E

Evangelisches Studienwerk e.V.
Iserlohner Straße 25
58239 Schwerte
Tel. 02 28 / 75 51 96
www.evstudienwerk.de

F

Friedrich-Ebert-Stiftung (SPD)
Godesberger Allee 149
53175 Bonn
Tel. 02 28 / 88 30
www.fes.de

Friedrich-Naumann-Stiftung (FDP)
14482 Potsdam
Tel. 03 31 / 7 01 90
www.fnst-freiheit.org

H

Hanns-Seidel-Stiftung e.V. (CSU)
Lazarettstraße 33
80636 München
Tel. 0 89 / 1 25 80
www.hss.de

Hans-Böckler-Stiftung (DGB)
Hans-Böckler-Straße 39
40476 Düsseldorf
Tel. 02 11 / 7 77 80
www.boeckler.de

Heinrich-Böll-Stiftung
(Bündnis 90 / Die Grünen)
Schumannstraße 8
10117 Berlin
Tel. 0 30 / 28 53 40
www.boell.de

K

Konrad-Adenauer-Stiftung e.V. (CDU)
Rathausallee 12
53757 Sankt Augustin
Tel. 0 2241 / 24 60
www.kas.de

M

Minijob-Zentrale
45115 Essen
Service-Tel. 01 80 / 1 20 05 04
www.minijob-zentrale.de

Ministerium für Arbeit und Soziales Baden-Württemberg
Schellingstraße 15
70174 Stuttgart
Tel. 07 11 / 12 30
www.sm.baden-württemberg.de
www.l-bank.de

P

Pro Familia-Bundesverband
Stresemannallee 3
60596 Frankfurt am Main
Tel. 0 69 / 63 90 02
www.profamilia.de

R

Rosa-Luxemburg-Stiftung (Die Linke)
Franz-Mehring-Platz 1
10243 Berlin
Tel. 0 30 / 44 31 02 23
www.rosalux.de

S

Sächsisches Staatsministerium für Soziales
Albertstraße 10
01097 Dresden
Tel. 03 51 / 56 40
www.sms.sachsen.de
www.familie.sachsen.de

Stiftung der Deutschen Wirtschaft
Breite Straße 29
10178 Berlin
Tel. 0 30 / 20 33 15 40
www.sdw.org

STIFTUNG Familie in Not
der Bundesländer
www.familien-in-not.de

Studienstiftung des deutschen Volkes e.V.
Ahrstraße 41
53175 Bonn
Tel. 02 28 / 82 09 60
www.studienstiftung.de

Studis Online
Oliver Lost
Sodenkamp 15
22337 Hamburg
Tel. 01 76 / 21 10 20 13
www.studis-online.de

T

Thüringer Ministerium für Soziales, Familie und Gesundheit
Werner-Seelenbinder-Straße 6
99096 Erfurt
Tel. 03 61 / 3 79 00
www.thueringen.de
www.thueringen.de.de/tmsfg

Register

Impressum

Stiftung Warentest

Herausgeber und Verlag
Stiftung Warentest
Lützowplatz 11–13
10785 Berlin
Tel. 0 30/26 31–0
Fax 0 30/26 31–25 25
www.test.de

Vorstand
Dr. jur. Werner Brinkmann

Weiteres Mitglied der Geschäftsleitung
Hubertus Primus (Publikationen)

Autoren
Ute Brandt, Hans W. Fröhlich

Lektoratsleitung
Niclas Dewitz

Lektorat
Heike Plank
Carsten Benjamin Plank

Fachliche Beratung
Uwe Rauhöft, Heike Remmel

Titel
Susann Unger

Layout
Anne-Katrin Körbi

Produktion
Vera Göring

Bildredaktion
Nadine Rennert

Fotos
Titel: **plainpicture**/Maskot;
Innenseiten: **A1PIX**/PHA (S. 130); **Getty**: Jenny Lang (S. 9); **fotolia**: DN (S. 29), Benjamin Haas (S. 97); **Istockphoto:** Igor Balasanov (S. 10), George Doyle (S. 12), Bart Coenders (S. 53), Damir Cudic (S. 58, Eric Hood (S. 59), Yuri Arcurs (S. 62), Guillermo Perales (s. 74), ron sumners (S. 112), Catherine Yeulet (S. 1118, 127), Jacob Wackerhausen (S. 131), Ariel Duhon (S. 132), Michael DeLeon (S. 134), Ekaterina Monakhova (S. 152), Zsolt Nyulaszi (S. 169); **Lookfoto:** Harald Eisenberger (S. 39);

Verlagsherstellung
Rita Brosius (Leitung)
Susanne Beeh

Vertrieb Bücher
Christian Wagner

Litho
tiff.any GmbH, Berlin

Druck
Grafisches Centrum Cuno GmbH,
Calbe

Einzelbestellung
Stiftung Warentest
Vertrieb
Postfach 81 06 60
70523 Stuttgart
Tel. 0 180 5/00 24 67
Fax 0 180 5/00 24 68
(je 14 Cent pro Minute aus dem Festnetz)
www.test.de

Redaktionsschluss: Oktober 2009